윤회와 사후보장

윤회와 사후보장

초판 1쇄 인쇄 2019년 11월 5일

초판 1쇄 발행 2019년 11월 10일

지은이 도법천존
펴낸이 金泰奉
펴낸곳 한솜미디어
등 록 제5-213호

편 집 박창서, 김수정
마케팅 김명준
홍 보 김태일

주 소 (우 05044) 서울시 광진구 아차산로 413(구의동 243-22)
전 화 (02)454-0492(代)
팩 스 (02)454-0493
이메일 hansom@hansom.co.kr
홈페이지 www.hansom.co.kr

ISBN 978-89-5959-519 8(03150)

*책값은 표지에 표시되어 있습니다.
*잘못 만들어진 책은 구입하신 서점에서 친절하게 바꿔드립니다.

*지은이 연락처_ 하늘궁전 태상천궁 02)3401-7400

윤회와 사후보장

도법천존 著

죽어서 간다는 천국, 천당, 극락, 선경세상은 악들이 세운 가짜세계였음을 밝혀냈다. 인간, 영혼, 신, 조상들이 윤회하지 않고 사후보장을 받을 수 있는 곳은 기존의 550만 개의 종교세계가 아니라 구원의 진짜 하늘이 내리신 하늘궁전 태상천궁 하나라는 엄청난 진실을 전한다.

한솜미디어

| 책을 집필하면서 |

윤회와 사후보장

궁금하지만 두려운 죽음 이후 세계이다. 젊어서는 인정하기 싫은 것이 죽음이지만 어느 날 갑자기 자신에게 다가온다. 누구나 죽어야 하는 한시적 운명을 타고났다. 각자들은 자신에게는 죽음이 없을 것으로 착각하며 살아가고 있다.

그리고 죽더라도 자신들이 믿는 종교관에 따라서 천국, 천당, 극락, 선경세상으로 올라가서 영면하여 편안하게 지낼 것으로 생각한다. 세계 인류 그 어느 누구도 지금까지 아무도 확인하지 못했던 천국, 천당, 극락, 선경세상의 허구를 밝혀냈다.

종교인들과 신도들은 엄청나게 충격받을 일들이다. 상상을 초월하는 영적 세계 대지진이 일어난 것이다. 인류의 80~90%가 이런저런 종교를 다니고 있는데, 종교를 지구에 세운 존재가 악들이란 진실이 밝혀졌고 천국, 천당, 극락, 선경세상 역시도 악들이 하늘로 돌아가지 못하게 가짜로 만든 악들의 세상이었음이 하늘의 명에 의해서 낱낱이 밝혀냈으니 기절초풍할 일이고 세계 인류 모두가 패닉 상태에 빠질 것이다.

정말 믿기 힘든 대사건이 터진 것이다. 결국 종교를 믿다가 죽으면 악들의 세상으로 들어간다는 무서운 사실이 밝혀졌다. 그러니까 천상에서 도망치고 쫓겨난 역천자 신들이 지구로 도망쳐 와서 하늘에 대적하려고 세운 것이 종교였고, 천상의 3천궁으로는 돌아갈 수 없음을 알고 가상의 천국, 천당, 극락, 선경세상을 세워 놓고 인간, 영혼, 조상, 신들을 현혹하고 회유하여 종교지옥에 가두었음이 밝혀진 것이다.

이런 진실을 하늘궁전 태상천궁에서 밝힐 줄은 아무도 몰랐을 것이다. 이제 인류 역사를 재창조하고 새롭게 출발해야 한다. 악들이 세운 종교 숭배자들이 여호와(야훼) 하느님, 하나님, 부처, 상제, 예수, 성모, 공자, 노자라는 엄청난 진실이 낱낱이 드러났으니 기가 막힌 일이다.

완전 범죄를 꿈꾸어 왔던 악들과 숭배자들 모두와 역모 반란의 주동자이자 종교의 원뿌리인 하누와 표경이란 반란 수괴가 함께 추포되어 천상의 9대 지옥으로 압송당하였다. 종교 믿으면 천국, 천당, 극락, 선경세상으로 가는 것이 아니라 9대 지옥으로 압송된다는 무서운 진실이 사례에서 밝혀졌다.

기독교, 천주교, 불교, 도교, 무속, 유교, 기타 종교들을 운영하는 종교인들과 신도들은 갈 길을 몰라서 애써 부정하며 자신들이 믿던 종교를 그대로 믿으려고 할 것이지만 영적 혜안이 있는 사람들은 너무나 허탈해서 멘붕 상태에 빠질 것이다.

숭배자들의 말씀이라는 것 역시 악들이 사칭하고 위장한 것이었다. 하늘의 말씀, 신의 말씀과 계시, 메시지, 기운은 종교인들이 받을 수 없고, 오직 황태자만이 받을 수 있다는 위대한 진실이 밝혀졌다. 종교인들이 받았다는 하늘과 신의 말씀은 악들이 하늘과 신을 사칭한 거짓말이란 진실도 드러났다.

종교 교주들의 몸 안에서 종교를 창시하고 활동하던 악들을 추포해서 밝혀낸 진실이다. 악들이란 아수라, 악신, 악령, 악마, 요괴들인데 이들은 자유자재로 만생만물과 용으로 변신할 수 있는 신비 능력을 가진 역천자 신들이기에 하늘과 신들로 얼마든지 사칭할 수 있지만, 단 하나 구원만은 못 한다는 점이다.

왜냐하면 구원은 하늘의 고유영역이자 고유권한이시기에 악들이라 할지라도 하늘의 영역만큼은 절대로 침범할 수가 없기에 종교 안에서 아무리 조상굿, 천도재, 위령미사, 추모예배를 올려도 천국, 천당, 극락, 선경세상으로 올라갈 수가 없다.

이 모든 진실이 객관적으로 낱낱이 드러났고, 5부 죽은 자의 사후세계, 6부 산 자의 사후세계 미리 보기 사례들을 읽어보면 낱낱이 알 수 있다. 인류 모두가 종교에 속았고, 죽으면 끝이 아니라 생명체와 비생명체인 만생만물로 장구한 세월 동안 윤회를 한다는 진실도 찾아내었다. 그리고 여러분도 현재 사람으로 윤회하고 있는 과정이라는 진실도 밝혀냈다.

사람으로 태어난 것은 한평생 잘 먹고 잘살기 위해서 태어난 것이 아니라 자신의 부모 조상님들을 구하고, 자신들의 영혼들이 구원받기 위해서 사람으로 태어났다. 이번 생에 하늘궁전 태상천궁에 들어와서 하늘이 내리시는 명을 받들지 못하고 죽으면 이제 두 번 다시는 천상으로 돌아갈 수 없다.

종교인들이 죽어서 간다는 천국, 천당, 극락, 선경세상은 악들이 세운 가짜라는 진실이 2019년 9월 21일 처음으로 밝혀냈으니 종교를 믿고 있는 모든 신도들은 하루라도 빨리 종교지옥에서 벗어나 하늘궁전 태상천궁으로 들어와야 한다.

종교를 운영하고 있는 종교 창시자, 종교 교주, 종교지도자, 종교 종사자, 열성 광신도들은 종교지옥에 그대로 남아 있게 될 것이다. 이들은 나의 진실을 부정하고 무시할 것이기 때문에 스스로 종교의 문을 닫지 않을 것이기 때문이다.

그러니까 진정으로 구원받고 싶은 사람들은 종교에서 하루바삐 탈출하여야 자신들과 조상님들의 사후세상을 보장받을 수 있다. 종교 안에서는 절대로 구원이란 것이 존재하지 않는다. 종교를 세웠던 악들이 스스로 추포되어 9대 지옥으로 압송되기를 기다리고 있기에 이제 종교 멸망이 현실로 급속히 진행된다.

여러분은 지금 사람으로 윤회 중이기에 이번 생이 끝나면 천지만생만물로 끝없이 고통스럽게 윤회하게 된다. 윤회에 종지부를 찍고 천상으로 돌아갈 사람들은 조상님을 먼저 구하고 사후세상을 보장받을 수 있는 하늘의 명을 받아놓고 살아가야 한다.

그 이유는 여러분이 언제 세상을 갑자기 떠날지 아무도 모르기 때문에 사후보장부터 받아놓고 남은 인생을 마음 편안하게 살아가야 한다. 하늘의 명을 받은 사람들은 언제 세상을 떠나더라도 천상 태상천궁으로 입천할 수 있는 특혜가 주어진다. 그리고 현대 첨단과학문명과 놀이문화, 영화, 스포츠, 정부 직제, 공무원의 신분과 계급은 모두가 천상 태상천궁에서 지구로 내려온 것이었다.

| 목차 |

제1부

하늘 만나 사후보장

위대한 신비 능력자 도법천존

종교세상을 지배 통치할 위대한 능력자 도법천존의 신비 능력. 태양은 도법천존을 상징한다는 사실이 밝혀졌다. 일본 국기가 태양신을 상징한다고 하지만 일본의 태양신을 잡아들여 심판하고 응징하였고, 이제부터 태양은 도법천존을 상징한다는 사실을 천하세상에 선포한다.

이 글은 믿거나 말거나 각자의 자유이다. 소, 개, 돼지, 닭, 새, 물고기, 곤충, 동물, 식물 등 모든 만생만물은 물론 수천 년 동안 신앙의 대상자들인 하느님, 하나님, 석가, 예수, 마리아, 여호와, 마호메트, 상제, 천지신명, 열두대신, 염라대왕, 천상신명, 조상, 영혼(생령), 아수라(악신, 악령, 악마, 요괴, 괴물), 악귀잡귀 잡귀신들과도 자유자재로 대화를 나누며, 모든 질병의 원인과 발생 경로를 알아내서 치유해 주고, 인류에 대한 심판과 구원을 동시에 집행한다.

80~90%의 사람들이 종교를 믿으나 인류 탄생 후에 종교를 믿어서 구원받아 천상으로 올라간 자들이 단 한 명도 없다는 천상세계의 경천동지할 진실이 확인되었다. 지금까지 수천 년의 세월 동안 수많은 전국의 종교인들이 인류를 상대로 종교장사를 해왔으나 윤회와 사후보장 출간으로 종교세상의 어두운 진실이 태양(도법천존) 앞에 낱낱이 밝혀졌으니 종교에 다

니는 사람들은 정신 차려야 한다.

눈에 보이지 않고 들리지 않는다는 점을 악용하여 사람들을 정신적 장애자 병신으로 만들었다. 죽음은 끝이 아니라 시작이라는 사후세상의 새로운 진실이 밝혀지고 있다. 인간 육신은 하늘로 올라갈 수 있는 천상행 티켓! 인간으로 태어난 것 자체가 사후세계를 준비하라고 하늘께서 주신 기회였다.

인간만이 죗값을 벌어 죄를 빌 수 있기에 만물의 영장이었던 것이다. 동물로 태어난 것 자체가 윤회의 과정이며 동물들에게는 구원의 기회조차 없다. 지옥세계의 모습은 어떤지, 천상세계의 모습은 어떤지 세계 최초로 공개된다. 천상의 신들은 자신이 내릴 인간 육신을 선택한다.

종교로는 천상의 신들이 내려가지 않고, 천상에서 도망치고 쫓겨나 이 세상에 무수히 머물던 역천자 신들이 들어간다. 지구는 지옥 행성이자 역천자 행성이기에 천상의 신들이 내려오지 않는다. 지구의 사람 몸으로 내려오는 자체가 천상의 신명들에게는 대역죄인의 신세가 되기 때문에 내려오지 않는다.

인류 자체 모두의 신분이 대역죄인들이기에 맑고 깨끗한 천상신명들이 내려올 필요가 없기에 도망치고 쫓겨난 신들이었던 아수라, 악신, 악령, 악마, 요괴들이 자칭 신이라고 속여서 종교인들이 부르면 얼씨구나 좋다고 내려온다.

사람의 능력으로는 이들이 진짜 신들인지 가려낼 수가 없고, 천상세계 신명들의 족보도 알 수 없기 때문에 검증할 방법이 종교인들에게는 전혀 없다. 지구에 있는 모든 종교가 지옥으로 이끄는 무서운 세계라는 것을 알지 못하고 종교 이론의 허구에 심취해 있는데 이것이 하늘이 내린 시험이다,

다시 말하자면 천상의 삶과 전생의 삶에서 하늘의 가슴을 후벼 파고 아프게 한 역모 반란의 대역죄를 지은 자들에게 구원받지 못하도록 종교 지옥으로 들어가게 한 것이다. 그 이유는 자신의 소중한 돈과 재물, 재산, 정력, 세월, 인생을 몽땅 바치고도 죽어서 천상으로 오르지 못하는 하늘의 벌을 받게 하는 것임을 이 세상 사람 어느 누가 알겠는가?

종교에 세뇌되어 빠진 자, 천상의 죄가 큰 자, 전생과 현생의 죄가 많은 자, 하늘과 신을 모르고 찾지 않는 자들은 이곳에 들어오기가 어렵다. 종교사상에 물든 사람들은 이 글의 내용을 인정하지 않을 것이고 부정하며 비난 험담할 것을 잘 안다.

그것 역시 구원받지 못할 자들이기에 그런 말을 하는 것인데 죽어보면 대성통곡하며 후회하게 될 것이지만 죽음을 돌이킬 방법은 아무것도 없다. 하늘이 내리시는 벌을 받는 길뿐이 없기에 지금 살아서 어떻게 하느냐가 자신의 사후세계 운명이 좌우되고 행복과 불행으로 갈라진다.

자신이 믿는 종교에 대하여 과연 옳은 길인지 다시 돌이켜보고 잘못되었다면 이제라도 되돌아와야 한다. 여러분이 죽어서 가야 하는 곳은 악들이 겉모습만 화려하게 세워놓은 거짓 이상향의 유토피아 세계란 사실이 밝혀졌기에 일평생 믿었던 종교라 할지라도 과감히 버리고 나와야 죽어서 후회하지 않는다.

자신이 모태 신앙인으로 일평생 종교를 열심히 믿었는데 과연 죽어서 어떻게 될 것인지는 아무도 알 수 없는 일인데, 인류의 이런 답답한 죽음 이후 사후세계에 대해서 20~30분 동안 자세하여 보여줄 수 있는 길이 열렸는데 이것이 인류 최초이다 보니까 너무나 황당하여 믿지 않으려는 사람들도 있다.

일평생을 종교에 희생 봉사하며 열심히 믿었는데 천국, 천당, 극락, 선경세상으로 알려진 좋은 세상으로 가야 하는 것으로 믿고 종교에 돈과 재물, 재산, 인생을 몽땅 바치고 살아가는 사람들이 넘친다. 종교지도자들은 설령 죽어서 고통을 받더라도 나의 말을 인정하기 싫어서 구원의 손길을 뿌리칠 것인데 그것 역시도 천상과 전생, 현생의 죄가 크고 많아서 그런 것이다.

골수 종교인들은 그래서 구원받기가 어렵다. 자신의 직업을 바꿀 수가 없기에 달리 방법이 없다. 그것이 천생과 전생의 업보이니 종교인의 길을 가야 할 것이다. 그러나 일반 신도들은 마음 하나 바꾸면 사후세계 운명을 바꿀 수 있다. 여러분을 종교세계로 끌어들인 존재는 하늘의 반대파이자 역천자 대역죄인들인 아수라, 악신, 악령, 악마, 요괴들임이 밝혀졌다.

지구라는 별 자체가 역천자 행성이자 지옥별이기 때문에 이 세상에는 종교가 흥행할 수밖에 없음도 알았다. 역모 반란을 일으키다 실패한 천상의 도망자들과 죄인들이 모두 지구로 내려와서 세운 것이 종교세계이기 때문이다. 하늘로부터 구원받지 못하도록 종교세계로 끌어들여 철저히 세뇌 교육시켜서 가짜 하늘을 믿도록 만들었다. 하지만 인간의 영 능력으로는 진짜인지 가짜인지 가려낼 수 없는 것이 현실이다.

종교의 역사가 수천 년이 되어 역사와 전통을 자랑하고 있는데 그동안 종교를 통해서 하늘의 명을 받아 천상의 3천궁으로 올라간 자들은 하나도 없었음이 수많은 악귀잡귀 귀신들을 추포하여 심판하면서 명명백백히 확인되었다. 종교지도자들과 열성신도들이었는데 신도들은 황당하여 믿어지지 않겠지만 하나같이 지옥세계의 고통을 겪고 있었다.

인류 모두가 수많은 종교에 철저하게 속아서 돈, 재물, 재산, 인생, 세월을 낭비하고 있었음을 말해 주어도, 종교이론에 너무 깊게 세뇌되어 아무리 사후세계, 천상세계 진실을 말해 주어도 믿으려 하지 않는 것이 일반적이다. 천상의 배신자, 역천자의 피가 흐르고 있으니 당연히 자신의 종교가 맞는다고 믿을 수밖에 없다.

하늘의 황태자인 도법천존 3천황!

하늘의 기운, 천상의 기운, 우주의 기운과 말씀은 황태자를 통해서만 내려주신다는 진실이 밝혀졌기에 종교인들과 세상 사람들이 하늘의 계시, 메시지, 기운을 받았다고 자랑하는 자들은 하늘을 사칭한 아수라, 악신, 악령, 악마, 요괴, 악귀잡귀 귀신들이었다는 것을 알려준다.

인류가 믿든 안 믿든 하늘의 황태자인 도법천존 3천황은 지구의 주인이자 인류의 주인이기에 지구 종말(행성 파괴)과 인류 멸망에 대한 무서운 권한(나의 육신이 살아 있든 죽은 뒤든 상관없음)을 행사할 수 있는 유일한 존재이다. 인간, 영혼, 신명, 조상, 아수라, 악신, 악령, 악마, 요괴, 축생령, 악귀잡귀 귀신들의 생살여탈권을 갖고 있기에 수시로 심판이 집행되고 있다.

구원받을 자와 버림받을 자

이 책을 읽으면서 독자들의 반응이 천차만별일 것인데 세 부류가 존재한다. 공감하며 감동하면서 읽는 사람들과 부정하며 비난 험담하며 무시하는 사람들, 그리고 뭐가 뭔지 도통 모르겠다는 사람들이다.

공감하며 감동하면서 읽는 사람들은 하늘의 부르심을 받을 사람들이고, 부정하며 비난 험담하며 무시하는 사람들은 하늘로부터 버림받은 사람들이고, 뭐가 뭔지도 도통 모르겠다는 사람들은 더욱 열심히 정독하여 공감하고 감동할 정도가 되어야 한다.

살아서 하늘의 부르심을 받지 못하면 죽어서는 하늘의 부르심을 받을 수 없기에 영원히 버림받는다. 그리고 부정하며 사이비라 비난 험담하며 무시하는 사람들은 천상장부에 그 명부가 올라가기에 살아서든 죽어서든 심판의 칼날을 피해갈 수 없고 9대 지옥으로 압송당하는 고초를 겪게 된다.

독자들은 나의 신분을 아직 잘 모르기에 함부로 욕설과 폭언을 퍼부을 사람들도 많이 있을 테지만 천추의 원과 한으로 남을 정도의 모진 고초가 뒤따른다는 사실을 알려준다. 나는 미래의 하늘이기에 심판과 구원이라는 양날의 칼을 갖고 지옥별인 지구에 내려와서 황위 계승을 위한 수업을 받는 황태자 신분이기에 독자들의 말, 글, 마음, 생각, 행동에 대한 일거수일투족을 실시간으로 천상신명들이 기록하고 있다.

구원받을 자와 구원받지 못할 자를 구분하는 기준은 책을 읽고 공감하고 감동하여 하늘이 내리시는 명을 받들어 행하느냐, 못 하느냐의 여부에 달려 있다. 이 책 자체가 하늘이 내리신 시험지이기에 책의 내용에 공감하지 못하는 사람들은 천상과 전생에서 지은 죄가 크고 많기 때문이다.

모든 것은 하늘께서 기운으로 선별하시기에 여러분이 천상에서, 전생에서 어떻게 하였는지에 따라 하늘의 명을 받느냐 못 받느냐가 정해져서 천상으로 돌아갈 자와 돌아가지 못할 자들이 나뉘어진다. 하늘이 내리시는 명이 그 얼마나 대단한지 인류가 아직 모르고 있다.

命(명)이란 목숨 명, 명령 명이기에 절대적이다

하늘께서는 수시로 나를 통해서 인류에게 명을 내리시기에 나의 말과 글을 인간 육신이 하는 말로만 생각하면 하늘이 내리시는 명을 받을 수가 없다. 계시, 메시지, 기운으로 실시간 내려주시기에 인류에게 전달하는 것이다.

나 또한 황위 계승 예정자이기에 미래의 하늘이다. 내 육신이야 어느 정도 되면 인간 수명이 다하여 세상을 떠나서 천상의 태상천궁으로 올라가 대우주의 절대자인 천상의 주인(황제) 자리에 오른다.

인류 대다수가 죽어서 구원받는 줄 착각하고 있는데 죽어서는 절대로 구원받을 수 없다. 살아서 하늘께 구원되었는지 확인받아야 한다. 종교를 믿는 자들은 구원을 맹신하고 있지만 지구상의 모든 종교는 악들의 세상으로 데려가기에 구원이 안 된다는 사실을 모르고 있다.

어떤 종교를 믿고 있는 사람들일지라도 자신이 믿는 종교가 올바른 것인지 한 번쯤은 확인 점검해 보아야 한다. 자신의 영혼이 구원받아서 천상으로 올라가는지 사후세계를 미리 보여줄 수 있는 지구상 유일한 곳이다.

그리고 이미 돌아가신 부모, 조상, 배우자, 자녀, 형제들을 절, 무속, 성당, 도교에서 49재, 천도재, 수륙재, 지장재, 조상굿, 위령미사를 지냈던 사람들은 조상들이 천상으로 올라갔는지 아니면 다른 곳에 잡혀가 있는지 확인해 봐야 한다.

지금까지는 종교인들이 좋은 곳으로 갔다니까 그런가 보다 하고 믿고 있었지만 그래도 찜찜한 사람들이 참으로 많을 것이다. 구원을 확인해 줄 수 있는 곳은 지구상에는 이곳을 제외하고는 그 어디에도 없다. 여러분이 구원한 영혼들이 어디에가 있든지 즉시 불러서 상봉시켜 줄 수 있다.

그곳이 천상이든, 지옥이든, 윤회하였든, 악들에게 잡혀가 있든 상관없이 즉시 부를 수 있는 능력자이다. 확인하지 않고 찜찜하게 지내느니 확실하게 확인해야 마음이 편할 것이다. 자신들이 원하고 바라는 좋은 세계가 아니라 그곳이 지옥이나 윤회, 악들의 세상이라면 여러분에게 나쁜 기운이 전파된다.

사람이 살아가면서 가장 먼저 조상구원을 해야 하는 이유는 당대부터 시조까지 조상님들의 원과 한이 그 후손들에게 전달되기 때문이다. 돌아가신 부모 조상님들 중에서 원과 한이 없이 돌아가신 경우가 없기 때문이고, 또한 죽으면 가장 고통스러운 것이 알몸이라 추위와 배고픔을 가장 많이 느끼기에 몹시 고통스러워하며 자손에게 구해 달라고 애걸복걸하지만 조상님들의 절규하는 목소리가 들리지 않아서 모른다.

죽어서 입고 간 수의마저 힘센 귀신들에게 빼앗기고, 지옥으로 끌려가면 심판받을 때 수의를 홀랑 벗겨버리고 심판대에 알몸으로 세운다. 놀라운 일인데 이렇게 무서운 사후세계 진실을 사람들은 전혀 알지 못한다.

구원은 진짜 하늘만이 하실 수가 있고, 종교를 통해서는 절대로 구원이 안 된다. 종교숭배자들과 종교창시자들 그리고 종교지도자들도 모두가 지옥에 떨어져서 모진 고문형벌을 받고 있음을 수없이 확인하여 검증했다.

내로라하는 유명한 종교창시자들인 ○○교의 창시자 ○○과 물려받은 부인 ○○ 교주, ○○교회의 사망한 ○○와 물려받은 ○○ 교주, ○○교회의 창시자 ○○, ○○의 ○○ 목사, ○○교의 ○○ 등 죽은 자들과 산 자들의 사후세계를 보았더니 모두가 불지옥과 얼음지옥에 떨어져서 모진 고문형벌을 받고 있음이 생생히 입증되었는데 모두가 자신들도 몰랐다고 한다. 신도들에게 두들겨 맞거나 온갖 쌍소리와 폭언에 시달리고 있었다. 죽었더니 하나님, 예수, 성모 마리아, 천사들도 전혀 나타나지 않았다며 울분을 토하였는데 이것이 종교의 숨겨진 진실이다.

꽃 피고 새 우는 천상으로 가려면

지옥세계 명부전에서, 허공중천에서, 자손의 몸 안에서, 윤회의 굴레에서 하늘의 강림을 애타게 기다려온 조상님들은 책을 읽고 도의 종주국 하늘궁전 태상천궁으로 들어와서 하늘이 내리시는 명을 받아야 한다. 특히 주의할 것은 지구상에 수백만 개의 종교가 있지만 종교세계를 통해서는 조상님들이 원하는 천상으로 올라갈 수 없다는 위대한 진실이 밝혀졌다.

무속에서 굿하고 절에서 천도재하고, 성당에서 위령미사하고, 교회에서 추모예배 올린다고 구원받는 것이 아니란 천상세계의 위대한 진실이 밝혀졌다. 믿지 못할 사람들이 참으로 많을 것인데 현실 그 자체이다. 즉 지구상에 존재하는 모든 종교세계를 통해서는 죽은 자의 영혼(조상)이든 산 자의 영혼(생령)이든 절대로 구원받을 수 없다.

생사령(산 자와 죽은 자의 영혼)들은 하늘이 내리시는 명을 받아야 하는데, 하늘의 명 대행자를 만날 수 있는 곳은 도의 종주국 하늘궁전 태상천궁 하나뿐이기 때문이다. 하늘의 명 대행자는 지구상에 단 한 명이기 때문이다. 하늘의 명 대행자는 천상의 신분이 천자이자 황태자로서 차기 황위 계승자이다.

그래서 아무나 하늘의 명 대행자가 될 수 없다. 멋모르고 하늘의 명 대행자를 자처하거나 사칭하는 사람이 있다면 살아서는 물론 죽어서도 무서운 심판을 면할 수 없다는 진실이 2019년 9월 8일 천상도법주문회에서 밝혀졌다.

하늘의 무서움을 모르는 자들이 종교를 세워서 수많은 인간, 영혼, 조상, 신들을 종교로 끌어들이고 있으나 그 죄는 영원히 사라지지 않는다. 종교인들이 받들어 숭배하고 있는 신앙의 대상자들인 하느님, 하나님, 한울님, 한얼님, 부처, 석가, 여호와, 예수, 마리아, 마호메트, 상제, 공자, 노자, 천지신명, 열두 대신이 몽땅 가짜로 밝혀져 추포되어 심판을 받고, 9대 지옥으로 압송되었다는 충격적인 사실을 어떻게 받아들일 것인가?

인류의 정신세계를 몽땅 무너뜨리는 대충격이다. 지구상에 존재하는 550만 개의 모든 종교가 가짜세계라고 주장하니 나를 미쳤다고 말하는 사람들이 거의 전부일 테지만 하늘의 위대한 진실이기에 욕설을 먹더라도 밝히는 것이다.

이것이 인류의 심판과 구원이다.

나는 무수히 많은 생사령들과 신들을 불러들여 대화하고 악신, 악령, 악마, 요괴, 축생령, 곤충령들을 잡아들여 심판하고 구원하는 역할을 하면서 종교를 통해서는 알 수 없었던 사후세계의 진실을 낱낱이 알게 되었다.

생사령(산 자와 죽은 자의 영혼)들이 구원받아 천상으로 돌아가려고 온갖 종류의 종교세계를 찾아다니고 있지만 뜻을 이루지 못하고 있다. 하늘이 내리시는 곳이 지구에서 단 한 곳 하늘궁전 태상천궁뿐이라는 사실을 인류가 알지 못하고 종교세계 안에서 허송세월 보내며 고통의 나날을 보내고 있다.

지구에 있는 550만 개에 달하는 모든 종교세계가 잘못되었음을 모르고 인류 모두가 종교의 종과 노예가 되어 살아가고 있으니 안타깝다. 죽어서 구원받을 것이라 세뇌당하여 맹신하고 있는 사람들은 죽으면 종교의 무서운 진실을 알게 될 것이지만 돌이킬 수 없음에 땅을 치고 통곡하며 천추의 원과 한으로 남는다는 진실을 이 세상 사람들은 전혀 알지 못한다.

하늘의 진실을 전해 주어도 자신이 다니는 종교사상에 세뇌되어 나의 말을 전면 부정하는 사람들이 많다. 자신의 눈높이에, 자신이 알고 있는 상식에 맞지 않는다고, 자기 생각과 다르다는 이유로 거부하는데 그것 역시 말리지 않는다. 하늘의 명을 받아 천상으로 오르고 싶은 사람들은 받아들이면 되고, 종교사상이 좋다고 생각하는 사람들은 그대로 다니면 된다.

나의 글을 억지로 인정하라고 강요하는 것이 아니라 천상의 진실이 이러하니 지금까지 잘못 알려진 종교세계 사상을 깨버리라고 알려주는 것이다. 왜냐하면, 나는 거의 매일같이 신명들, 영혼들(생령), 조상들(사령)을 구원해 주고 있기 때문이다.

사람들을 괴롭히는 천상의 배신자이자 역천자들인 아수라, 악신, 악령, 악마, 요괴, 축생령, 일반 귀신들을 잡아들여 심판하고, 죽은 자들의 사후세계를 볼 수 있고, 산 자들의 죽음 이후 세계를 미리 볼 수 있기 때문에 이들과 많은 대화를 해서 하늘세계, 천상세계, 사후세계, 신명세계, 조상세계, 영혼세계, 종교세계, 귀신세계, 인간세계 진실을 낱낱이 알았다.

특히 세상에 수천 년 동안 널리 알려진 성인 성자들인 종교 숭배자들과 내로라하는 유명한 종교창시자, 종교지도자들, 왕이나 역대 대통령들, 재벌가들, 사회적으로 이름난 저명인사의 사후세계를 30~40분간 낱낱이 들여다보았다.

죽은 사람들은 혼령을 직접 불러서 사후세계 실상을 생생히 들었고, 아직 죽지 않고 살아 있는 수백 명 사람들에 대한 사후세계 미리 보기를 통하여 30~40분 동안 자세히 살펴보았는데, 천상의 좋은 세계로 올라가는 사람들은 하나도 없었다.

이름만 대면 모두가 알만한 유명인들의 사후세계는 너무나도 비참하였는데 인정하고 후회하는 사람들도 있었고, 전혀 인정 못 하겠다는 사람들도 많았다. 산 사람들은 자기 자신의 영혼(생령)을 불러내서 자신 영혼이 직접 보는 것인데도 믿지 못하겠다니 할 말을 잃었다.

자신은 이승에서 착하게 살았으니까 지옥에 떨어지지 않을 것이라고 믿고 있었다. 착하게 살았는지 악하게 살았는지 판단은 각자가 하는 것이 아니라 하늘이 판단하시는 것이다. 이승의 삶만 심판하는 것이 아니라 천상의 원초적인 삶, 전생의 삶, 윤회의 삶, 현생의 삶을 모두 평가하는데, 인류의 신분 자체가 모두 천상에서 큰 죄를 짓고 지구로 떨어진 대역죄인들의 신분이기에 죄인 아닌 자들이 하나도 없다.

그래서 천상으로 돌아가고 싶은 사람들은 이곳에 들어와서 조상의 죄와 자신의 죄를 빌어야 한다. 조상들은 이미 죽었기 때문에 산 자손이 조상님의 죄를 대신 빌어드려야 한다.

하늘이 내리시는 명을 받기 위해

이 땅에 태어나 사람들은 모두가 왜 태어났는지 모르고 살다가 죽어서 저승으로 떠나간다. 열심히 살면서 돈을 많이 벌어 부자가 된 사람들이 상당히 많은데, 죽으면 태산 같은 돈과 재물을 한 푼도 가져가지 못하고 수의 한 벌 얻어 입고 떠나가는 것이 인생살이이다.

최대한 돈을 많이 벌려고 모진 시련을 겪으며 고통스런 인생살이를 하다가 명이 다하여 아기 때 죽고, 젊어서 죽고, 병들어 죽고, 나이 들어 죽고, 사건사고, 심장마비, 천재지변으로 죽어서 사후세계로 입문한다.

죽어서도 살아생전의 돈과 재물, 높은 관직의 벼슬자리를 유지하기 원하는 사람들이 참으로 많을 것인데 공상 같은 그 꿈을 이루어줄 수 있는 길이 도의 종주국 하늘궁전 태상천궁에 있다. 이것은 꿈이나 허상이 아닌 현실세계이다. 사후세계에 대하여 영적 차원이 높은 사람들은 이해가 되는 내용이지만 일반인들에게는 도무지 이해할 수 없는 말로 들릴 것이다.

죽으면 그만인데 무슨 사후세계가 있느냐는 사람들에게는 당연히 말이 안 통할 것이고 믿지도 않는다. 눈에 보이고 들리는 것도 못 믿는 세상인데 보이지도 들리지도 않는 세상을 어찌 믿으라고 하는 것이냐고 항변할 사람들도 많으리라.

온통 사기꾼이 판을 치는 세상에 누구를 믿느냐며 부정하고 무시할 것이지만 진실은 어딘가에 숨어 있기 마련이다. 여러분은 나를 만나서 하늘이 내리시는 명을 받들기 위하여 만생만물의 영장인 사람으로 태어났다는 진실을 모를 것이다.

말도 안 되는 황당한 말로 들리겠지만 이것이 천상의 신명들이 하강해서 들려준 이야기이니 현생이나 내생을 보장받을 사람들은 나의 말을 인정하고 받아들일 것이고, 한세상 개, 돼지처럼 먹기만 하다가 죽을 사람들에게는 허무맹랑하고 황당무계한 이야기로 들릴 것이다.

나를 만나야 하는 이유는 눈에 보이는 구원의 하늘인 '하늘의 명 대행자'이기 때문이다. 지구에 '하늘의 명 대행자'는 하늘궁전 태상천궁을 선포한 나 하나뿐이다. 이 책을 읽고 사후세계가 있다고 인정하는 사람들은 죽음 이후 내생이 보장될 것이고, 그렇지 않은 자들은 9대 지옥도로 압송당하고 말도 못 하는 고통스런 윤회의 굴레에 갇히게 된다.

사람으로 태어난 고귀한 사명을 망각한 채 세상을 살아가는 사람들이 거의 전부일 것인데, 이 책을 읽고 정신 차려야 한다. 이번 생이 천상으로 돌아가기 위한 처음이자 마지막 기회이다. 죽은 자는 자손이 하늘궁전 태상천궁에 들어와서 조상천상입천식을 행하지 않는 이상 구원의 기회를 박탈당한 것이고, 살아 있는 사람들은 하늘이 내리시는 명을 받들어 천인합체식을 행하지 않으면 천상으로 돌아갈 수 있는 길이 없다.

내가 하늘이 내리신 황위 계승 수업의 임무를 마치고 천상으로 복귀한 뒤에는 천상으로 오르는 길이 사실상 막혀버린다. '하늘의 명 대행자'는 아무나 대행할 수 없다는 뼈아픈 진실이 최근에 명명백백히 밝혀졌기에 후계자를 내세우는 것이 어렵다. 어느 누군가 멋모르고 '하늘의 명 대행자' 역할을 대행하면 역천자가 되고 온갖 아수라, 악신, 악령, 악마, 요괴, 귀신, 축생령들이 무수히 쳐들어오기 때문이다.

인간, 신, 영(생령=산 자의 영혼과 사령=죽은 자의 영혼)들을 불러서 구원하고, 아수라, 악신, 악령, 악마, 요괴, 귀신, 축생령들을 심판하는 역할은 지구상에서 천상의 황태자인 '하늘의 명 대행자' 한 명뿐이기에 어느 누구도 대행할 수 없다.

하늘궁전 태상천궁은 군주제이기 때문에 세습을 하늘이 윤허하시면 가능하지만 아직은 확정 지을 수 없기에 현재는 불투명하다. 그러므로 하늘이 내리시는 명을 받들어 구원받을 대상자들은 최대한 빠른 시일 내에 서둘러 방문하여야 한다.

개, 돼지는 죽으면 고기라도 먹을 수 있지만, 사람은 죽으면 아무짝에도 쓸모가 없고 오히려 무서워서 피한다. 한세상 잘 먹고 잘살기 위해서 이 땅에 사람으로 태어난 것이 아니라 하늘이 내리시는 명을 받들어 천상궁전으로 돌아가기 위해 사람으로 태어났다는 위대한 진실을 알고 살아가야 한다.

자손들에게 재산 물려주려고 하지 말고, 죗값과 재물 천공을 많이 바쳐서 자신의 영원한 사후세계를 부귀영화 누릴 수 있도록 철저하게 준비해야 한다. 봄에 씨를 뿌리지 않으면 가

을에 추수할 것이 없는 것처럼 살아서 사후세계를 준비하지 않으면 아무도 여러분의 고통과 불행을 대신할 수 없다.

씨는 만물이 생동하는 봄에 뿌려야지 겨울에 뿌리면 다 얼어 죽는 것처럼 모든 것에는 때가 있다는 말이다. 늙거나 죽은 뒤에는 씨를 뿌리려고 하여도 뿌릴 수가 없지만 살아서는 때만 맞추면 씨를 뿌릴 수 있다.

하늘이 내리시는 명을 받드는 것도 한 살이라도 젊어서 받아야지 늙고 병들어 돈(죗값)이 없으면 명을 받들 수가 없다. 잘 모르는 사람들은 무조건 종교상의 숭배자들을 믿으면 구원받는다고 말하지만 그것은 하늘의 지엄한 천상법도를 모르기 때문에 하는 말이다.

인류 자체가 죄인들이고 살아서 죗값을 많이 벌어서 하늘에 바치려고 사람으로 태어난 것이기에 죗값을 바치지 않는 자들에게는 구원이란 존재하지 않는다. 하늘은 여러분 각자에게 영혼의 부모님이시고 대자대비하시기에 모든 죄인들을 구원해 주실 것으로 사람들이 믿고 있는데 천만에 말이다.

인류의 신분은 그 자체가 죄인들이고, 죗값을 벌어서 하늘에 바치라고 사람으로 태어나게 해주시었다. 천지만생만물 중에 사람만이 하늘에 바칠 죗값(돈)을 벌 수 있기 때문이다. 당연히 인류 모두가 죄인의 신분들이기에 죗값을 가져오지 않는 자들은 절대로 구원이 없기에 천상으로 오르지 못한다.

죽어서 천상으로 오르려고 수많은 종교에 다니고 있는데 종교를 통해서는 천상으로 올라간 자들이 하나도 없다는 사실이 무수히 밝혀졌다. '하늘의 명 대행자'를 만나 하늘의 윤허를 받기 전에는 세상 그 어느 누구도 천상으로 돌아가지 못한다.

지금 종교에 수십 년씩 열심히 다니는 사람들은 나의 말을 인정하기 싫겠지만 진실이니 믿든 안 믿든 그것 역시도 각자 자신들의 자유이다. 억지로 믿으라고 강요하지 않으니 종교가 좋으면 그냥 그대로 다니면 된다. 천상에서 지은 죄가 너무 크기에 도의 종주국 하늘궁전 태상천궁에 들어올 자격을 박탈당한 용서받지 못할 죄인들이기 때문이다.

쌍심지 켜고 나를 비난 험담하며 종교사상을 숭배하는 자들은 그럴만한 이유가 있기에 억지로 도의 종주국 하늘궁전 태상천궁에 들어오라고 강요하지 않는다. 얼마나 천상에서 지은 죄가 크면 구원받지 못하는 종교를 다니고 있겠는가?

종교 자체가 하늘의 뜻이 아닌 거짓을 전하는 세계라고 아무리 말을 해주어도 교리에 세뇌당하여 요지부동인데 심판의 그날이 눈앞으로 다가오면 종교에 다닌 사람들은 하나도 구원받지 못한다는 진실은 알고 다녀야 한다.

말도 안 되는 이야기라고 무시할 테지만 이것이 진실이니까 믿든 안 믿든 여러분의 자유 선택이다. 죽어서 후회하든 말든 각자의 판단에 따른 것이니까 후회하지 말아야 한다.

하늘의 명 대행자

하늘이 내리시는 명을 대행하는 역할이 하늘의 명 대행자인데 지구가 탄생한 이후로 전무후무하다는 진실이 밝혀졌다. 지구에 단 하나뿐인 '하늘의 명 대행자'가 하늘의 황태자 신분의 도법천존 3천황이다.

세상에 종교창시자와 교주들이 헤아릴 수 없이 무수히 많지만 하늘의 명 대행자는 한 명뿐이다. 2004년도에 처녀작 『생사령』을 집필할 때 계시를 받았다. 하늘의 명 대행자의 위상이 얼마나 대단한 자리인지 나 역시 최근 9월에 알았다.

『하늘이 인류에게 내린 명』이란 책을 2006년 3월 10일에 집필하여 출간하였을 당시만 하여도 전혀 몰랐다. 2019년 9월에 인류에 대한 심판을 집행하면서 '하늘의 명 대행자' 위상과 지엄함이 어떤 것인지 알게 되었다.

하늘을 대신하여 천지만생만물과 인류에게 명을 내릴 수 있는 유일한 존재였다. 인류라 칭함은 인간, 영혼, 신, 조상, 귀신, 아수라, 악신, 악령, 악마, 요괴와 동물령, 가축령, 곤충령, 어류령, 조류령, 파충류령 등등의 축생령과 사물령에게 심판과 구원, 생살여탈에 대한 하늘의 명을 대신하여 하명할 수 있는 어마어마한 자리였음을 알게 되었고, 세상 어떤 누구도 대신할 수 없는 매우 존귀한 위상이었다.

'인류의 심판자와 인류의 구원자' 신분이 '하늘의 명 대행자'였던 것인데 나 역시 이를 알아보지 못하고 지내왔으니 일반인들이야 오죽하겠는가? 하나의 관명일 뿐이라고 대수롭지 않게 생각하며 무시하고 부정하며 지나쳤을 것이리라.

천상과 지상의 모든 영혼(생령과 사령)과 신들, 귀신들, 악신, 악령, 악마, 요괴, 도깨비, 동물령, 축생령들이 '하늘의 명 대행자'가 하명하는 대로 움직이고 생살여탈이 좌우된다.

여기서 하늘이란 종교세상에서 전하고 있는 하느님, 하나님, 하늘님, 한울님, 한얼님, 하날님, 상제님, 부처님이 아니라 천지만생만물을 창조하신 대우주의 절대자이신 '태상천존자미 천황태제 폐하, 약칭은 태상 폐하'를 말한다.

여러분에게는 개인적으로 영혼의 어버이이시기도 하시다. 그런데 영혼의 구원은 영혼을 창조하신 분만이 구원하실 수 있다는 만물의 진리를 인류가 아직 모르고 있는 듯 온통 종교세계에 들어가서 구원을 외치고 있으나 모두가 세월 낭비, 금전 낭비, 정력 낭비만 하고 있다.

하늘께서 말씀하시었다

"나는 종교세계를 통해서는 하강한 적도 없지만 종교를 통해서는 너희 인류를 구원하지 않느니라. 나는 오직 나의 아들이자 천자이고 황태자인 하늘의 명 대행자(도법천존 3천황)를 통해서만 인류와 종교를 심판하고 인류(신, 영, 인간)를 구원하느니라. 또한, 지구의 주인, 인류의 주인으로 명하느니라."

지구는 지옥별이다

천상의 역모 반란자들이 실패하여 도망쳐서 은신한 곳이자 역모 반란에 가담하여 추포된 자들이 재판을 받고 유배된 별(행성)이 지구란 사실을 이 세상 어느 누가 알겠는가? 그래서 여러분의 신분은 잘난 자들이든 못난 자들이든 역천자 대역죄인의 신분임을 알아야 한다.

많은 돈과 재물, 권력과 명예를 가진 자들은 자만, 거만, 교만, 오만이 가득하여 구원받기가 매우 어렵다. 즉 이 세상에서 출세하고 성공한 자들은 자신의 모든 것을 내려놓고 하늘 앞에 굴복하기 전에는 절대로 구원받아 천상으로 돌아갈 수 없다는 사실을 알아야 한다.

이번 생이 끝나면 상상할 수 없는 모진 고문형벌이 가해지는 9대 지옥으로 압송당하여 끝도 없는 세월 동안 아픔과 슬픔, 고통과 불행 속에서 살아가야 한다. 사후세계가 없다고 부정하며 죽으면 그만이라고 생각하는 사람들은 자신의 사후세계가 어떻게 열릴 것인지 미리 확인하고 싶으면 찾아오라.

나는 여러분의 사후세계를 적나라하게 30분 이상 들려줄 수 있다. 지옥세계의 심판부터 만생만물로 윤회하는 장면을 여과 없이 더하지도 않고 빼지도 않고 그대로 생생히 들려준다. 사후세계를 부정하는 사람들은 이대로 살다가 죽어보면 얼마나 비참하고 참혹한 고통이 이어지는지 알게 될 것인데 그때는 아무리 후회하며 살려달라고 빌어봐야 아무 소용이 없다.

천상과 전생, 현생의 죄를 빌어 구원받을 수 있는 기간은 인간 육신이 살아 있는 동안만 가능하기에 죽으면 죄를 빌 수 있는 기회가 자연적으로 박탈당한다. 천상의 삶, 전생의 삶, 현생의 삶, 윤회의 삶, 내생의 삶이 모두 실제로 존재하고 있음을 매주 일요일마다 공개적으로 검증해 주고 있다.

지구에서 인류에 대한 심판과 구원은 '하늘의 명 대행자'에 의해서만 이루어진다는 사실이 천상의 신들에 의해서 명명백백히 밝혀졌다. 지구에서 가장 큰 죄인들이 종교창시자와 교주, 지도자, 종사자, 교인(신도)들이다.

죄를 빌어 사면받아 천상으로 오르라고 만물의 영장인 인간으로 탄생하는 기회를 주었더니 역천자 죄인들이 세운 종교를 믿고 있으니 죄가 더 쌓여만 갈 수밖에 없어 구원받지 못하고 9대 지옥으로 압송이 예약되는 불행한 길을 걷고 있다.

종교를 다니면서도 정말 죽으면 천국, 천당, 극락, 선경세계로 가는 것인가 하며 의아심을 가진 사람들이 참으로 많지만 자신의 사후세계 모습을 실제로 볼 수 없기에 종교지도자들이 전해 주는 말만 믿고 따를 수밖에 없는 것이 현실이다.

하지만 이곳에서는 종교에 다니는 여러분의 사후세계 모습이 어떻게 열리는지 낱낱이 보여줄 수 있다. 정말 종교지도자들의 말대로 천국, 천당, 극락, 선경세계로 올라가서 편히 살고 있는지 확인시켜 줄 수 있다. 여러분의 돌아가신 부모조상님과 가족들이 어느 세계에 들어가 있는지 불러내서 대화시켜 준다.

지구에서 구원이 이루어지는 곳은 믿거나 말거나 종교와 전혀 다른 천상대법정이 땅으로 내린 하늘궁전 태상천궁 한 곳뿐이니 여러분이 판단하고 결정해야 한다. 이번 생에 구원받지 못하면 구원은 영원히 받을 수 없다. 나의 육신이 생존해 있는 기간 동안에만 가능하기 때문이다. 즉 '하늘의 명 대행자'를 통하지 않는 이상 구원은 지구상에 존재하지 않는다.

'하늘의 명 대행자'가 가진 천지대능력은?

나는 모든 영적 존재들을 부를 수 있기에 아수라, 악신, 악령, 악마, 요괴, 동물령, 곤충령, 조상, 귀신, 산 사람의 생령(영혼), 염라대왕, 산신, 용왕, 신들과 용들을 직접 소환하여 대화할 수 있고 심판해서 명을 내릴 수 있다.

상대가 누구든 언제 죽었든 상관없이 즉시 3초 이내 소환하여 자유롭게 대화할 수 있다. 고려 태조 왕건, 태조 이성계, 태종 이방원, 세종대왕 이도, 이순신 장군, 진시황, 서태후, 박정희, 육영수, 노무현, 김영삼, 김대중, 김일성, 김정일, 김종필, 종교숭배자들인 여호와, 석가, 예수, 마리아, 마호메트, 증산 상제, 미국의 여배우 마릴린 먼로, 케네디 대통령, 서산대사, 사명대사, 원효대사, 무학대사, 도선국사 등등 살아 있는 자든 죽은 자든 언제 죽었든 관계없이 자유자재로 불러서 대화할 수 있다.

죽어서 어디에 가 있는지도 밝히고 원하는 상대방 이름만 제시하면 가능하다. 독자 본인들의 시조 조상님도 가능하고 부모 조상, 형제, 가족, 친구, 지인도 산 자든 죽은 자든 생사령(생령과 사령)들 모두 즉시 소환하여 대화할 수 있다. 천상으로 올라간 조상들도 하강시켜 대화하고, 천지만생만물로 윤회한 조상들도 즉시 부를 수 있다.

개, 소, 돼지, 새, 물고기, 뱀, 고양이, 닭, 쥐, 호랑이, 사자, 타조, 낙타, 곰, 올빼미, 독수리, 지렁이, 파리, 모기, 바퀴벌레 등등 어떤 대상이든 상관없고, 요절한 유명 연예인이나 유명인사들의 생령이든 사령이든 불러서 말할 수 있다.

종교세상에서 전하고 있는 하느님, 하나님, 하늘님, 한울님, 한얼님, 하날님, 상제, 부처, 석가, 여호와, 예수, 마리아, 마호메트, 공자, 노자, 기타 종교창시자들은 천상에도 없는 종교를 세워 인류의 정신을 빼앗아간 대역죄인들이기에 심판하여 9대 지옥으로 압송하였으니 종교는 껍데기만 있는 것이다.

종교의 창시자, 교주, 지도자, 종사자, 교인(신도)들은 입에 거품을 물고 나를 미친놈이라 정신병자 취급하고 천벌받을 놈이라며 폭언과 욕설, 악담을 퍼부을 것이지만 이것이 종교세계의 진실이고, 나는 하늘의 천자이자 황태자 신분으로 하늘을 대신해서 역천자 신들이 세운 종교를 멸망시키고 인류를 심판하기 위해서 천상의 북극성에서 지구로 내려온 인류의 심판자이자 인류의 구원자인 '하늘의 명 대행자'이다.

하늘의 심판받아 무서운 9대 지옥으로 압송당하여 자신과 가문이 멸망되는 사형선고를 받고 싶은 사람들은 얼마든지 욕하고 비난 험담하여도 된다. 여러분의 일거수일투족을 실시간으로 감시하는 신들이 지켜보고 있으니까 말이다. 이것은 여러분을 겁박하는 것이 아니라 하늘이 내리시는 명이다.

이제 종교세계 안에는 종교숭배자들 대신에 아수라, 악신, 악령, 악마, 요괴들이 인류를 지배 통치하고 있기에 지금은 이들을 추포하여 심판하고 있는 중이다. 사람마다 이들이 들어가서 종교로 끌어들이고 있는 것은 종교를 믿어 하늘께 더 많은 죄를 지어 천상으로 돌아가지 못하게 막기 위함이다.

지금 종교에 다니면서 숭배자들을 받들고 숭배하는 것은 결국에는 아수라, 악신, 악령, 악마, 요괴들과 종교 귀신들을 받들고 따르는 무서운 일이고, 돈과 세월, 정력을 빼앗기고 하늘에 더 큰 죄를 짓는 일이며 지옥행 티켓을 예약하는 엄청난 무서운 행위란 사실을 알린다.

여러분이 인정하든 않든 각자들의 자유인데 여러분의 사후세계 운명은 지구에서 유일하게 '하늘의 명 대행자'에 의해서 좌지우지되고 있다. 인간, 영혼, 신, 조상, 아수라, 악신, 악령, 악마, 요괴, 동물의 축생령들에 대한 생살여탈의 심판권을 갖고 내려왔기 때문이다.

사람들이 가장 무서워하는 아수라, 악신, 악령, 악마, 요괴, 귀신들은 내 앞에 추포되어 심판받고 9대 지옥으로 압송당하여 고문형벌 집행 후 사형당하는 것을 영광으로 생각한다는 사실도 무수히 알게 되었다. 이들은 9대 지옥에서 모진 고문형벌받은 뒤에 사형(소멸)당한다는 것을 알고 있다.

마지막으로 죽으러 가면서까지 '하늘의 명 대행자'의 무소불위한 천지기운에 의해 천상세계의 밝혀지지 않은 무수히 많은 진실을 전하면서 마지막 작별을 고한다. 이들은 천상에서 황태자인 나를 알아보는 역천자들이기에 추포되어 오면 정중하게 인사부터 올리고 나에게 자신의 이름과 신분을 밝히는 것을 가장 큰 영광으로 생각한다.

내가 '하늘의 명 대행자'로서 미래의 하늘이기 때문이고 천상에서조차 감히 나를 만난다는 자체가 거의 불가능하기에 나에게 추포되어 심판받아 9대 지옥으로 끌려가는 것이 행운이자 영광이라고 한다. 추포되어 오면 모두가 최후를 맞이할 준비를 받아들이며 심판에 순순히 응한다. 자신들이 하늘께 무슨 죄를 지었는지 잘 알고 있기 때문에 반항하지 않고, 살려달라고 빌면서 애걸복걸하지도 않고 당당하다.

이들은 내가 하늘의 명을 받고 인류의 심판자이자 인류의 구원자로 지구에 내려온 것을 이미 알고 있는 자들이고, 언제 추포되어 심판받을 것인지 그 날짜만 기다려온 자들이다. 반면에 일반 귀신들은 9대 지옥으로 압송하라고 명을 내리면 사시나무 떨듯 벌벌 떨면서 살려달라고 애걸복걸하며 싹싹 빌면서 끌려가지 않으려고 발버둥 친다.

역천자 신들과 일반 귀신들과의 차이다. 신들은 추위와 배고픔을 전혀 느끼지 않지만, 일반 귀신들은 추위와 배고픔에 무척 힘들어하며 괴로워한다. 각자 조상들의 일반적인 사후세계 모습들이다. 자손들이 1년에 3~4회 지내주는 제사와 차례로는 감당이 안 되고, 지옥세계에 붙잡혀가 있기에 제삿밥 받아먹으러 올 수도 없다. 그래서 '하늘의 명 대행자'를 만나야 춥고 배고픈 조상님들과 여러분 영혼들의 사후세계가 보장되고 소원이 이루어진다.

말 조심, 글 조심, 생각 조심

글을 읽고 비난 험담하는 사람들에게 전한다

천상에는 지구에 인류 탄생 이후에 일어나는 일들에 대하여 초 단위로 실시간 자동 입력되는 대형 컴퓨터가 있다. 특히 도법천존 '하늘의 명 대행자'와 도의 종주국 하늘궁전 태상천궁에 대해서 비난 험담하는 사람들의 말과 글, 마음과 생각, 행동을 실시간으로 자동입력하는 천상지능 컴퓨터가 있다.

누가 언제 어디서 무엇을 왜 어떻게 육하원칙에 의해서 인터넷이나 댓글에 어떤 말과 글, 마음과 생각으로 어떤 목적에 의해 비난 험담하였는지 기록되고 있음이 천상신명에 의해서 밝혀졌다. 여러분의 말과 글, 행동은 물론 겉마음과 속마음, 생각까지도 기록되는 신비의 컴퓨터라고 한다.

사람 몸 안에 실시간 감지 센서 역할을 하는 신들이 들어가서 어떤 말과 글, 행동, 마음, 생각을 하고 있는지 감시하고 있다고 보면 이해가 쉬울 것이다. 천상의 문명은 지구 문명보다 수천억 년 이상 초고도로 발전되어 모든 것이 자동지능 컴퓨터화되어 마음과 생각만으로도 작동되며 사람들이 말하지 않아도 속마음을 모두 안다고 생각하면 된다.

여러분의 원초적인 천상 탄생의 삶, 수많은 윤회 과정의 삶인 전생, 그리고 현생의 탄생과 죽음 이후 내생의 모습까지도 자세히 기록되어 있음을 알아내었으니 상상 초월이고 경천동지할 일이다. 인간 눈에 안 보이고 귀에 안 들리니까 사후세계, 천상세계를 부정하며 무시하고 살아가는 것이다.

낮에 하는 말은 새가 듣고, 밤에 하는 말은 쥐가 듣는다는 속담이 있고, 서양에는 벽에도 귀가 있다는 속담이 있는데 틀린 말이 아니라 현실이다. 방 안에서 혼자 중얼거려도 천지의 신들이 실시간으로 듣고 기록하고 있음이 확인되었다.

여러분 개인의 천상의 삶, 윤회 과정, 인간 탄생의 사진(탄생의 유아기부터 현재까지), 주소, 본관, 성명, 직업, 학력, 경력, 연락처, 결혼, 이혼, 배우자, 자녀, 형제, 부모 조상(당대부터 시조까지), 마음, 생각, 말, 글, 행동, 일상생활에 대한 세밀한 신상정보와 변동사항이 개별적으로 실시간 기록된다.

언제 어디에서 무슨 연유로 비난하고 험담하며 사이비라고 주변 사람들에게 말하며 블로그, 카페, 홈피, 댓글, 서적에 남겼는지 모든 기록들이 동영상과 글로 상세히 저장되어 있다고 한다. 내가 지구에서 '하늘의 명 대행자' 임무를 마치고 천상으로 돌아가면 이들의 신과 영들을 잡아들여 심판해야 한다고 천상의 신들이 전해 주었다.

'하늘의 명 대행자' 위상에 대한 지식이 없어서 책을 읽고 일반 종교인처럼 생각하며 비난 험담하였겠지만 실시간으로 일거수일투족이 기록되고 있기에 신들에 의해 즉결처분 심판받아 사고와 심장마비로 죽은 사람들이 무수히 많았다는 진실도 아수라와 악귀잡귀 귀신들을 잡아들여 심판하면서 귀신들의 입을 통해서 낱낱이 알게 되었다.

나는 누가 책을 읽고 누가 비난하고 험담하였는지 알 수 없지만, 천상의 신들이 실시간으로 구독자들의 글 읽는 모습을 감찰하며 지켜본다는 사실도 난생처음 알았다. 이런 무서운 진실을 알 수 없는 대다수의 사람들이 제명에 죽지 못하고 몇 달, 몇 년 안에 일찍 세상을 떠난다는 것도 알았다.

하늘이 얼마나 무서운지 인류가 아직 모르고 있는데 조만간 '하늘의 명 대행자'를 통해서 실체적인 모습을 세상에 보여주는 날이 온다. 인류에 대한 심판과 구원, 생살여탈권 집행, 인류의 멸망, 인류의 종말, 인류의 멸살, 지구멸망, 국가 멸망, 기업멸망, 가문 멸망, 가족 멸망, 개인 멸망과 반대로 구원의 명을 내릴 수 있는 유일한 존재가 '하늘의 명 대행자'라는 엄청난 사실을 천상의 신들을 통해서 최근에 알았다

천상의 신들에 의해서 말 한마디, 글 한 줄에 생사가 좌우되고 있다는 무서운 진실을 알린다. 마음으로, 생각으로 하는 것까지 실시간 기록되고 있음도 알았다. 그러니 그동안 발행한 56권의 책을 읽고 아직도 구원받지 못하고 있는 사람들은 세상에 이런 일이 어디 있어? 사이비야 하면서 말, 글, 마음, 생각으로 비난하고 험담한 사람들일 것이다.

또한 방문하고 돌아가서 자신의 이상과 다르다며 욕설을 퍼부은 사람들, 하늘이 내리시는 명을 받고 인연이 되었다가 지키지 못하고 떨어져 나간 사람들, 나를 배신하고 떠나간 자들,

온갖 협박과 폭언, 욕설을 퍼부은 자들과 그의 조상들 운명이 어떻게 전개될지 몹시 걱정되고 안타까운 마음이 든다.

이곳이 진짜인지 가짜인지 모르는 상태에서 스쳐 지나가거나 떠나간 사람들인데 최근에야 진짜임이 검증되고 밝혀졌으니 그 얼마나 원통하고 허망할 것인가? 이곳을 찾으려고 무수히 많은 세월 동안 윤회하다가 사람으로 태어나 찾아와서 하늘이 내리시는 명을 받았는데 지키지 못하였으니 그 또한 천상과 전생, 현생에서 지은 죄가 크고 많기 때문일 것이다.

가짜가 진짜인 줄 알고 따라 나간 사람들이 지금쯤은 후회막심할 것인데 이런 위대한 진실을 알지 못한 채로 그냥 살아가고 있을 것이다. 하늘은 각자가 뿌리고 행한 대로 한 치의 오차도 없이 거두게 하신다.

그래서 누구를 원망할 수도 없다

자신이 행동한 것에 대해서 자신이 책임지는 수밖에 없다. 얼마나 어렵게 찾은 하늘인데 지키지 못한 자들은 자신들이 천상과 전생에서 지은 업보로 받아들여야 한다. 천상에서의 삶이 어떠하였는지, 지구에 왜 내려왔는지 모르고 살다가 죽어서 또다시 무서운 심판대 위에 올라가야 하니 피할 수 없는 숙명으로 받아들여야 할 것이다. 자신의 사후세계 준비를 위해서 어떻게 해야 할 것인지는 각자의 자유이다.

우울증과 자살

우울증은 왜 걸리나 궁금할 것인데 그것이 영적 존재들임이 밝혀졌다. 영적 존재들이란 것이 참으로 복잡한데 신, 영혼, 조상, 아수라, 악신, 악령, 악마, 요괴, 악귀잡귀 잡귀신, 축생령(동물령, 곤충령, 어류, 조류 만생만물의 영들 포함)들이 사람 몸 안에 들어와서 발생하는데, 구원의 진짜 하늘을 찾으려는데 찾지 못해서 실의에 빠지고 자포자기한 경우이다.

우울증은 약으로 치유되는 것이 아니라 하늘을 만나야만 해결되기에 약물에 의존하는 것은 잘못된 처방이고, 끝이 없고 방황을 알 수 없는 사막의 길을 걸어가는 것과 같다. 영적 존재들 중에서 신, 영혼, 조상은 구원의 대상자들이고 나머지는 퇴치해야 할 대상자들이다.

이들의 영적 존재들은 지구상에 있는 모든 종교의 힘을 통해서는 해결책이 전혀 없다는 점이 확인되었다. 인류가 원하고 바라는 구원이란 것은 하늘의 고유영역이고 고유권한이기에 종교지도자들의 능력으로는 불가하다는 것이 입증되었다.

하늘의 대행자로 하늘이 내리시는 명을 대행하는 자는 지구상에 단 하나뿐이라는 사실이 2019년 9월에 천지대공사를 집행하는 과정에서 확인되었다. 하늘이 내리시는 명은 천자이자 황태자를 통해서만 이루어진다는 진실을 천계의 신명들이 스스로 밝혔다. 나의 이론이 아닌 천계의 신들이 하강하여 낱낱이 밝혔고, 더불어 세상에 알려진 천국, 천당, 극락, 선경세상은 존재하지 않는 허구의 세상이고, 악들의 세상임이 밝혀져서 충격을 주고 있다.

그래서 우울증을 앓고 있는 사람들에게는 병원, 약국, 종교에 의지할 것이 아니라 이곳에 들어오는 것이 최선의 방법이다. 조현병과 병명 없는 질병들이 모두 영적 존재들로 인해서 일어나고 있음이 무수히 확인되었다. 영적 세계의 무수한 비밀들이 아주 자세하게 밝혀졌다.

또 자살하는 사람들의 심정을 이해 못 하는 바는 아니지만 자살 충동이 일어나는 것 자체가 자살로 죽은 귀신들이 들어와서 자살한다는 비밀이 밝혀졌다. 그러니까 자살하고픈 강박관념에 사로잡힌다면 자살 귀신부터 잡아들여 심판하면 자살 충동이 더 이상 늘어나지 않는다.

현실의 삶에서 어떤 충격을 받으면 인생사가 너무나 괴로워서 죽음을 선택하는 사람들이 늘어나고 있다. 오죽하면 죽음을 선택하겠는가마는 이렇게 죽으면 더 고통스러운 사후세계가 열린다. 죽으면 끝이라고 생각하는 사람들이 거의 전부인데 끝이 아니라 끝없는 참혹한 고문형벌이 기다린다.

사후세계의 무서운 진실을 모르니까 자살을 쉽게 선택하는데 자살하여 죽은 귀신들이 들어와서 그런 것이니까 이곳에 들어와서 자살 귀신부터 퇴치해야 한다.

운명을 송두리째 바꾸어줄 진인

운명을 송두리째 바꾸어줄 하늘이 내린 진인

인간, 영혼, 조상, 신명들의 운명을 송두리째 바꾸어줄 '하늘의 명 대행자!'

가족의 영혼들을 구할 분들은 종교사상과 지금까지의 모든 고정 관념을 내려놓고 이 글을 끝까지 읽어보시기 바란다. 세상을 살아가면서 알 수 없는 질병과 인생 풍파로 정신을 차릴 수 없는 사람들이 무척이나 많기에 종교에 의지해 보지만 인생의 풍파를 좀처럼 막을 수는 없었을 것이다.

지친 인생의 해답을 찾지 못하고 허송세월 보내며 종교에 의지해 보지만 여러분은 아픔과 슬픔, 고통과 불행 속에서 대책없이 살아가고 있는데 여러분에게 희망을 찾아줄 인생 종합병원이 서울 강동구 성안로118 삼정빌딩에 도의 종주국 '하늘궁전 태상천궁'이란 이름으로 문을 열었다.

여러분의 돌아가신 조상, 부모, 형제, 배우자, 자녀들은 정말 사후세계에서 편안히 계신 것인지 궁금하여 알고 싶지만 아무도 궁금증을 해소시켜 줄 신비의 영 능력자를 만나지 못해서 답답하게 지내왔을 것이다. 종교인들이 조상굿, 49재, 천도재, 수륙재, 지장재, 위령미사를 정성스럽게 올려 천당,

극락, 선경세상으로 보내주기는 했어도 천상으로 잘 올라가셨는지 확인시켜 주는 종교인들은 아직까지 없었다.

하지만 영혼들이 정말 원하고 바라는 천국, 천당, 극락, 선경세상은 인간, 영혼, 조상, 신들을 종교로 끌어들여 종과 노예로 삼기 위해 악들이 세운 가짜세계였기에 하늘의 지엄한 명에 의해서 2019년 9월 21일 완전히 파괴되었다는 경천동지할 진실을 세상에 알린다. 하늘궁전 태상천궁에서는 여러분의 조상님과 가족들이 그동안 어느 사후세계에 가 있었는지 즉시 불러서 직접 대화시켜 줄 수 있으니 확인해 보시기 바란다.

또한 언제 어느 때 갑자기 죽을지 몰라서 불안초조하게 살아가는 사람들이 전부인데, 한 치 앞도 알 수 없는 자신의 불확실한 미래의 죽음에 대해서 어떻게 대처해야 하는지 방법도 모르고 대책 없이 살아가는데, 도의 종주국 하늘궁전 태상천궁에서 명쾌한 해법을 찾아내었기에 이제는 죽음을 두려워할 필요가 없어졌다. 지구상에 있는 550만 개의 모든 종교는 구원이 아니라 종교 지옥 그 자체였음이 밝혀졌다.

자신과 가족들의 갑작스런 죽음의 공포와 불안에서 벗어날 수 있는 진짜 하늘을 찾아내었으니 서둘러 방문하여 사후세계를 준비하시기 바란다. 살아서 여러분의 사후세계 모습을 미리 보여줄 수 있고 천상의 삶, 전생의 삶을 알아낼 수 있는 인류 최초, 인류 최고의 신비한 영 능력자이다.

하늘세계, 천상세계, 사후세계, 조상세계, 영혼세계, 신명세계, 귀신세계(아수라, 악신, 악령, 악마, 요괴, 축생령), 종교세계, 인간세계의 신실을 적나라하게 밝혀낸 지구싱 최초의 영적 지도자이며 인류의 심판자, 인류의 구원자이다.

상상의 동물인 용들은 신명들임이 밝혀졌고, 용들도 악한 용과 선한 용이 있다는 것을 알아내었으며, 나는 이들과도 대화할 수 있고, 그 어떤 만생만물의 생명체와도 대화하며 소통할 수 있는 '하늘의 명 대행자'이기에 천상과 지상의 모든 신들에게 명을 내릴 수 있다.

신과 영들을 자유자재로 불러서 대화할 수 있는 지구의 유일한 존재로서 생살여탈권을 가지고 천상에서 내려왔으며 여러분의 죽은 가족들은 3초 이내에 불러서 대화를 나누게 해줄 수 있는 능력자이다.

여러분은 이런 부분에도 관심이 있습니까?

1) 나는 누구인가? 어디서 와서 어디로 가는 것인가?
2) 종교 안에서 하늘, 신명, 영혼, 조상을 찾아다니는가?
3) 하늘세계, 사후세계, 영혼세계, 신명세계를 알고 싶은가?
4) 온갖 풍파, 고통의 지옥에서 하루빨리 벗어나고 싶은가?
5) 무병으로 신내림 굿을 받을 것인지 고민 갈등하는가?
6) 왜 태어났고, 왜 사는가? 각자가 해야 할 일은 무엇인가?

한 치 앞도 알 수 없는 불확실한 미래세계에 어느 날 갑자기 다가올 자신의 죽음에 대한 공포와 두려움, 인생사의 사업 실패와 부진, 사기, 배신, 고소 고발, 사건, 사고, 불운, 비운, 아픔, 슬픔, 고통, 불행, 가정 풍파, 상습폭행, 술주정, 무병(신병), 우울증, 불면증, 온갖 질병들을 발생시키는 아주 무서운 신들을 찾아냈다.

그런데 기운이 너무 강해서 병굿, 퇴마, 안수기도로는 도저히 막아낼 수 없는 고차원적 신들임을 알아내었다. 아픔과 슬픔, 고통과 불행은 풍파의 씨앗인데, 이것은 여러분을 더 행복하게 만들어주기 위한 행운의 천상행 티켓이다.

도법천존은 2005년부터 이달까지 총 56권의 책을 집필하였고 57번째 책을 집필 중이며 11월 초경에 출간 예정이다. 14년 동안 조선일보, 중앙일보, 동아일보에 광고를 게재한 도법천존 겸 영적 세계의 지도자이자 '하늘의 명 대행자'로서 도의 종주국 하늘궁전 태상천궁(소 울음소리 나는 도의 종주국으로 인생 종합병원)의 대표이다.

아직도 종교에서 조상, 부모, 배우자, 자녀, 형제의 조상굿, 49재, 천도재, 수륙재, 지장재, 위령미사를 지내십니까? 그런데 여러분이 천국, 천당, 극락, 선경세계로 구원했다는 가족의 영혼들이 어디로 가셨는지 확인하였나요? 여러분들은 조상굿이나 천도재, 위령미사, 신내림을 해본 적이 있을 것이다.

인간의 눈에 보이지도 않고, 귀에 들리지도 않는 영적 세계에 대하여 얼마나 알고 있나요? 무속인 보살, 무당, 승려, 신부, 수녀, 목사, 도인, 도사, 법사가 시키는 대로 하고서 인생이 어땠나요?

끝도 없이 이어지는 조상굿, 병굿, 신내림, 49재, 천도재, 수륙재, 지장재, 위령미사는 아수라, 악신, 악령, 악마, 요괴들이 주관한다는 사실이 처음으로 밝혀져서 충격을 주고 있다. 병굿, 조상굿, 49재, 천도재, 수륙재, 지장재, 위령미사, 신내림은 악들의 세계로 인도하기 위한 것이란 놀라운 사실이 하늘궁전 태상천궁에서 2019년 9월 21일에 밝혀졌다.

세상 사람들이 죽어서 간다고 믿고 있는 천국, 천당, 극락, 선경세상은 악들의 세계란 경천동지할 진실이 인류 탄생 이후 최초로 입증되었는데, 이들 천국, 천당, 극락, 선경세상의 주인들이라고 자청하고 있는 악들을 몽땅 잡아들여 심판하면서 그 무서운 진실이 밝혔다.

지금까지 무속에서 병굿, 조상굿, 신내림을 한 사람, 절에서 49재, 천도재, 수륙재, 지장재를 올린 사람, 성당에서 위령미사를 올린 사람들은 천국, 천당, 극락, 선경세상으로 보내드린 것이 아니라 아수라, 악신, 악령, 악마, 요괴들이 세운 악들의 세계로 보내졌다는 인류 최초의 진실을 밝혀냈다.

그러니까 세상의 종교를 통해서는 구원이 일절 안 된다는 사실이 증명된 것이고, 지구에 태어난 인류 모두가 죄인들이고, 더욱더 종교인들은 가장 큰 죄인들이기에 인간, 영혼, 조상, 신들을 종교인들이 구원할 수 없다는 하늘의 진실이 처음으로 밝혀지고 있다.

이제까지 여러분들이 행한 종교적인 의식들은 모두 진짜가 아닌 가짜 신들인 아수라, 악신, 악령, 악마, 요괴들이 하늘과 신을 사칭해서 구원하고 있었다. 하늘과 신을 사칭하여도 인간, 영혼, 조상, 신들의 눈높이에서는 검증할 능력이 하나도 없으니까 종교인들의 말을 따르고 있었다.

인류 모두가 수천 년 동안 대를 이어오면서 종교인들과 아수라, 악신, 악령, 악마, 요괴들에게 속았다는 것이 하늘궁전 태상천궁에서 현실로 생생히 검증되었다. 종교인들을 통해서 여러분의 부모 조상님들을 구하려고 조상굿, 49구재, 천도재, 수륙재, 지장재를 지낸 사람들은 조상님을 구원한 것이 아니라 악들의 세계로 입문시키는 엄청난 불효자 신세가 된 것이다.

그리고 종교에 다니고 있는 사람들과 종교의식을 행한 사람들의 몸 안에는 천상의 좋은 기운이 내리고 있는 것이 아니라 아수라, 악신, 악령, 악마, 요괴들이 수천에서 수십억 명씩 들어와서 나쁜 풍파의 기운을 뿌려대고 있다는 진실을 알린다. 자신이 믿는 종교가 맞다고 계속해서 열심히 기도하며 다니라고 계시와 메시지, 기운을 뿌려대기에 종교를 뿌리치고 벗어나기가 너무나 어렵고 고통스러운 것이 현실이다.

다니던 종교를 떠나면 하나님, 하느님, 부처님, 상제님에게 벌을 받아 급살, 횡액을 당한다고 겁박하기에 무서워서 떠나지 못하고 있는 사람들이 무수히 많지만 그래도 여러분의 조상님과 자신, 가족을 구하려면 결단을 내리고 도의 종주국 하늘궁전 태상천궁으로 들어와야만 살아날 수 있다.

춥고 배고파 힘들어하는 여러분의 조상님들을 악들의 세계에서 하루빨리 구원해서 꺼내 올 수 있다. 조상님과 여러분은 기운이 하나로 연결되어 있기에 조상님이 힘들면 여러분의 인생도 힘들게 되기에 가장 먼저 조상님부터 구해야 한다.

수천 년 동안 기독교, 천주교, 불교, 도교, 무속, 기타 종교에서 전하고 있는 천국, 천당, 극락, 선경세상은 악들이 세운 가짜세계였고, 지구상에 550만 개나 되는 역사와 전통을 자랑하는 수많은 종교단체와 내로라하는 유명한 종교인들은 인류(인간, 영혼, 조상, 신)를 구원할 수 없음이 밝혀졌다.

인류를 구원할 수 있는 지구상 유일한 능력자는 하늘의 천자이자 황태자이며 차기 황위 계승자로서 북극성의 성주(城主, 星主, 聖主)인 '하늘의 명 대행자' 한 명뿐이라는 위대한 진실이 밝혀졌다.

또한 영적 존재들인 영혼(생령), 조상(사령), 신(신명), 아수라, 악신, 악령, 악마, 요괴, 가축령, 동물령, 곤충령, 만물령들을 불러서 심판하여 9대 지옥으로 압송하거나 반대로 천상궁전으로 구원해 주어서 근심 걱정 없이 영생을 누리게 해줄 수 있는 유일한 능력자 역시 하늘의 명 대행자 한 명뿐이라는 위대한 진실을 알린다.

보살, 무당, 법사에게 신내림을 받은 사람들은 결국 아수라, 악신, 악령, 악마, 요괴들을 받아들여 이들의 제자, 종살이, 노예가 된 것인데 이를 돌이키고 평민으로 살아가려면 자신의 부모 조상님부터 악들의 세계와 지옥에서 꺼내드리고, 만생만물로 고통스럽게 윤회하고 있는 조상님들을 하루빨리 구해 내야 한다.

제2부

천상세계로 갈 것인가?

사후세계 마주할 준비는 되셨는가?

사람은 누구나 때가 되면 남녀노소에 상관없이 앞뒤 없는 전차처럼 어느 날 갑자기 죽어서 사후세계로 들어가지만 아무런 대책도 없이 죽음을 맞이하니 참으로 어리석고도 안타까운 일이 아닐 수 없다.

죽음 이후의 사후세계가 정말 있느냐 없느냐 말들이 많은데 실제로 존재한다. 죽음 이후 사후세계를 믿지 못하기 때문에 무지해서 '죽으면 끝이다'라고 말한다. 여러분에게는 원초적인 천상의 삶도 있고, 수많은 전생의 삶도 있고, 천지만생만물로 윤회한 삶도 무척이나 많은데 이것을 인류 최초로 밝혀낸 곳이 도의 종주국인 하늘궁전 태상천궁이다.

인류의 죽음 이후 사후세계 궁금증을 속 시원히 풀어줄 전세계 유일한 존재이지만 아직 세상에는 많이 알려지지 않았으나 매주 일요일마다 사후세계의 엄청난 진실이 라이브로 생생히 밝혀지고 있다.

죽음 이후 사후세계는 천상세계, 지옥세계, 윤회세계, 귀신세계로 나누어지는 것도 찾아냈고, 인간 육신들의 몸이 공동묘지가 아니라 국제 공동묘지임도 알아냈으니 기절초풍할 일인데 사람 눈에 사후세계가 보이지 않는다고 모두가 부정하며 무시하고 살아간다.

나는 독자 여러분에게 천상에서의 삶, 전생에서의 삶, 윤회에서의 삶, 귀신세계, 지옥세계의 삶에 대해서 낱낱이 밝혀줄 수 있고, 여러분의 돌아가신 조상님들이 어느 세계에 가 있는지 즉시 소환하여 대화를 나눌 수 있고, 살아생전 여러분의 사후세계를 미리 볼 수 있는 대단한 신비 능력을 갖고 있다.

나는 모든 영적 존재들을 부를 수 있다

아수라, 악신, 악령, 악마, 요괴, 동물령, 곤충령, 조상, 귀신, 산 사람의 생령(영혼), 염라대왕, 산신, 용왕, 신들을 직접 소환하여 대화할 수 있다. 상대가 누구든 언제 죽었든 상관없이 즉시 3초 이내 소환하여 자유롭게 대화할 수 있다.

사후세계는 현실로 존재하고 있으며 윤회 역시 존재하고 천상에서의 삶도 존재함을 증명할 수 있다. 산 사람의 사후세계를 라이브로 미리 볼 수 있는 전 세계 유일한 신비 능력자이기에 독자 여러분에게는 희망의 구세주일 것이다.

여러분의 사후세계 운명을 좌지우지할 수 있는 천지대능력자이기에 사후세계도 보장해 줄 수 있고 확인까지 시켜줄 수 있다. 그것이 어떻게 가능하냐고 반문할 수 있는데 실제 체험해 보면 인정을 안 할 수가 없다.

나에게는 영적 세계를 다스릴 수 있고 심판하고 구원할 수 있는 하늘의 윤허가 있으셨기에 가능한 것이다. 나는 하늘의 천자이자 황태자로서 하늘의 명 대행자이고, 차기 황위 계승자 신분이기에 미래의 하늘 즉 천상주인 자리에 오른다.

사후세계를 맞이할 준비를 살아서 미리 해놔야 죽어서 땅을 치고 통곡하는 천추의 원과 한을 남기지 않는다. 꽃 피고 새 우는 무릉도원의 천상세계로 갈 것인가? 고문형벌이 가해지는 지옥세계로 떨어질 것인가? 말을 못 하는 축생이나 만생만물로 윤회할 것인가? 허공중천을 떠도는 귀신이 될 것인가?

각자가 살아서 행하고 뿌린 대로 사후세계가 열린다. 그리고 이 땅에 있는 모든 종교세계는 종교지옥이라는 진실이 무수히 밝혀졌기에 종교에 다니는 사람들은 하루라도 빨리 빠져나와서 종교 믿은 죄를 빌어야 구원의 길이 열린다.

살면서 가장 큰 죄가 무엇인지 알고 있는가?

첫째가 하늘의 역천자가 세운 종교에 다닌 죄이다.
둘째가 하늘이 내리신 명을 받들지 않는 죄이다.
셋째가 천상에서 지은 죄를 빌지 않는 죄이다.
넷째가 자신의 조상님을 구원하지 않는 죄이다.
다섯째가 자신의 영혼(생령)을 구하지 않는 죄이다.
여섯째가 자신의 신을 구하지 않는 죄이다.
일곱째가 가족의 영혼을 구하지 않는 죄이다.
여덟째가 하늘께 죗값을 바치지 않는 죄이다.
아홉째가 사후세계를 준비하지 않는 죄이다.
열째가 나를 사이비라고 비난 험담한 죄이다.

사후세계 준비는 철저해야 한다

인간 세상은 100년 미만의 삶이기에 잘 살든 못 살든 그것으로 죽으면 끝이지만 사후세계는 영원하기에 인간세상의 삶보다 더 완벽한 준비를 해야 한다. 그 이유는 천상세계의 삶이 인간세계의 현실과 똑같기 때문이다.

천상세계에 올라가서도 각자에게 주어진 임무가 있고, 거주하는 주택도 있다. 인간세상에 있는 모든 것이 다 있고, 천상세계에만 있는 것도 무수히 많다. 자동차와 비행기, 주택, 아이언맨 슈트, 비행접시, 모든 전자제품, 인공지능 자동컴퓨터, 문화생활, 놀이문화, 음악, 영화, 주점, 호텔, 모텔, 백화점, 시장, 골프장, 요트장, 카지노, 디즈니랜드가 있다.

그리고 신분과 계급이 엄격하고 상하 서열이 천차만별로 있어 등급이 무려 3,333개에 달한다. 예를 들면 주택도 고급아파트, 일반아파트, 서민아파트, 고급빌라, 일반빌라, 고급저택, 단독주택, 고시원, 오피스텔, 소궁전, 중궁전, 대궁전이 있고, 마이바흐, 페라리 스포츠카, 로봇으로 변신하는 비행차들이 있기에 천상으로 오르려는 사람들은 살아서 사후세계 삶을 어떤 수준으로 준비할 것인지 정해야 한다.

자신의 경제 능력에 맞게 살아서 구매하면 되는데 현재의 인간 세상 물가와 같은 수준이라고 생각하면 된다. 각자가 원하고 바라는 사후세계의 삶을 준비할 수 있다. 여러분이 죽으면 모든 돈과 재물을 놔두고 수의 한 벌 얻어 입고 혈혈단신 사후세계로 입문한다.

그런데 죽어서 입고 간 수의도 홀라당 벗겨버리고 알몸 상태로 지옥세계 심판대 위에 세워져서 온갖 모진 참혹한 고문형벌을 받는다는 사실을 아는가? 무식하면 용감하다고 사후세계가 보이지 않는다고 무시하는 사람들은 참혹한 사후세계에서 모진 고문형벌을 받는 고통이 계속된다.

죽으면 그만이라고 대수롭지 않게 생각하는 사람들이 전부인데 인간 세상의 고문형벌보다 엄청나게 혹독하고 모든 고문도구가 등장한다. 특히 여자들은 성폭행 고문이 치욕스러울 정도로 엄청 무섭고 고통스럽다.

육신이 죽어서 없으니까 고통이 없을 것으로 대다수가 생각하고 있을 것인데 육신이 살아서 받는 고통과 똑같고, 죽고 싶어도 죽을 수 없는 것이 사후세계 법도이다. 인간 세상처럼 일시적인 고문형벌이 가해지는 것이 아니라 끝도 없이 장구한 세월 동안 형벌이 이어진다.

황실 정부 관직에 출사할 것인지, 왕(제후)이나 왕비(제후비)가 될 것인지, 태자, 왕자, 공주, 재상(국무총리), 대신(장관), 차신(차관), 궁회의원(국회의원), 성장(광역시장, 도지사), 시군구청장, 차관보, 관리관, 이사관, 부이사관, 서기관, 사무관, 주사, 주사보, 서기, 서기보, 일반 직장에 다닐 것인지 살아서 결정해야 한다.

현생의 삶은 사후세계를 준비하기 위한 마지막 기회를 주신 것이기에 가장 먼저 최선의 방법을 선택하여 철저히 준비해야 한다. 각자가 뿌리고 행한 대로 거두게 하신다. 살아서 아무

일도 하지 않으면 아무 일도 일어나지 않듯이 살아서 사후세계를 준비하지 않는 자들은 참혹한 모진 고문형벌만 기다리고 있을 뿐이다.

종교를 열심히 믿었으니까 천국, 천당, 극락, 선경으로 갈 것이라 생각하며 살아가고 있을 것인데 그것은 귀신종교가 만들어놓은 가짜세계였음이 낱낱이 밝혀졌다. 믿기 싫겠지만 진짜이니 각자의 판단에 맡긴다. 하느님, 하나님도 가짜라는 사실을 교인들은 인정하기 싫을 것이다.

사람들이 매일 같이 세상을 떠나고 있는데 문상가서 덕담하며 기도하는 것이 좋은 세계 가시어서 편안하게 영면하시라는 말을 한다. 그런데 참으로 슬픈 진실이다. 지금까지 지구에 태어났다가 영혼의 고향으로 돌아간 사람들이 단 한 명도 없다는 슬프고도 충격적인 진실을 매일같이 밝혀내고 있다.

사람 눈에 보이지 않는 천상세계, 사후세계이다 보니까 인간 육신을 빌려 무수히 많은 종교를 세운 악들이 전해 주는 계시, 메시지, 기운을 받아서 천국, 천당, 극락, 선경세상으로 올라가려고 종교 생활을 열심히 하고 있기에 천상으로 돌아가지 못하고 악들의 종살이 노예살이를 하고 있다.

죽어서 가려는 천국, 천당, 극락, 선경세상은 악들이 세운 지옥세계 그 자체였음이 적나라하게 밝혀졌다. 이 내용을 믿을 사람들이 얼마나 있을지는 모르겠지만 살고자 하는 사람들은 악의 종교에서 무조건 탈출해야 한다. 종교 자체가 악들의 세상이었으니 하루라도 빨리 나와야 살 수 있다.

죽으면 무엇을 가져갈 것인가?

태산 같은 돈과 재물을 남겨두고 세상을 떠나는 사람들이 가장 아까워하는 것이 살아생전 모아놓은 돈과 재물들이다. 죽으면 부자든 가난한 자든 달랑 수의 한 벌 입고서 저승길로 들어가는데 입고 간 수의마저 홀랑 벗겨진 알몸 상태로 심판대에 세워져 천상과 전생, 현생의 죄에 대해서 모질고 가혹한 심판을 받게 된다는 사실을 모르고 아무런 준비 없이 떠난다.

생전에 누리던 돈과 재물은 자식들에게 넘어가고 유산 분배 과정에서 원수 사이가 되고 의절하는 경우가 많다. 돈 앞에서는 형제간에 피도 눈물도 없이 한 치의 양보도 없기에 부모가 돌아가시면 형제간에 골이 파인다. 유산 문제로 싸우지 않고 마음 상하지 않은 채 조용히 넘어가는 경우는 드물다.

장례식을 치르고 나면 어느 가정이나 유산 문제가 대두되는데 원만히 해결되는 경우가 거의 없기에 법정 소송까지 간다. 차라리 물려줄 유산이 없으면 형제간의 싸움은 일어나지 않을 것이다. 세상을 떠난 당사자들은 자식들 간의 분쟁을 지켜보면서 얼마나 분통이 터질 것인가?

사람들이 죽음을 맞이하는 준비 없이 사후세계로 들어가는데 죽음 이후의 세계가 얼마나 무서운지 모르기 때문에 아무런 준비 없이 죽는 것이다. 살아서의 교도소처럼 갇혀만 있는 것이 아니라 듣도 보도 못한 온갖 종류의 모진 고문형벌이 참혹하게 집행되는데 사극 드라마의 형벌 장면과는 비교조차 할 수 없을 정도로 엄하게 형벌을 집행한다.

죽어보지 않고 어떻게 아느냐고 반문할 것인데, 매주 일요일마다 사후세계의 모습을 라이브로 보여주기에 확인할 수 있고, 차마 눈 뜨고 바라볼 수 없을 정도로 참혹하다. 사람들이 사후세계 실상을 알지 못해서 아무런 대책 없이 죽음을 맞이하고 있는데 너무나도 안타깝다.

인간 육신만 죽으면 끝이지 영혼들에게는 사후세계가 끝도 없이 장구하고, 조상님들과 자손은 기운이 하나로 통하기에 조상님들이 춥고 배고파 힘들면 자손들도 당연히 힘이 든다. 그래서 조상님이 사후세계에서 편하도록 조상님을 빨리 구원해 주어야 한다.

조상님을 구원하라고 하였더니 무당에게 굿을 하고 큰절에 가서 유명한 승려에게 천도재를 의뢰하여 올리는데 다 부질없는 노릇이다. 일평생을 굿하고 천도재하여도 조상구원이 되지 않는다는 사실이 밝혀졌다. 즉 종교를 통해서는 그 어떤 누구에게 조상구원을 하였더라도 천상으로 오르지 못한다.

여러분은 죽으면 사후세계로 무엇을 가져갈 것인가?

여러분이 아끼던 이 세상의 모든 돈과 재물을 사후세계로 가져갈 수 있는 길은 아무 데도 없다. 허망하겠지만 달랑 수의 한 벌을 입고 관속에 누워 일반 영구차나 캐딜락 리무진 영구

차를 타고 떠나는 것이 고작이다. 또한 비싼 안동포 수의와 오동나무관과 호화무덤이 여러분의 사후세계를 보장해 줄 수는 없을 것이다.

그러나 사후세계로 돈과 재물을 가져갈 수 있는 유일한 단 한가지 방법은 있다. 그것은 바로 사후세계를 보장받는 천인합체식이라는 것인데, 하늘의 윤허를 받아야만 한다는 특징이 있다. 즉 아무에게나 돈을 가져왔다고 천상으로 오르는 것을 윤허하시지는 않기 때문이다.

하늘이 원하시는 합당한 자격을 갖추어야 한다. 다시 말하자면 천상에서 태어나서 천상에 있을 때 얼마나 큰 죄를 지었는지가 관건이다. 지구에 태어난 인류 모두가 크고 작은 죄인들인데 용서받을 죄를 지었는지, 아니면 용서받지 못할 죄를 지었는지에 따라서 하늘 사람이 되어 천상궁전에서 살아갈 수 있는 천인합체식 윤허 여부가 정해진다.

용서받지 못할 죄를 지은 사람들은 천상으로 올라갈 수 없는데 가장 큰 죄는 하늘을 시해하려는 역모 반란에 적극적으로 가담하였다가 실패하여 지구로 도망친 대역죄인들이고, 용서받을 수 있는 죄는 비록 역모 반란에 직간접적으로 가담하였으나 추포되어 재판을 받고 지구로 유배당한 자들이다.

그러므로 천상으로 오르고자 하면 조상님들부터 구원해서 천상으로 보내드려야만 천인합체식에 대한 하늘의 윤허 여부를 알 수 있다. 조상님을 구원하지 않고 자신들만 구원받아 천상궁전으로 오르려고 하는 것은 하늘의 윤허를 받을 수 없기 때문에 절대로 불가능하다.

하늘께서는 근본 도리를 중시하시기 때문에 여러분의 조상님을 구원하지 않은 사람들에게는 천인합체식을 윤허하시지 않으신다. 지구에서 천상으로 돌아갈 수 있는 유일한 단 하나의 길은 '하늘의 명 대행자'가 있는 하늘궁전 태상천궁뿐이다.

지구상에 550만 개에 달하는 오랜 역사와 전통을 자랑하는 수많은 종교단체들이 있지만 천상에서 역모 반란을 일으키고 지구로 도망친 역천자 신들이 세운 종교를 통해서는 천상궁전으로 올라갈 수 없다는 위대한 진실이 밝혀졌다.

조상님들의 천상입천식을 행하여 자신의 천상입천식을 윤허받은 사람들은 각자의 등급에 맞는 죗값을 하늘에 바쳐야 하는데 하단, 중단, 상단, 특단의 천인합체식이 있고, 등급선택은 각자 본인들의 자유이다.

그리고 자신이 벌어 놓은 돈과 재물을 일부분 또는 전부 천상궁전으로 가져가려면 돈과 재물을 하늘에 바치는 재물 천공(일명 기부 천공)이 있다. 금액은 제한이 없으며 자신이 천상으로 가져가고자 원하고 바라는 재물을 현금 또는 문서로 바치면 천상에서 받는다.

즉 재물 천공을 바치면 여러분이 천상궁전으로 올라가서 재물 천공에 합당한 주거공간(대궁전에서 소형 오피스텔까지)과 승용차, 가전제품, 문화생활, 배우자, 애첩, 신하와 백성의 숫자, 시종과 시녀를 등급에 맞게 하사하여 주신다.

현재 지구의 문명 생활과 흡사하지만 엄청난 초고도 문명사회이고, 항상 노는 것이 아니라 각자에게 주어진 일상업무에 임해야 한다. 인간 세상 생활 구조가 모두 천상에서 내려온 것이기에 낯설지 않다.

신분과 상하 서열이 매우 엄격한 계급 사회이고, 3,333개 제후국의 왕이나 여왕이 되어 나라를 다스릴 사람, 왕비나 공주가 될 사람, 천상 황실정부와 제후국 정부의 고위공직자(총리, 부총리, 장관, 차관, 국회의원, 시도지사, 시군구청장)로 출사할 사람, 대기업 또는 중소기업에 다녀야 할 사람, 자영업을 해야 할 사람 등등 인간 세상 직업들과 대동소이하다.

각자들이 살아서 재물 천공(기부 천공)을 바치는 등급에 따라서 천궁에 배치되느냐 아니면 제후국에 배치되느냐가 정해진다. 각자가 행하고 뿌린 대로 거두게 하신다. 즉 살아서 자신의 사후세계를 위하여 재물 천공을 바치는 것이 바람직하다. 만물의 영장인 인간으로 태어나게 하신 이유가 천상과 전생, 현생에서 지은 죄를 빌고 사후세계를 더 높은 등급으로 준비하기 위해서 주신 기회이다.

사람들이 더 많은 돈을 벌기 위해서 열심히 일하여 재벌이 되고, 높은 권력을 거머쥐려 고위공무원이 되려 하고, 정치계에 뿌리를 내려 높은 자리에 올라 명성을 떨치려고 하는데 이것 역시 천상의 기운이 그대로 내려왔기 때문에 그런 것이다.

천상궁전과 3,333개 제후국에서도 돈과 재물, 권력과 명예에 목숨을 걸고 열심히 살아가며 고속 승진하기 위해 로비를 하기도 한다. 그리고 지구와 마찬가지로 수많은 행성들에서 전쟁도 일어나고 있는데 지구의 모습과 다를 바가 없고, 배신이 난무하니 역사 드라마 그 자체이다.

사람들은 죽어서 천상에 올라가면 그냥 편히 쉬는 줄 알고 살아가지만 각자가 살아서 행한 대로 자신에 맞는 직책을 하사받게 된다. 열심히 일해서 높은 자리까지 오르려면 너무나 장구한 세월이 필요하기에 지구에서 살아생전 가능하면 많은 재물 천공을 올리는 것이 좋다. 즉 돈이 기운이고 자신의 사후세계를 높은 등급으로 보장받는 유일한 길이다.

돈을 왜 버는가? 돈을 벌지 못하면 세상 살아가기가 너무나 힘이 든다. 돈 없이는 세상을 살아갈 수 없는데 천상에서도 마찬가지이다. 여러분이 돈을 버는 것은 더 많은 죗값을 바치고 높은 자리를 보장받아 천상궁전으로 오르기 위함인데 이것을 아는 자가 이 세상에 단 한 명도 없다.

천상과 지상이 똑같으니 착각하지 마라. 죽으면 그만이라고 생각하며 살아가는 사람들은 죽어서 상상을 초월하는 모진 고문형벌과 말 못 하는 만생만물로 윤회하는 고통을 받아야 한다. 돈의 액수에 따라서 기운의 차등이 있고, 신분의 상하 서열이 정해진다는 위대하고 무서운 진실을 아는가?

하늘궁전 태상천궁에 들어와서 하늘에 죗값과 재물 천공을 많이 바치는 만큼 자신들의 사후세계 등급이 높아진다. 그러나 종교 안에서 바치는 금전은 받아주시지 않기 때문에 하늘로 올라가지 않는다는 사실을 알아야 한다. 하늘이 내리시는 명은 하늘궁전 태상천궁을 선포한 '하늘의 명 대행자'에게만 내리기 때문에 심판과 구원이 이루어지므로 죗값과 재물 천공(기부 천공) 역시도 이곳에 들어와서 하늘께 바쳐야 받아주신다.

종교 안에서 바치는 시주, 헌금, 성금, 기부금은 하늘이 받지 않으시고 종교를 세운 아수라, 악신, 악령, 악마들이 종교인들을 통해서 받아가기에 돈 낭비, 세월 낭비, 정력 낭비만 하고 있을 뿐이고 바친 돈의 크기만큼 아수라, 악신, 악령, 악마의 나쁜 기운을 받아서 갖고 오게 된다.

세상 사람들은 종교에 돈 내고 나쁜 기운을 받아오리라고는 감히 생각조차도 못 할 것이다. 종교와 인연을 끊지 못하면 천상으로 돌아가는 길은 영원히 열리지 않는다. 지구에 550만 개의 종교단체가 존재하는데 천상으로 올라갈 수 있는 곳은 '하늘의 명 대행자'가 하강해 있는 하늘궁전 태상천궁 하나다.

하늘께서는 지구상에서 '하늘의 명 대행자'를 통해서만 죗값과 재물 천공을 받아주신다. 도의 종주국 하늘궁전 태상천궁으로 들어와 하늘께 바치지 않는 이상 여러분이 가진 돈과 재물은 죽으면 자손들이 나누어가지는데 여러분의 사후세계에는 아무런 도움이 안 된다. 살아서 벌은 죗값을 하늘께 바치지 않은 벌로 인하여 9대 지옥세계로 떨어지고, 말 못 하는 만생만물로 윤회하여 가혹한 고통을 감수해야 한다.

여러분 자체가 천상에서 도망치고 쫓겨난 죄인의 신분들이기에 하늘에 합당한 죗값을 바치지 않고 구원받는 길은 절대로 존재하지 않는다. 그나마 용서받지 못할 죄인들은 태산 같은 돈을 바쳐도 구원하시지 않으신다. 하늘의 법도는 면도날처럼 아주 예리하기에 대충대충이 없으시다.

지상의 돈과 재물을 천상으로 가져갈 것인지, 이 땅에 두고 떠나서 천상의 약속을 어기어 9대 지옥으로 떨어져서 모진 고문형벌을 받을 것인지는 여러분 각자들의 판단에 맡긴다. 돈을 버는 것은 천상에서 지은 죗값을 바치기 위함이라는 것이 이해가 전혀 안 될 사람들이 거의 전부이겠으나 이것이 진실이니 행하든 행하지 않든 각자들의 자유이다.

나는 천상의 진실을 그대로 전해 주는 것이니까 판단은 각자들의 몫이다. 세상에 그런 일이 어디 있느냐고 항변할 사람들이 전부이겠지만 이것이 천상법도이자 진실이다. 그러니까 죗값과 재물 천공(기부 천공)을 받아주는 도의 종주국 하늘궁전 태상천궁에 '하늘의 명 대행자'가 있다는 자체가 여러분에게는 행운아이자 천운아이고 너무나 감사한 일이다.

지상의 돈과 재물을 살아생전 많이 바치고 죽으면 자신들의 신분과 관직의 등급이 높아져 사후세계에서 영원히 부귀영화를 누리게 된다. 한세상은 길어 봐야 100년 남짓하지만 사후세계는 그레이엄 수만큼 끝도 없이 장구하다.

그래서 지구는 영원한 사후세계를 준비하기 위한 구원의 시험장인 것이다. 한세상 잘 먹고 잘살라고 사람으로 태어나게 해주신 것이 아니라 한 푼이라도 더 많이 벌어 죗값을 하늘에 바치라고 사람으로 탄생시켜 주셨다는 천상의 진실을 '하늘의 명 대행자'가 낱낱이 전한다.

지금 잘 살든 못 살든, 나이가 많든 적든 100년 안에는 모두가 죽게 되어 원하든, 원하지 않든 무섭고 두려운 사후세계로 들어가게 된다. 지금은 나의 말이 허무맹랑하여 사이비의 말처럼 들리겠지만 죽어보면 금방 알게 된다.

너무나 황당하여 믿기 어려운 것도 사실이지만 이것 또한 하늘이 내리신 시험과정이다. 어려운 숙제일 수도 있으나 기운으로 진짜임을 느끼는 사람들도 많을 것이며, 갈등할 사람들도 많고, 가짜라고 무시할 사람들도 많다. 그래서 '하늘의 명대행자'를 통해서 하늘이 내려주신 숙제인 것이다.

진짜라고 정답을 미리 알면 너도나도 행하려고 할 것이지만, 정답을 모르기 때문에 갈등할 수밖에 없다. 돈 뺏기 위한 수작이라고 비난 험담할 사람들도 분명히 있을 것인데, '하늘의 명대행자'인 나는 여러분에게 천상에서 지은 죗값을 받아내려고 지구로 하강한 인류의 심판자이자 인류의 구원자이다.

어차피 구원받지 못할 죄인들은 이런저런 이유로 부정하고 무시하며 비난 험담할 것이기에 회유, 현혹, 강요, 협박하지 않는다. 글을 읽다 보면 이것이 진실인지 가짜인지 온몸의 기운으로 느끼게 된다.

하늘께서는 쉬운 방법으로 인류를 구원하시지 않으신다. 반드시 대가가 따르고 어려운 고비도 주신다. 구원받아 천상궁전으로 오르기가 어려운 것이고, 하늘궁전 태상천궁에 들어오지 않고서는 천상으로 오르는 길은 지구상 그 어디에도 없다는 진실을 전하니 여러분 모두 행운의 주인공이 되기 바란다.

죽음 이후의 지옥세계

한세상 살다가 죽으면 각자들이 믿는 종교관에 따라서 천국, 천당, 극락, 선경세계로 오르리라 믿으며 죽음 이후 세계에 대해서 전혀 준비하지 않고 살아가는 사람들이 전부인데 이제부터라도 책을 통하여 간접적으로나마 사후세계 공부를 해야 죽어서 천추의 원과 한을 남기지 않는다.

나는 죄인들을 추포하여 심판하는 인류의 심판자이자 인류의 구원자 신분인데, 주 5일을 심판과 구원으로 시간을 보내면서 하늘세계, 천상세계, 사후세계, 신명세계, 영혼세계, 조상세계, 종교세계의 진실을 적나라하게 자세히 알게 되었다.

헤아릴 수 없이 많은 아수라, 악신, 악령, 악마, 요괴, 가축령, 동물령, 조류령, 어류령, 파충류령, 곤충령, 만생만물령, 귀신들을 잡아들여서 심판하면서 이들의 정체를 밝혀내며 심판하고 있다. 천상의 삶, 전생의 삶, 현생의 삶, 내생의 삶에 대해서 낱낱이 밝혀내는데 공통점이 있다.

이들 중에는 죄가 너무 커서 사람으로 한 번도 태어나지 못한 자들도 많고, 사람으로 태어났었던 적이 있는 경우도 상당히 많다는 것을 밝혀내었다. 그런데 귀신들이 하는 말이 사후세계가 진짜로 있다고 하면서 살려달라고 애걸복걸한다.

자신도 살아서는 '죽으면 끝'이라고 생각하며 살았는데 뒤늦게 후회하며 손발이 닳도록 빌어보지만 이미 육신이 죽어 기회가 박탈되었기에 구원받을 수 있는 길이 아무 데도 없기에 빌어봐야 소용이 없다. 울고불고 눈물 콧물 흘리며 살려달라고 통사정하지만 살려줄 방법이 없다.

자손이 살아 있어서 자손과 함께 들어와 하늘이 내리시는 명을 받들기 전에는 구원받을 수 있는 길이 없다. 한편으로는 동정심이 가면서 애처롭고 불쌍하게 보이지만 구원받을 수 없을 정도로 천상, 전생, 현생, 내생의 죄가 너무나도 크다.

육신이 죽으면 스스로 구원받아 천상으로 올라가는 길은 도의 종주국 하늘궁전 태상천궁에 들어와서 살아생전 죗값을 준비하여 하늘이 내리시는 명을 받아 천인(天人)의 신분을 받지 않고서는 아무런 방법이 없다. 모태 신앙인으로 종교를 다녀봐야 죽어보면 허송세월하며 속았다는 것을 금방 알게 된다.

종교 안에서 전하는 모든 숭배자들은 구원의 능력이 하나도 없음이 밝혀졌기 때문이고 천국, 천당, 극락, 선경세상은 악들이 인간, 영혼, 신, 조상들을 끌어들여 하늘로 가지 못하게 하고 하늘께 대적하기 위하여 세운 곳이기에 천기 19년 9월 21일 천국, 천당, 극락, 선경세상이라고 알려진 곳을 파괴시키고 그곳에 있던 아수라, 악신, 악령, 악마, 요괴들을 추포하여 심판해서 9대 지옥으로 압송하는 천지대공사를 집행하였으니 종교인들과 신도들은 이제 죽어서 어디로 갈 것인가?

미친놈이라고? 정신병자라고? 천벌받을 놈이라고? 뒈질 놈이라고? 급살맞아 죽을 놈이라는 온갖 욕설을 퍼부을 것은 뻔한 일인데 왜 이런 욕설을 처먹으면서까지 말도 안 되는 글을 쓰는 것인지 참으로 의아해할 것이다.

나는 종교를 세운 아수라, 악신, 악령, 악마, 요괴들과 천상의 죄, 전생의 죄, 현생의 죄, 내생의 죄를 용서 빌지 않는 산 자와 죽은 자들인 대역죄인들을 잡아들여 심판하러 온 하늘의 천자이자 황태자이지 종교를 세우러 온 자가 아니다.

지구에 태어난 자체가 대역죄인들이기에 예외 없이 모두를 잡아들여 심판하고 있다. 살이 있는 사람들은 지위 고하를 막론하고 육신이 생생히 살아 있을 때 죄를 빌어야 한다. 늙고 병들어서 돈 떨어지면 죄를 용서 빌 수 있는 천재일우의 기회조차 완전히 박탈당한다.

죄는 말로만 비는 것이 아니라 그에 합당한 죗값을 가져와서 하늘에 빌어야 한다. 돈(죗값), 진심이 담긴 간절한 마음, 순수한 행동이 삼위일체가 되어서 진심으로 석고대죄하며 빌어야 구원받을 수 있다. 말로만 잘못했다고 죄를 용서 빌면 절대로 받아주지 않는다. 죄를 용서 빌 때도 천상의 법도에 따라야 하는데 석고대죄가 천상법도이다.

석고대죄(席藁待罪)의 뜻

죄를 지은 죄인이 죄를 자책하여 엎디어 처벌을 기다린다는 뜻으로, 하늘께서 용서하시지 않으면 계속 죄를 청하며 빌어야 한다.

천국, 천당, 극락, 선경은 존재하나?

사후세계의 진실
천국의 주인을 추포하라!

종교를 다니면서도 죽어서 갈 수 있다는 천국, 천당, 극락, 선경세계가 천상세계에 실제로 존재하고 있는 것인지, 없는 것인지 이 세상 사람 어느 누구도 확인해 줄 수 없기에 답답하지만 달리 방법이 없으니까 경전과 종교인들의 말을 그냥 믿고 다닐 수밖에 없는 것이 현실이다.

결론부터 말하면 아수라, 악신, 악령, 악마, 요괴들이 세운 가짜세계라는 것이 밝혀졌다. 겉으로는 화려하고 아름답게 보이지만 내면적으로는 악의 소굴이기에 도망치는 자들이 수두룩하다는 증언이 나왔다. 증언을 한 자는 그곳에 있던 악신이고 추포되어 심판받아 9대 지옥으로 압송되기 직전에 이실직고하면서 알려졌다.

결국 종교에서 추구하는 이상향의 유토피아 세상인 천국, 천당, 극락, 선경세계는 가짜세계였다. 이제 본격적으로 천국, 천당, 극락, 선경세계의 실체를 파헤쳐 볼 것이다. 이들 세계의 진짜 주인들이 누구인지 추포하여 심판할 것이므로 흥미진진할 것이다.

내가 명을 내리면 신들이 즉시 잡아들여 심판대에 세운다. 과연 어떤 일이 벌어질지 기대가 된다. 일반인의 상식으로는 상상조차 못 할 것이다. 천궁의 주인, 천당의 주인, 극락의 주인, 선경의 주인은 과연 누구일까? 이들이 진짜 하늘세계라면 나에게 추포되어 오지 않을 것이고 가짜세계라면 몽땅 추포되어 심판받을 것이다.

오늘은 9월 19일 목요일이고 9월 21일 토요일에 천국, 천당, 극락, 선경세계의 주인이 진짜 누구인지 추포하여 심판한다. 인간, 조상, 영혼, 신들에게 계시와 메시지, 기운을 뿌려대는 존재들을 잡아들인다.

천국의 주인이라고 하는 자 추포령

아수라 : 킄킄킄
도법천존 : 인류를 수천 년 동안 속여서 혹세무민하고 있는 천국의 주인이야?

아수라 : 안녕하십니까 폐하? 천국 말씀하십니까? 천국이 하나일까요? 폐하께서 말씀하시는 종교 안의 천국. 사람이 죽어서 천국 간다고. 가짜 천국들이 수조가 넘습니다.

도법천존 : 얼마나 돼?
아수라 : 너무 많습니다. 폐하께서 한번 느껴보십시오.

도법천존 : 그것도 무량대수야?
아수라 : 그렇죠? 하늘궁전 태상천궁에 들어오지 못할 죄인

들이 죽어서 흰색 옷이 나풀거리면 천사들이 내려온 것이라 착각하니까 악신들이 천사 행세를 하면서 데려갑니다.

강물도 보이고 모습으로는 꽃들이 만발해 있고 근사합니다. 겉모습은 천국인데 안에 들어가면 검은 바다가 있습니다. 각자 종교 안에서 죽어서 그 세계를 간다고 정말 열심히 믿으면 거기의 악신들이 그자가 죽을 때까지 기다렸다가 그들을 데리고 가는 겁니다.

도법천존 : 천국과 천당이 같은 곳이냐?
아수라 : 기독교, 천주교가 믿는 천국, 천당. 예수는 천국, 성모 마리아는 천당. 그러니 이 땅에 태어나 살아가는 자들이 엄청 많은데, 죽어서 눈을 딱 떴는데 자신을 데리고 온 자가 있는 겁니다. 천사처럼 보이니까 손을 잡고 따라갑니다.

멋있는 것이 보여, 문을 열고 들어가니 빨간 강물이 보이는 악들이 사는 세상입니다. 영들을 교화시키는 곳도 아니고, 악들이 살아가는 곳인데 굉장히 많습니다. 자기가 모태신앙이었고 열심히 하나님 믿었어요. 그 믿음이 크면 클수록 악의 세력을 더 키우는 겁니다.

이곳 도의 종주국 하늘궁전 태상천궁에 오지 못하면 사기당하는 겁니다. 큰 교회들이 많죠. 그 자들은 자신만의 천국인 악의 세상으로 가는 겁니다. 열심히 믿는 것만큼 악의 세력을 키우는 겁니다. 저는 악신 '엘리도만리스도'라고 합니다.

도법천존 : 네가 천국의 주인이야?

아수라 : 천국이 굉장히 많다고 하지 않았습니까? 종교를 믿었던 열성신도가 천사 같은 자의 손을 잡고 들어갔다가 나중에 아니라고 생각하고 도망가는데 그런 도망자를 다시 잡아 집어넣는 역할을 했었습니다.

천국의 주인이라고는 할 수 없죠. 원초적인 것은 하누(천상의 역천자로 세상에선 하나님, 하느님으로 불림)입니다. 하누가 뿌린 씨앗들이 엄청 많습니다. 수하의 수하가 수하를 낳고 종잡을 수 없습니다. 천국, 천당, 극락, 선경세상 다 같은 것입니다. 자기가 믿는 만큼 악의 기운을 키워 죽어서 봤더니 아닌 겁니다. 도망칩니다. 잡아서 다시 던져놓기도 합니다.

도법천존 : 잠시 넌 대기. 천당의 주인이라고 하는 자 잡아들여! 천주교에서 말한 천당의 주인.

아수라 : 천주교에서 말한 천당이 하나의 주인이 있는 것이 아니라 수천억 명이며 수천억 곳 이상의 천당이 있는데 누굴 찾는 겁니까? 서울에만 종교가 얼마나 많습니까?

악의 세력들에게 가려고 그만큼 열심히 하고 있습니다. 각자 개인 자체의 믿음 크기만큼의 천국, 천당인 악의 세력들에게 가는 겁니다. 그러니 하나의 주인이 있다고 할 수 없죠.

도법천존 : 무량대수의 천국세계가 있다는데, 천국세계와 천당세계를 운영하는 행성들의 악신, 악령, 악마들을 전원 추포해라. 자, 너희들은 대기하라. 극락세계의 주인인지 각 별의 주인인지 잡아들여.

아수라 : 극락세계 주인이 누구입니까? 너무 많아서. 그중의

한 명이 진짜 주인은 아니죠. 그러니까 사람이 죽으면 그자가 가는 곳이 있다 하지 않습니까? 자신의 믿음의 크기만큼 그런 세상을 갔는데, 불교를 믿는 자들이 죽을 때면 스님 같은 자가 와서 가자고 합니다.

제 이름은 '라삐아수노아'. 극락세상이라는 곳으로 온 한 인간이, 자기가 스스로 믿은 만큼 악의 세상이 커진 건데, 가보니까 이상하게 생긴 괴물들이 온몸에 피로 범벅이 되어 있으니까 도망가려 합니다.

그래서 제가 그랬습니다. 네 믿음만큼의 세상이야. 네 수하들이야. 다섯 명이 믿는 만큼 다 따로 종교세상이라 보면 됩니다. 그러니 끝이 없죠. 백사장의 모래라고 할 수 있습니다.

도법천존 : 극락세상의 악신, 악령, 악마, 악귀, 아수라들 잡아들이고, 선경세상의 주인을 잡아들여.

아수라 : 선경세상이라. 여기 앞에 계신 폐하께서 선경세상의 주인이라고 하셨는데? 천국, 천당, 극락, 선경도 다 가짜고. 각자 믿는 만큼 만드는 악의 세상인데, 그것도 만들어낸 거라고 합니다.

이 사람 이름은 '지혼나가' 인간이 만들어낸 수많은 선경세상에서 왔다고 합니다. 녹색 몸에 눈이 세로로 긴 자입니다. 어차피 당신들은 구원받지 못할 자들이니, 당신들이 만들어낸 그곳에서 또 다른 악의 세상을 만들어야겠군요.

도법천존 : 귀신들이 만들어냈지.

아수라 : 인간 몸이 귀신이지 않습니까? 돈을 얼마나 내느냐, 헌금을 얼마나 내느냐? 악신, 악령들에게 돈을 많이 바치면서 그만큼 악의 세력이 키워지는 거죠.

도법천존 : 선경세상을 세상에 퍼뜨린 악신, 악령, 악마, 아수라 숫자가 그레이엄 수라고 해도 다 잡아들여. 이제 천국, 천당, 극락, 선경세상의 그 행성들 모두 파괴하고, 운영했던 아수라, 악신, 악령, 악마 모두 잡아들여! 절에서 부처를 받들어 섬기는데 부처의 역할을 하는 자 잡아들여. 네가 부처냐?

아수라 : 부처라는 자의 몸 형상에 꼭 하나의 무슨 대장 악령이 있는 것이 아니라 잡신들도 들어가 있고, 누구 하나가 대장이라 할 수 없습니다. 그 안에 들어가 사람들이 시주하는 걸 보면서 낄낄대며 보면서 웃습니다.

하늘 꼭대기에서 떨어져 수많은 윤회를 하다가, 육도윤회다 겪으면서 나중에는 결국 윤회하는데 윤회하면 뭐합니까? 폐하를 만나지도 못하는데 · · · 그래서 악마로도 변하고 악령과 악신, 마귀로도 변하고, 요괴로도 변하며 그렇게 해서 부처라는 얼굴과 손에도 달라붙어 있고. 천상도감(미륵부처)의 수하들도 있죠.

도법천존 : 아수라와 악귀잡귀 집합처가 부처라는 뜻이네. 이 세상의 불자 신도들 모두 부처님, 부처님 하면서 그러고 있는데, 부처로 대우받던 자들 전원 추포하고, 아미타불 잡아들여.

아수라 : 헤~ (혀를 내밈)

도법천존 : 너는 사람의 모습이 아니고 말도 못 해? 뱀새끼

야? 말할 수 있는 것을 윤허하노라. 넌 어떤 형상이야.

아수라 : 검은 개도 있고 검은 개구리, 검은 해골도 있습니다. 그곳의 주인이 누군지도 모릅니다. 저희들은 들어온 영혼들을 잡아먹고 있었고, 이쪽 불교세계 들어온 자들은 우리의 밥이 됩니다. 가족들에게도 안 좋은 기운이 내려갈 수 있죠.

도법천존 : 네가 아미타불이야?

아수라 : 너무 많습니다. 그중에 폐하의 기운으로 추포되어 온 것입니다. 그 세계가 많다는 겁니다.

도법천존 : 아미타불을 표방하면서 중생들 끌어모으는 모든 아미타불 추포하라.

아수라 : 모든 것은 태초의 하누(천상의 역천자로 세상에선 하나님, 하느님으로 불림)로부터 시작하는 것이죠.

도법천존 : 하누? 하누를 따른 자들 다 추포해. 영적 세계가 인간 눈에 안 보이니까 이들이 다 가지고 놀았어. 종교세계의 기운 싸그리 다 거둬들이고 종교세계 다 멸망하노라. 표경의 수하도 전원 추포한다.

판결주문 : 지금까지 호명되어 추포된 자들 모두 무뇌아로 만들어서 기억 삭제시켜 서로 알아보지 못하게 하고 계시와 메시지, 기운을 뿌리지 못하게 차단하고 천상의 9대 지옥인 천옥도, 지옥도, 적화도, 한빙도, 도산도, 흑해도, 적해도, 백해도, 독사도로 압송해서 각각 9,000해 년씩 고문형벌 집행 후에 소멸을 명하노라.

이처럼 수천 년 동안 인류(인간, 영혼, 신, 조상)를 갖고 놀았던 아수라, 악신, 악령, 악마, 요괴들을 전원 추포하여 심판하였고, 천국, 천당, 극락, 선경세상은 악들의 세상인 가짜였음이 낱낱이 밝혀졌다. 그런데 인류는 죽어서 천국, 천당, 극락, 선경세상으로 올라갈 것이라고 철석같이 믿고 있으니 이것을 누가 말려야 하는가?

답이 없다. 죄 많은 자들이 종교에 들어가 죽어서 악들의 세상으로 들어가는 것이고, 조상굿, 49재, 천도재, 수륙재, 지장재, 위령미사를 통해서 천국, 천당, 극락, 선경세상으로 보냈다는 조상 영가들을 결국 악들의 세계로 보낸 줄도 모르고 조상 구원했다고 안심하고 있으니 이 일을 어찌할까?

그래서 종교를 멸망시켜야 하는 것이다. 종교 장사한 것인데 이런 진실을 얼마나 믿을 것인지 알 수 없다. 내가 지구에 내려오지 않았으면 영원히 완전범죄로 묻혀버릴 대사건이었다. 이 세상에서 어느 누가 천국, 천당, 극락, 선경세상의 진실을 밝혀낼 수 있겠는가? 용서받지 못할 죄인들이니까 당연히 죽어서 악들의 세상으로 들어가야 하는 것이 맞을 것이다. 나의 신하와 백성들은 정말 행운아, 천운아가 검증된 것이다.

죽음 이후 심판을 대비해야

살다가 언젠가는 모두가 죽을 것인데 죽음 이후를 대비하는 사람들은 거의 없다. 육신이 죽으면 대다수가 그만이라고 생각하기 때문이고, 그나마 종교를 믿는 사람들은 자신들의 종교관에 따라서 좋은 세계로 갈 것이라고 철석같이 믿고 살아가지만 아무도 사후세계의 무서운 진실을 모르기에 종교적인 이론에만 의지하고 무서운 악들의 세상으로 들어간다.

하늘궁전 태상천궁에서 도법천존이 발행한 책을 읽어서 공감하고 감동해서 찾아와 하늘이 내린 명을 받들어 뫼시는 사람들은 행운아 천운아들이고, 그렇지 않은 사람들은 인간으로 태어난 소중한 사명을 망각한 채 축생들처럼 한세상 먹고 살기 바빠서 하늘을 몰라보고 죽어 윤회의 굴레에 갇히거나 9대 지옥으로 압송되어 고난의 길을 걷게 된다.

내가 하고 싶은 말은 여러분의 육신이 죽었다고 해서 심판이 끝나는 것이 아니라는 점을 알리고자 함이다. 나는 현재의 신분은 천상에서 대역죄를 짓고 지구로 도망치고 쫓겨난 인류를 심판하러 천상의 북극성에서 지구로 내려온 하늘의 명을 대행하는 대행자이자 차기 황위(대우주를 다스리는 통수권자인 천상의 황제)를 계승할 황태자로서 미래의 하늘인 천상의 주인이기에 진실을 전해 주고자 한다.

육신이 죽으면 끝이라고 말하는 사람들이 거의 전부인데, 육신이 죽더라도 여러분의 몸 안에 있던 신과 영혼, 조상들은 도망갈 곳도 없고 숨을 곳도 없기에 육신이 살아 있을 때 내 앞에 찾아와서 하늘 앞에 무릎 꿇고 천상과 전생, 현생에서 지은 죄를 빌어야 한다는 점을 알린다.

여러분의 육신이 죽어서 신과 영혼이 9대 지옥에 가 있든, 만생만물로 윤회해 있든, 자손의 몸에 들어가 있든, 묘지에 들어가 있든, 종교세계에 들어가 있든, 악들에게 붙잡혀 있든 천국, 천당, 극락, 선경 세계란 곳에 있든, 허공 중천을 떠돌고 방황하며 어디에 가 있든지 명을 하달하면 천상신명들이 모두 잡아들여 천상의 대법정에서 심판을 받게 된다.

특히 나를 알고 있든 모르든 말과 글, 마음과 생각으로 비난 험담한 자들, 책을 읽고 사이비라고 부정하고 욕설을 퍼부은 자들, 인터넷에 악플을 단 자들, 배신하고 떠나간 자들, 음해한 자들, 사기꾼이라고 말한 자들, 능멸하고 온갖 폭언을 퍼부은 자들과 그의 가족 및 조상들은 몽땅 추포되어 천상의 대법정에 서게 되어 혹독한 심판을 받게 된다고 한다.

지금은 육신이 살아 있으니까 까불며 비웃을지 몰라도 그것은 얼마 지나지 않아 죽으면 처절한 통곡의 소리로 변할 것이다. 미래의 하늘이 인간 육신으로 내려온 줄도 모르고 까불며 구업과 염업을 짓고 있는데 인류 심판에 대한 대업을 마치고 천상으로 돌아가면 차례대로 추포되어 심판을 받게 된다.

내가 미래의 하늘이란 것은 천상의 모든 신명들과 아수라,

악신, 악령, 악마, 요괴들도 모두가 알고 있지만 정작 이 땅의 인간 육신들과 조상귀신들은 전혀 몰라본다. 내가 미래의 하늘이란 진실을 아는 자들은 극히 일부인데 그들이 바로 현재도의 종주국 하늘궁전 태상천궁에 있는 신하와 백성들이다.

나의 존재가 그 얼마나 무섭고 두려운지 체험하지 않고서는 콧방귀만 뀔 것이다. 산 자와 죽은 자들의 생살여탈권을 갖고 있다. 너무 황당하여 이 말을 믿든 안 믿든 그것은 각자들의 자유이고, 천상대법정의 심판대 위에 세워져서 나의 존재를 확인할 때는 처절하게 후회할 것이다.

내가 누구인지 모른 상태에서 나를 배신하고 폭언과 온갖 욕설을 퍼붓고 떠나간 자들이 있는데 그날이 오면 대법정에서 다시 만날 것이다. 심판자와 죄인의 신분으로 말이다. 천상의 대법정이 되었든 지상의 대법정이 되었든 반드시 잡아들여 심판하게 되어 있으니 조금만 기다리면 된다.

이미 천상장부에 실시간 동영상으로 지상의 모든 기록들이 보관되어 있기에 오리발 내밀며 부인할 수 없다. 나를 알아도 죄이고, 몰라도 죄이며, 나를 만나서 바라본 자체가 죄라는 진실에는 이해가 불가할 줄 안다. 잘난 육신이 있기 때문에 같은 육신을 가졌으니까 대수롭지 않게 생각했을 것이다.

지금은 내가 여러분과 똑같은 인간 육신을 갖고 있기에 내가 누구인지 알아볼 수도 없고 검증할 수 없지만 죽어보면 그때는 처절하게 후회하며 땅을 치고 대성통곡할 것이다. 살아생전에 하늘궁전 태상천궁으로 찾아와서 하늘 앞에 무릎 꿇고 죗값을 바치지 못한 것을 처절하게 후회할 것이지만 뒤늦은 후회이고 변명은 아무 소용없다. 죄는 육신이 살아서 빌어야 한다.

마지막으로 천상과 전생, 현생의 죄를 빌 수 있는 천재일우의 기회를 얻은 것인데 허송 세월하며 종교에만 의지하고 제 갈 길을 찾지 못하고 있다. 여러분이 죽어서 만생만물들 중에 무엇으로 태어나든 지위고하 막론하고 모두가 내 앞에 잡혀와서 심판을 받게 된다고 한다.

살아서 왕이나 대통령을 하던 자들, 돈을 많이 벌어 재물로 천하를 호령하던 부자들, 영웅호걸들, 종교적 숭배자들, 종교 지도자들, 성인군자들, 대인군자들, 도덕군자들, 도통군자들도 모두가 죄인들이기에 천상대법정에 세워져 하늘로부터 혹독한 심판을 받게 된다고 한다.

나의 말이 황당하며 허무맹랑하다고 생각하는 사람들에게는 강요, 겁박, 협박으로 들릴 것이고, 진실로 받아들이는 사람들에게는 마지막 구원의 기회로 들릴 것이다. 지금도 수많은 아수라, 악신, 악령, 악마, 요괴들을 추포하여 지상 대법정에서 매주 일요일마다 심판하고 있는데, 이들은 역모반란에 가담하였던 역천자 신들이기에 하늘 앞에 굴복하지 않고 죽음을 불사하며 9대 지옥행을 마다하지 않는다.

반면, 잡귀신들인 일반 조상귀신들은 춥고 배고프다며 살려달라고 읍소하면서 천국, 천당, 극락, 선경, 용화세상 등 좋은 곳으로 보내달라고 애걸복걸하지만, 이미 육신을 잃어버린 이들은 구원의 기회를 박탈당하였기에 달리 방법이 없다.

육신이 살아서 이 책을 보는 것은 행운이고, 나를 만나 하늘이 내리시는 명을 받는 사람들은 천운아들이다. 지구가 죄인들이 살아가는 별이기에 구치소이자 교도소와 같은 것이기에 하늘의 명을 받아 하루빨리 벗어나야 한다. 종교 자체가 악들이 세운 것이기에 종교를 통해서는 지옥별을 벗어날 수 없다.

이미 천국, 천당, 극락, 선경세상이 허구임이 밝혀지고 악들의 세상이란 것이 인류 최초로 밝혀졌다. 이상향의 좋은 세계로 알려진 이들 세계의 실체가 악들이란 진실이 인류 역사상 처음으로 밝혀진 것은 인류에게 대충격이다.

특히 종교에 깊게 빠진 사람들은 나의 말을 무시하고 부정하며 그대로 끝까지 믿을 것이지만 나의 말에 공감하는 사람들은 종교에서 과감하게 나와야 살길이 보인다. 지구에 있는 모든 종교가 몽땅 악들이 세운 무서운 세계라니 믿어지지 않겠지만 하늘의 진실이니 인정해야 할 것이다.

하늘은 인간의 눈에 보이지도 않고 들리지도 않기에 구분할 수 없어 종교인들이 수많은 신도들을 현혹하고 회유하며 종교로 끌어들여 돈벌이 수단으로 악용하고 있다. 이들은 일반인들보다 가혹하고 비참한 고문형벌을 죽어서 받게 된다.

물론 이들 종교인들을 따랐던 신도들도 마찬가지이다. 종교를 믿는 자체가 하늘께 대역죄인이 된다는 사실을 알 수 있는 사람들은 이 세상에 하나도 없다. 하느님, 하나님, 부처님, 상제님, 예수님, 석가님, 성모님을 받들어 섬기고 믿는 것이 충성이라고 생각하는 사람들이 전부일 것인데 정반대로 종교를 믿는 죄를 가장 크게 다스리며 심판한다는 진실을 전한다.

천상에서 죄를 지어 지구로 도망치고 쫓겨난 존재들인데, 또다시 종교를 믿어 환부역조하는 죄를 짓고 있으니 이 일을 어찌하면 좋을까? 종교숭배자들을 믿으면 하늘에 대역죄라는 말은 금시초문일 것인데, 이것이 하늘이 내린 진실이다.

종교를 믿으면 대우주 천상의 주인이신 영혼의 부모님 곁으로 돌아갈 수 없다는 진실을 무수히 밝혀내고 있다. 그 이유는 종교가 천상에서 하늘을 배신하고 역모 반란을 일으키다가 실패하여 지구로 도망친 역천자 신들인 아수라, 악신, 악령, 악마, 요괴들이 세운 것이기 때문에 구원을 못 받는 것이다.

죽음 이후 사후세계 심판은 천배 만배로 참혹하다는 진실이 밝혀지고 있다. 죽음이 얼마나 무서운 것인지 체험해 봐야 알 수 있다. 사극 드라마 고문형벌 장면은 아주 경미한 수준이고 무거운 형벌이 집행된다. 육신이 죽어서 없으니까 고문형벌의 고통을 느끼지 못할 것이라고 생각할 사람들이 전부일 것인데 살아생전 육신이 겪는 고통과 똑같다.

죽으면 끝이 아니라 참혹한 고문형벌이 기다리고 있다. 좋은 세계로 알려진 천국, 천당, 극락, 선경세상은 악들의 세상인데 특히 종교를 믿는 사람들은 과연 자신들의 죽음 이후 사후세계 모습은 어떨 것인지 궁금할 것이다.

정말 이상향의 좋은 세계로 알려진 천국, 천당, 극락, 선경세상으로 갈 것인지가 초미의 관심사일 것인데, 이미 그것은 무너져내렸다. 살아서 자신의 사후세계를 미리 볼 수 있는 지구에서 유일한 곳이 도의 종주국 하늘궁전 태상천궁이다.

여러분의 사후세계를 적나라하게 미리 볼 수 있는 상상 초월의 경천동지할 일이 일어나고 있다. 죽으면 그만이 아니라 사후세계가 한도 끝도 없이 펼쳐지는데 극과 극이다. 하늘이 내리시는 명을 받들어 천인(天人)의 신분이 되지 못한 자들은 천상의 삶, 전생의 삶, 현생의 삶에서 지은 죄에 따라서 9대 지옥으로 끌려가거나, 만생만물로 무한대로 반복 환생하거나, 허공중천을 떠돌다가 지옥과 윤회를 반복한다는 진실이 생생히 밝혀지고 있다.

종교를 맹신하지 말고 한번쯤은 모든 고정관념을 송두리째 내려놓고 자신의 사후세계 모습을 미리 보는 것이 가장 현명할 것이다. 이미 죽어서 세상을 떠난 여러분의 가족과 선대 조상들이 어느 세계에 가 있는지 즉시 불러서 상봉시켜 확인할 수 있고, 사후세계를 보장해 줄 수 있는 곳은 지구에서 이곳 도의 종주국 하늘궁전 태상천궁 하나뿐일 것이라고 해도 과언이 아니다.

이제는 종교의 옷을 벗어버리고, 하늘이 내리신 옷을 입어야 천상의 아버지, 천상의 어머니이신 영혼의 부모님이 계신 천상궁전으로 돌아갈 수 있다. 천상으로 돌아갈 수 있는 마지막 티켓을 잡아야 한다.

제3부

조상 천상입천식

부모 조상님 천상입천식

여러분과 배우자의 당대부터 시조까지 조상님들을 구해서 천상궁전으로 보내드리는 조상님 천상입천식(祖上 天上入天式)을 서둘러 행해야 한다. 그래야만 여러분의 영혼이 죽음 이후 사후세계를 하늘로부터 보장받아서 천상궁전으로 올라가 영생을 누리는 천인(天人)이 될 수 있는 천인합체식(天人合體式)을 행할 자격을 얻는다.

부모, 조상, 가족 영혼들의 천상입천식 종류(일평생 한 번)
일반 천상입천식
하단 천상입천식
중단 천상입천식
상단 천상입천식
벼슬 천상입천식(특단)

조상 천상입천식을 행할 사람들이 준비할 사항
본인과 직계 가족의 인적사항(산 사람)
주소, 본관, 이름, 음력 생년월일시,

조상 천상입천식 대상자 명단 뽑기
(본인과 배우자의 직계 조상)
본인과 관계, 본관, 성명

(이름 모르면 본관과 성씨만 기재, 사망 일자는 필요 없음)

예) 천상으로 입천할 조상님 명단
현조부 김해 김길동(모르면 기재 안 해도 됨)
현조부 경주 이씨(모르면 기재 안 해도 됨)
고조부 김해 김석주(모르면 기재 안 해도 됨)
고조모 밀양 박씨(모르면 기재 안 해도 됨)
증조부 김해 김정길(모르면 기재 안 해도 됨)
증조모 전주 이씨(모르면 기재 안 해도 됨)
조　부 김해 김조해(모르면 기재 안 해도 됨)
조　모 경주 최간난(모르면 기재 안 해도 됨)
아버지 김해 김대식
어머니 파평 윤정희
배우자 김해 김현만(남편 또는 부인)
장　남 김해 김종명
형　제 김해 김주용
낙태령 김해 김씨　명
수자령 김해 김씨　명
김해 김씨 당대부터 시조까지 직계좌우 일체 영가

하늘궁전 태상천궁에서 행하는 조상 천상입천식은 종교에서는 행할 수 없으며 흉내조차 내지 못하는 하늘이 친히 주재하시는 존귀한 황명 봉행식이다. 인간, 영혼, 조상, 신들의 운명을 천지개벽시켜 주는 지구 역사상 전무후무한 일이다.

조상굿, 49재, 천도재, 수륙재, 지장재, 위령미사처럼 매년 또는 수시로 지내는 것이 아니라 일평생 단 한 번만 행하면 되고, 조상 천상입천식을 행하면 진짜 천상궁전으로 오르기에 일평생 제사, 차례를 지내지 않아도 되고 매장묘지, 납골묘, 납골당, 수목장이 일체 필요 없기에 성묘 다닐 필요도 없어지기에 오히려 집안이 더 편안하고 답답한 인생이 풀어진다.

성묘 갔다가 오면 상상을 초월하는 수천 명의 귀신들이 달라붙어 온다는 무서운 진실을 알아야 한다. 매장묘지, 납골묘, 납골당에는 이름 모를 남의 조상귀신들 천지이기에 횡액을 당하는 사례가 많다.

조상 천상입천식 행사는 평균 2~3시간 내외 정도 소요되며 여러분의 몸, 가족, 집, 자동차에 있는 온갖 아수라, 악신, 악령, 악마, 요괴, 잡귀신들을 추포하여 심판해서 9대 지옥으로 보내고, 여러분의 부모, 조상, 가족 영혼들이 천상궁전으로 진짜 올라간 것인지 확실히 보여주며, 죽은 가족들과 대화도 나눌 수 있게 해준다.

차○○ 모친 천상입천식

도법천존 : 차○○의 모친 김해 김씨 김○○ 조상 영가는 들어오시오.

모친 : 무거운 몸을 이끌고 앞으로 나온다. 손을 싹싹 빌며 폐하께 잘못했습니다… 잘못했습니다…!

도법천존 : 차○○ 형제들이 몇이요?

차○○ : 2남 5녀이사옵나이다.

도법천존 : 자식이 7명이나 있다는데 왜 구원을 못 받고 있어요? 아들은 목사인데 구원을 못 받고 그러고 있어요?

모친 : (울먹이며) 명부전에서… 있다가… 자손 몸에 들어가… 구원받고 싶으면… 처음엔 죽는 순간은 명부전으로 압송되었고, 거기서 다시 자손의 몸으로 들어가라 해서 들어와 있었습니다. 잘못했습니다…!

도법천존 : 잘 들어요! 자식이 목사인데도, 이렇게 구원을 받지 못하고 있는 것이 아니오? 이곳에 들어오지 않으면 어느 누구든 천상으로 돌아갈 수 없어요. 세상 사람들이 이런 진실을 몰라보고 있지 않소? 지구에 하늘궁전 태상천궁에서만 신과 영, 조상들이 구원을 받을 수 있느니라. 인간도 마찬가지. 여기 들어와야 진정한 구원이 되는 것이오. 모친 김○○ 영가는 목

사 아들 몸에 가서 울고불고 난리 좀 치지. 돈도 안 주고.

차○○ : 저를 미친년이라며 형제들이 다 소신의 등을 돌렸사옵나이다.

도법천존 : 종과 노예로 만들려는 아수라들의 수작이오.

차○○ : 이렇게까지 금전이 막힐 줄은 몰랐사옵나이다.

도법천존 : 정말 정말 천벌을 받아야 할 자들은 종교를 세운 자와 거기에 종사하는 자들이고, 그들을 따르는 신자들과 불자들이고 이들 모두 다 죄인들이다. 이곳에서만 구원이 되느니라. 차○○ 모친과 대화 나눌 시간을 지금부터 줄 테니 대화 나누어 보시오.

차○○ : 잘해 주고 싶었지만, 돈이 없어서 잘해 주지도 못하고 엉~엉. 내 몸에 수시로 오신 거 알고 있었고, 오빠한테 미친년 소리 들어가며 돈 달라는 소리 하지도 말라며 얼마나 괘씸한지. 엄마, 나도 너무너무 미안했어. 엄마한테 진짜 얼굴을 들 수가 없어.

엄마가 수시로 메시지를 주지만 돈이 없어서 천상입천식을 못 해드려서… 그렇게 잘사는 아들들은 괘씸하게 그러고 장례식 때뿐이고, 엄마가 어떤지 느끼지도 못해. 엄마 발 많이 짓눌렸죠? 엄마 빨리 천상입천식 해드려야 한다는 마음밖에 없었단 말이에요.

모친 : 제가 죄인이라 어떤 말도 할 수 없습니다. 아들이 역천자의 길로 갔으니 저도 죄인입니다. 그러니 제가 어찌 죄를 빌겠습니까?

차○○ : 올케로 인해서 어머니도 교회 가고 오빠도 목사 되게 만들고, 형제들이 다 넘어가서 교회를 다니고 있으며 형제들 6남매 다 오빠 교회에 다니고 있사옵나이다. 소신도 돈이 필요해서 연락하면 이상한데 다닌다고 교회로 나오라고 하고 있사옵나이다.

도법천존 : 나한테 오지 못하게 아수라들이 종교로 끌어들이는 것이었어. 형제들은 다 잘살고 있다고요?

차○○ : 뒤집어지고 엎어지고 있사옵나이다. 괘씸한 것들. 엄마가 장사해서 돈을 잘 벌었고. 아들한테 많이 주고 오빠들은 집 몇 채를 팔아먹었사옵나이다.

도법천존 : 자, 모친은 고개를 들라. 이 땅에서 종교가 잘못된 거를 인정하겠느냐? 아들이 예수와 하느님을 믿지만 구원능력이 없는 가짜였고, 그래서 그들은 9대 지옥으로 압송된 것이니라. 모친은 딸 차○○ 덕분에 천상에 올라가는데, 천상에 올라가서도 그렇게 빌어야 하느니라.

자손이 금전적으로 고통을 겪고 있는데, 도솔천황 폐하께서 기운을 주시면 자손에게 내려줘야 하느니라. 자식이 7명이 있지만 차○○만이 모친을 천상으로 올려 보내 줄 수 있게 된 것이니라. 천상의 도솔천궁에 입궁을 명하노라.

모친 : 아이고. 감사합니다….

도법천존 : 이제 그대의 모습이 달라졌을 것이다. 그대가 95세 삶을 마치고, 도솔천궁에 입궁된 순간 그대 모습은 선녀처럼 아리따운 모습으로 변해 있고, 의복도 하사하셨느니라. 그

대의 변화된 모습을 딸에게 전해 주시오.

모친 : 네, 소인 도솔천궁으로 입궁되었고 제 모습은 인간 세상 95세에 죽었는데 16살의 소녀 모습으로 변하게 되었습니다. 그리고 흰 용들이 많이 보이고 있습니다. 제가 자손의 몸에 있을 때는 옷이 없는 알몸 상태로 들어가 있었는데 지금은 흰색 한복이 입혀져 있고, 긴 머리가 위로 올려지고 핀으로 고정되어 있습니다.

저는 이제 도솔천궁에 막 입궁되었기에 도솔천궁 예법에 따라 하늘께서 저에게 내려주시는 임무를 수행하고 도솔천황 폐하께 매일 간절히 빌어야 한다고 말씀 내려주십니다. 조상님들의 하늘이신 도솔천황 폐하께 저의 임무가 끝나면 도솔천황 폐하께서 내려주시는 기운을 받기 위해 빌어야 하고 그 기운을 자손에게 내려줄 수 있다고 제 옆에 있는 흰 용(백룡)이 말해 주고 있습니다.

제 주위로 흰색 코스모스가 만발하고 있습니다. 너무나 감사합니다. 16살의 어여쁜 소녀의 모습으로 변하게 해주셔서 감사드립니다. 저의 자손 차○○은 이 모든 감사함을 도법천존 3천황 폐하께 올려드려야 한다고 백룡이 말해 주고 있습니다. 모두 도법천존 3천황 폐하 덕분입니다.

도법천존 : 그래. 딸을 다시 한 번 만나보시오.

모친 : 내 모습이 보이지 않겠지만, 16살 소녀의 모습이야. 너무 애썼다. 나도 천상 도솔천궁에서 수행하여 많이 빌 테니까, 너도 여기서 도법천존 3천황 폐하의 명을 잘 받들어야 한다.

난 도솔천황 폐하를 향하는 기운, 너는 도법천존 3천황 폐하께 향하는 기운, 이게 연결되는 삶을 살아가자. 같이 인사를 올리자. 감사하사옵나이다. 모두가 도법천존 3천황 폐하의 덕분입니다. 이 은혜 잊지 않겠습니다.

도법천존 : 차○○ 모친은 딸과의 상봉식을 마치고 천상 황궁예법에 어긋나지 않게 행하고, 이제 다시 꽃 피고 새 우는 무릉도원 천상 도솔천궁으로 입궁하라. -이상-

그랬다

아들이 목사이고, 형제 6명과 올케들이 모두 오빠가 운영하는 교회를 다니고 있었지만 정작 모친은 구원받지 못했다는 것이 확인되었다. 종교가 수천 년의 오랜 역사와 전통을 자랑하고 있으며, 겉보기에 화려하고 웅장하게 지은 것은 인간, 신, 영, 조상들을 현혹하기 위해서 그런 것이지만 구원 자체가 이루어지지 않고 있음이 확인되었다.

종교인들이나 신도, 신자, 성도, 불자, 도인들은 도저히 이해하기가 어렵겠지만 종교 안에서는 인간, 조상, 영혼(생령), 신들의 구원이 절대로 안 된다는 진실이 수없이 검증되고 있다. 하지만 일단 종교에 발을 들여놓은 사람들은 적대적으로 생각하며 받아들이려 하지 않고 무조건 이단, 사이비로 내몰아서 하늘궁전 태상천궁에 들어오기가 매우 어렵다.

죽어서 구원이 이루어지는지 안 이루어지는지도 모르고 무조건 구원받는다는 말에 넘어가서 종교를 다니고 있는 사람들이 대부분이다. 자신들의 죽음 이후의 사후세계를 살아서 미리 볼 수 있는 신비스러운 곳은 지구에서 하늘궁전 태상천궁 한 곳 뿐이다.

일평생 종교를 열심히 믿고 있는 사람들은 자신의 사후세계를 미리 보기로 알아보는 것이 현명하다. 여러분의 죽음 이후 상상하는 사후세계를 이상향의 모습으로 기대하고 있을 것인데 지금까지 종교를 믿고 있는 사람들의 사후세계를 미리 보기로 알아보면 비참하기 짝이 없다.

말을 못 하는 축생으로 반복 윤회하거나 고통의 지옥세계를 끝도 없이 넘나드는 것이 반복되고 있다는 무서운 수많은 체험 사례가 있다. 불원간 종교가 가짜라는 것이 크게 널리 밝혀지고 나면 종교에 다니던 사람들은 패닉 상태에 빠질 것이다. 그래서 사후세계 미리 보기를 통해서 대비책을 세워야 한다.

여러분이 죽은 뒤에 그동안 믿었던 자신의 종교가 가짜여서 구원받을 수 없다는 진실을 알면 그때는 돌이킬 수 있는 아무런 방법이 없다. 종교에 다니는 사람들은 정말로 인정하기 싫겠지만 지구에 존재하는 모든 종교는 진짜 하늘의 뜻이 아닌 가짜 하늘인 하누와 그의 아들 표경이 세운 것이기에 구원 자체가 안 된다.

종교를 세운 하누와 표경은 물론 종교적 숭배자 모두와 제자들의 신과 영들을 추포하여 심판해서 9대 지옥으로 이미 압송하였고, 지금은 이들의 수하들인 악신, 악령, 악마, 요괴, 아수라들과 잡귀신들을 수시로 잡아들여 심판해서 9대 지옥으로 압송하고 있다.

종교인들과 신도들은 믿거나 말거나 각자의 자유이다. 참으로 황당무계한 말처럼 들릴 수도 있겠지만 사실이다. 오랜 세월 참아오시던 하늘께서 심판의 칼을 빼시어 지구에서 인류로부터 숭배받고 있는 하나님, 하느님, 부처, 상제, 석가, 예수, 마리아, 마호메트는 물론 크고 작은 종교의 모든 숭배자들과 종교창시자들, 교주들, 지도자들을 차례대로 잡아들여 심판하고 계신다.

하늘이 내려주신 말씀은 절대로 용서받지 못할 큰 죄를 지은 대역죄인들이 종교 안에 들어가서 구원을 외치고 있다고 가르쳐주시며, 그들은 구원 대상에서 완전히 제외되었기 때문에 종교에 들어가서 그러고 있는 것이니 앞으로는 절대 관심을 가지지 말라고 하시었다.

하늘의 진실, 사후세계의 진실만 전해 주고 더 이상 회유하고 현혹할 필요가 없다고 하신다. 구원의 능력은 지구상에서 하늘궁전 태상천궁을 따라갈 곳이 없다.

지상의 모든 인간, 조상, 신, 영들도 집필한 56권의 책 중에서 한 권이라도 읽어보고 들어와야 태상천궁과 도솔천궁으로 올라갈 수 있다. 종교가 맞고 좋은 사람들은 그대로 다니면 되고, 종교가 싫은 사람들과 고차원적인 영적 세계를 추구하는 사람들에게는 안성맞춤일 것이다.

종교에서 전하는 하늘이 아닌 원초적인 진짜 하늘을 찾아다니는 사람들과 자신의 신을 찾아다니는 사람, 조상을 구원하려는 사람들, 신 기운 때문에 신내림 여부로 고민 갈등하는 사람들에게는 최상의 길이다.

사후세계를 보장받는 길은 종교세계 안에 있는 것이 아니라 하늘궁전 태상천궁에 있으니 죽음 이후의 사후세계를 탄탄하게 준비하려면 하루라도 빨리 책을 읽고 하늘로부터 뽑혀서 선택받아야 한다.

지금까지의 경험으로는 책을 읽지 않고 하늘로부터 선택받은 자들은 21년 동안 단 한 명도 없었다. 하늘이 내리신 구원의 시험문제가 책이었다는 뜻이다. 구원받고 싶은 인간, 조상(사령), 영혼(생령), 신들은 한 글자도 빠뜨리지 말고 정독해야만 하늘께 선택받을 수 있다. 책을 구독하면 실시간으로 지켜보시고 구원 여부를 판별하시고, 기운을 내려주시어 방문하게 하신다.

천주교인의 조상 천상입천식

천기 19년 9월 6일 조상 천상입천식
밀양 박○○의 조상 천상입천식을 거행한다.

입천 대상은 직계와 시가 조상들 대상

조상님 천상입천식에 임하기 전에 몸에 있는 아수라와 악귀잡귀를 추포하여 심판한 후에 조상들의 입천식을 거행할 것이다. 박○○의 몸의 아픈 증상들과 장남이 결혼 5년 차인데 아이가 없고, 며느리, 차남과 며느리 몸 안의 악귀잡귀 아수라와 악귀잡귀들을 전원 추포하여 심판하였다.

사명자 몸 안의 귀신들 추포 및 압송

귀신 : 흑흑흑… 아아… (흐느껴 울며 나타났다.)

도법천존 : 넌 누구야?

귀신 : 잘못했어요. 안 보여요. 잘못했어요.

도법천존 : 눈을 뜨게 해줄 테니 떠봐.

귀신 : 염라대왕님… 잘못했습니다. 저 좀… 제 잘못을 빌겠습니다. 살려주세요. 무엇이든 다 할 테니 지옥세계만은 면해주십시오(귀신들에게는 도법천존이 염라대왕의 모습으로 보이는 것 같다).

도법천존 : 넌 누군데. 신분을 밝혀라.

귀신 : 50대에 죽은 여자 귀신입니다. 옆에 있는 여자의 몸 안에 있었습니다. 그 몸에 있으면서도 검은색 옷을 입은 자들이 저를 끌어내려 그랬습니다.

도법천존 : 얼마나 괴롭혔어?

귀신 : 괴롭힌 게 아니라 숨으려고 그랬던 겁니다. 죽어보니 무섭다는 걸 아주 확실히 알게 되었습니다. 저 말고 할머니와 또래 여자 2명이 팔에 들어가 있었습니다. 애기도 보이고 할아버지도 보이고 굉장히 많습니다. 아줌마 머리에 어떤 성당 같은 데를 다닌 할머니. 왜 그런 거 있잖아요. 묵주 들고 있는 할머니 딱 앉아 있고. 전 왼쪽 팔에 들어가 있었습니다.

박○○ : 왼쪽 팔이 너무 아파요. 어깨까지.

귀신 : 머리는 할머니 1명. 허리 골반 쪽에는 아이들 79명. 손가락 마디에는 곤충령하고 동물령이 앙앙 그러고 있습니다. 동물령은 쥐새끼만 59마리가 보입니다. 그리고 곤충은 나방인데 나방은 85마리이고 돼지도 같이 보입니다.

왼쪽 팔은 저까지 3명. 가슴팍에는 아저씨들 129명이 들어와 벌벌 떨고 있네요. 다리 종아리부터 허벅지까지 원과 한이 많이 맺힌 귀신들이 582명입니다. 사람도 아니고 축생도 아닌 중간의 영이라고 할 수 있습니다.

저도 죄가 많지만 애네들이 죄가 더 많습니다. 그리고 목에도 귀신들 20명이 목을 잡고 있습니다. 애네들은 아이도 아니고 청소년도 아닌 변형이 된 귀신이 있고, 눈에는 할머니 할아버지 귀신들이 오른쪽에는 29명, 왼쪽에는 48명이 있어요.

도법천존 : 그들이 백내장 수술을 하게 만들었느냐?
귀신 : 저는 수술 같은 건 모르고 보이는 대로 얘기하는 겁니다. 염라대왕님께서 저희들 좀 봐주십시오.

도법천존 : 자궁에는 있냐?
귀신 : 다른 데 있는 귀신이 거기에 씨를 뿌려 새싹처럼 올라오고 있는 귀신입니다.

도법천존 : 당뇨를 일으킨 귀신이 누구냐?
귀신 : 병으로 죽은 귀신이 보입니다. 무슨 병인지는 죽어서 모른다고 합니다. 고지혈병은 남자, 혈액순환 장애는 할머니이고, 피로의 기운을 느끼게 하며, 살이 빠지게 하고, 머리 많이 빠지게 하는 귀신은 아이들입니다.

도법천존 : 장남 결혼한 지 5년이 됐는데 누가 막고 있어?
귀신 : 저는… 제가 지금 여기 앞에 계신 염라대왕님의 말씀으로 잠깐 보이는데, 그 남자가 예전에 학교 다닐 때 동창생이었고, 제가 지금 보이는 거는 같은 학년 몇 반인지도 모르지만 같은 학교 다니며 졸업했고 서로 모르는 사이의 남자가 죽어서 장남 몸으로 들어갔다고 합니다.

그 남자가 장남의 몸에 들어가 방해하고 있습니다. 사고로 죽었다는데 무슨 기운을 느껴서 들어가서 자기 것으로 만들려 합니다. 장남 몸에 한이 맺힌 그 남자가 가장 한이 크고, 여자들이 있는데 결혼한 기혼녀들 귀신이 많고, 할머니들도 많고 그렇게 보입니다.

도법천존 : 넌 압송 대기. 아이 들어서지 못하게 임신을 막는 장남의 친구 귀신 들어와.

귀신 : 춥다 추워. 물에 빠져 죽었거든요.

도법천존 : 그래서 네 원과 한을 풀려고 아이를 안 생기게 막고 있는 거야?

귀신 : 아까 여자가 그렇게 얘기했는데 저는 누구인지도 모르고 같은 학교에 다녔는데 죽은 다음에 거기에 들어가 있었습니다.

도법천존 : 너도 죄가 많으니까 물에 빠져 죽었지.

귀신 : 그건 모르겠고 앞에 계신 분이 무섭게 보이구요. 전 못 가겠어요. 거기 있다가 가야겠어요.

도법천존 : 잡혀 온 죄인 주제에 넌 지옥 압송 대기. 남편 몸에 있는 자들 들어와.

귀신 : 누가… 나를 불렀습니다. 거기에 있던 제가 할배입니다. 제가 거기 주인입니다. 걔는 내 아들이여!

도법천존 : 몇 명이나 들어가 있냐?

귀신 : 내가 제일 먼저 들어갔는디, 그다음에 온 자들은 내가 고른 거야. 아이들 귀신 479명, 아줌마 귀신 285명, 나는 남자 심장 쪽에 연결되어 있던 할아버지야. 왜 날 불렀어?

도법천존 : 넌 추포됐어. 지옥세계 압송한다. 압송 대기. 다

음, 차남 몸에 있는 아수라와 악귀잡귀 몽땅 잡아들여.

귀신 : (오른쪽 머리를 치며) 아이고 아퍼. 어지럽고. 소화도 안 되고 힘들어.

도법천존 : 넌 누구야.

귀신 : 전 거기 아저씨 몸에 있었는데 여기로 불려왔어요. 오토바이 타다가 16살에 죽었어요.

도법천존 : 아들이 오토바이 사고 난 적이 있어요?

사명자 : 없습니다. 친구는 있습니다.

도법천존 : 네가 그 친구야?

귀신 : 잘 몰라요. 할머니 5명, 제 또래 5명도 있어요. 거기 몸에 들어갔다고 해서 또렷하게 보이는 게 아니라 희미하게 보여요. 그리고 낙태아 2명 보여요. 거기 붙어 있어요. 엉덩이와 남자 성기 쪽. 그렇게밖에 안 보여요.

도법천존 : 신명들은 전원 추포하라. 장남 처의 몸에 있는 아수라, 악귀잡귀 다 잡아들여.

귀신 : 아~! 억울해!

도법천존 : 무엇이 억울하냐?

귀신 : 내가 이렇게 일찍 죽어야 하는지 모르겠어요. 엄마~

도법천존 : 그 몸에 몇 명 있어 귀신들. 넌 남자 몸에서 왔냐 여자 몸에서 왔냐?

귀신 : 여자 몸에서요.

도법천존 : 몇 명 있냐?

귀신 : 아이들이 많아요. 598명. 강아지도 보여요. 강아지 귀신들이 낑낑 울어요. 5마리. 이건 햄스터 귀신인가? 쥐인지 다람쥐인지 보이는 게 3마리. 낙태 애기 1명. 어떤 술 먹는 아저씨 1명. 어떤 애들인데 배고파해요. 고기 같은 거, 닭 다리 그런 거 먹고 싶어하는 아이들 보여요, 3명. 할머니가 담배 피우는 게 보여요. 할머니 속이 터지려고 그래요, 3명.

도법천존 : 전원 추포해. 차에 있는 귀신 다 추포해.

귀신 : 악~! 아이고~! 죽어보니 너무나 괴롭습니다. 할아버지 살려주세요. 잘못했습니다.

도법천존 : 야, 차 안에 몇 명 있어?

귀신 : 산에서 내려온 귀신. 저희들이 거기 있다가 갑자기 왔는데요. 진짜 죽으니까 있어요. 귀신, 도깨비, 빨간 귀신, 검은 귀신, 강가에 가니까 검은 머리카락들이 떠다녀요. 그게 물귀신이에요. 죽어보니까 진짜 있어요. 한 번만 기회 주세요. 제가 보이는 거는 다 합쳐서 782명. 저희도 거기 있었어요. 정말 이제 저희들은 어떻게 돼요?

도법천존 : 육신이 살아 있을 때 나를 만나러 와야 구원받지. 기회 박탈이니 9대 지옥 압송 대기하라. 집 안에 있는 아수라와 악귀잡귀 전원 잡아오라.

귀신 : 냠냠… 쩝쩝 배… 배고프다…

도법천존 : 넌 누군데?

귀신 : 전 거기서 뭐 먹을 때 쳐다보고 있었어요. 거기에 신

문하고 책 읽기 좋아하는 선비 같은 할아버지랑 아저씨들이 많아요, 89명. 빨간 망토 걸친 귀신들이 현관에 있어요, 85명. 안방에서도 바둑과 장기 두고 있는 할아버지 할머니 다 합쳐서 889명 많네요. 콩콩 뛰어다니는 애들이 자기들 엄마 찾나 봐요.

한 손에 뭘 들고 엄마 엄마 하면서 뛰어다니는데 한 명이에요. 냉장고 안에도 귀신들이 들어가 있어요. 거기도 자기들한테는 하나의 집이래요, 128명. 화장실에도 헉! 378명이 있는데 거기가 자기 집이래요. 이제 우리가 어디로 갈건가 봐? 주방에는 저하고 할머니랑, 아저씨와 친구들 다 합쳐서 2,660명인데 배고파요. 아저씨도 배고파서 그랬죠? 맞아요. 그래서 나도 이렇게 쳐다봤어요.

아줌마는 왜 힘들어? 젊어서 죽어 한이 맺혔어? 38살에 죽어 거기로 들어가서… 엥… 성당 다녔던 아줌마였어요? 우리 갈 데가 없어서 거기 들어갔는데 누가 끌어내려 했어요. 숨어 있어도 누가 끌어내려 해서 도망다녔어요.

도법천존 : 자, 금일 추포된 자들 전원 심판하여 압송한다.
저렇게 육신이 없으면 구원이 없고, 귀신 퇴치만 40분을 했는데, 박○○ 씨도 안수기도 받아봤어요?
박○○ : 안수기도와 신명기도를 받아봤습니다.

도법천존 : 그거 받아봐야 소용없지요.
박○○ : 아무것도 되는 것이 없었습니다. 아이들 증상에 대해서 일일이 말씀을 안 드렸었는데 아이와 남편 몸에 이상이

있는 것이 다 드러났습니다.

도법천존 : 귀신이 들어와 하기 때문에 그러는 거예요. 자, 이제 천상궁전으로 입천할 사명자 박○○의 당대부터 시조까지 조상명단 호명하니 신명들은 호명한 조상들을 이곳에 데려오라. 사명자 박○○은 본인이 가장 만나고 싶은 조상을 말하시오.

박○○ : 큰언니를 만나보고 싶습니다.

도법천존 : 사망한 지 얼마나 됐어요?

박○○ : 12년쯤 됐나요? 엄마도 만나고 싶습니다.

도법천존 : 박○○ 언니는 영매사 몸으로 들어오라.

언니 : 흑흑흑… (덜덜) 잘못했습니다.

도법천존 : 언니도 성당에 다녔어요?

박○○ : 수녀였습니다.

도법천존 : 수녀였으면 천국에 갔어야 하지 않나요? 언니는 고개 들으시오! 그댄 살아생전 수녀였다면서요?

언니 : 모릅니다. 전 옷이 없습니다. 죽고 나니 이렇게 됐습니다.(옷이 없는 알몸 상태를 말함)

도법천존 : 그대는 살아서 성당 다니면서 성모 마리아와 하느님을 찾았잖아요? 그대는 어디에 가 있었어요?

언니 : 검은색 방입니다. 검은색 방에 제가 젊었을 때의 모습으로 죽은 것까지는 아는데 옷이 홀랑 벗겨지고 사방팔방 남

자들이 보고 있습니다. 수치스럽고 춥습니다. 반성문도 쓰고 그랬습니다.

도법천존 : 어디에 가 있었어요?

언니 : 지옥이었습니다. 깜깜한 방에 십자가랑 성모 마리아 형상이 있는데 피로 범벅이 되어 있습니다. 남자들이 거기(음부)를 가리키고 남자들이 거기를 만집니다.

박○○ : 언니가 수녀였을 때 성폭행당해서 정신분열증 겪고 죽었습니다.

도법천존 : 십자가가 있다… 그게 천주교 지옥 아닌가요? 그대가 천주교에 들어가서 마리아를 믿은 죄예요.

언니 : 옷이라도 주십시오. 알몸으로 저를 만지고 수치스럽습니다.

도법천존 : 성당에는 왜 갔어요?

언니 : 그것은~ 제가 어찌 알겠습니까? 옷 좀 주세요.

도법천존 : 박○○ 씨, 죽으면 옷이 있을 것으로 생각하지요? 몽땅 다 벗겨져 알몸이 되지요. 하느님, 성모님 믿으면 죽어서 천국, 천당 간다고요? 일반 신자도 아닌 수녀인데 왜 못 갔을까요? 성당에 다니는 사람들 모두 정신 차리세요! 다른 종교도 똑같습니다.

천국, 천당, 극락, 선경세상은 없어요. 악들이 만들어놓은 덫이고 허상의 세계입니다. 종교를 믿는 인류 모두가 영적 세계의 이상향 천상국가라고 생각하고 있을 것인데 신앙인 각자가 믿은 마음에 따라 거기에 맞는 악들의 세상으로 잡혀가는 것이고, 지옥세상과 다를 바 없는 곳입니다.

천국, 천당, 극락, 선경세상은 아수라, 악신, 악령, 악마, 요괴들이 각자 개별적으로 운영하는 제2의 지옥세상이라는 진실이 2019년 9월 21일 밝혀졌기에 하늘의 명으로 몽땅 파괴시켜버렸는데 수천억 조가 넘는 무량대수였습니다.

박○○ : 그런 줄 알았습니다.
언니 : 도와주세요. 전 죽었다는 것밖에 몰라요. 남자들이 자꾸 여기(음부)를 만지고 그래요.

도법천존 : 그대가 살아서 진짜 하늘을 배반하고 악들이 세운 천주교에 다니면서 하느님, 성모님을 받들어 섬기고 믿은 죄를 지었으니 지옥에 갔겠지요. 악들이 인간과 영혼, 조상들을 가지고 이렇게 농락한다는 걸 종교인이나 신자들 그 어느 누가 알겠어요?

이런 무서운 진실도 몰라보고 인류 대다수가 하느님, 하나님, 예수님, 성모님 믿으면 천국 천당 간다고 믿었는데 지옥 가면 누구한테 항의할 거예요? 그래서 살아서 내 죽음 이후 세상은 내가 직접 준비해야 한다는 그런 얘기예요! 자식들이 나중에 이곳에 와서 천상입천식 해줄 것 같지요?

돈이 아까워 못 해요. 그리고 가짜 같고 사기 같아서 못 해요. 그런데 안수기도해서 위안받고 살았잖아요! 그대도 죄인이라고요! 하느님, 하나님, 예수님, 성모님 믿는다고 무슨 천국 천당을 가요? 모두 새빨간 거짓말이고 악들이 세운 곳이 종교라고 밝혀졌습니다.

언니 : 너무 창피하고 부끄러워요!

도법천존 : 그대는 오늘 구원해 줄 것이오. 구해 주면 동생을 도와줄 것이오?

언니 : 하라는 대로 하겠습니다.

도법천존 : 배는 안 고파요?

언니 : 배고픔보다 수치심이 더 합니다. 남자들이 자꾸 음부를 만집니다.

도법천존 : 가슴과 아래를 만지니 수치심에 못 살겠다고요? 그대가 살아서 성당에 다닌 죗값이지요. 오늘 전 세계의 조상과 생령들은 지켜보시오. 종교는 다 가짜요. 수녀인데 천국 천당은커녕 지옥에 가서 옷도 없이 수치심에 저러고 있는데, 위령미사를 올렸다고 하늘이 바보이신 줄 알아요? 나는 인류를 심판하는 심판자이자 구원자요. 자, 언니는 대기하시오! 다음 박○○의 모친 들어오시오.

모친 : 으….. 살려주세요….

도법천존 : 고개 들으시오

모친 : 잘 안 보입니다. 죽어보니 잘 안 보입니다.

도법천존 : 자 눈을 뜨시오.

모친 : 조금 보이는데… 그렇게 잘 보이지는 않습니다. 앞에

계신 분이 빛이 굉장히 크게 빛나고 있습니다.

도법천존 : 선명하게 보이게 해주니 똑바로 보시오.
모친 : 죄가 커서 여기까지 보여주는 것 같습니다.

도법천존 : 딸이 성당에서 위령미사를 올려서 천국 천당으로 보냈다는데 모친은 그동안 어디에 가 있었어요?
모친 : 제가 죽고 나서 보니까 빨간 여자처럼 보이는 귀신이 저를 바라봐서 다시 보니까 검은 남자로 변해서 쳐다보는데, 이빨 하나가 쭉 삐어난 그런 자였고 저승사자처럼 보였습니다. 저를 무덤 같은 곳에 앉혀놓더니 옷을 하나씩 벗겼습니다. 그리고 저를 막 찔러댔습니다.

손이 검은색이었습니다. 손으로 찔러대고. 그러다가 또 다른 데로 데려가서 때리고 해서 눈이 다 터지고 해서 안 보입니다. 성당에 다니면서 악들이 사칭한 하느님과 성모님을 믿은 죄가 있어서 그런 거라고 합니다.

도법천존 : 사후세계 어디에 가 있었어요?
모친 : 끌려다니며 고문받고 남자들이 만지고 그랬습니다.

도법천존 : 엄마도 성당 다녔어요? 얼마나 다녔어요?
박○○ : 20년 정도 다녔습니다.

도법천존 : 열성 신도네요.
모친 : 고문을 받으면서 몸에 암 같은 것도 걸리게 해서 고통받고 그랬습니다. 몸도 아프고 여자 거기 밑에도 아프고!

박○○ : 엄마가 자궁암으로 돌아가셨습니다.

모친 : 죽어서 병이 안 걸리는 게 아니라 어떤 지옥으로 가면 병이 걸리게 된다고 합니다.

도법천존 : 모친은 살아서 성당을 다닌 걸 알아요?

모친 : 그건 모릅니다. 죽어보니 죄가 있다고 합니다. 몰라요. 자궁암인지 뭔지 암에 걸리고 아프고. 아파요.

도법천존 : 그대 딸이 왔는데 딸을 기억하겠어요?

모친 : 몰라요. 제발 저를 구해 주세요.

도법천존 : 박○○ 씨! 이걸 어쩌면 좋아요? 성당에 다녀서 하느님에게 구원받을 줄 알았더니 지옥에 가 있잖아요! 성당에 다니는 사람들에게 이런 사실을 알려서 성당에서 하루빨리 빠져나오게 해요. 그것이 그대의 죄를 조금이라도 씻는 것이에요. 엄마는 언제 사망했어요?

박○○ : 67세요.

도법천존 : 그럼 박○○ 씨 나이에 사망한 거잖아요?

박○○ : 일찍 돌아가셨습니다.

도법천존 : 엄마는 박○○ 씨도 못 알아보고, 살아서 성당 다닌 사실도 기억이 없어요. 이 세상의 종교가 지옥으로 가는 길이 아니냐고요? 그것도 모르고 세상 사람들이 온통 종교에 빠지고 있어요.

박○○ 씨가 언니와 어머니, 가족 모두의 위령미사를 지내고 조상님들이 천국 천당에 갔는지 확인하고 싶다면서요? 이제 확인이 됐느냐고요? 종교 자체가 지옥세계라고요! 그래서 여기 하늘궁전 태상천궁에 온 사람들만 구원받는 거예요.

조상도 구원받고 박○○ 씨도 구원받고. 아수라, 악귀잡귀의 모습을 봤잖아요. 지구상에서 여기 도의 종주국 하늘궁전 태상천궁 이외에서는 구원받을 곳이 없어요. 교황청이 얼마나 번창했나요? 가장 큰 죄를 지었겠지요. 성당에 가서 그대의 조상님들을 지옥으로 인도한 신부와 수녀 멱살 잡고 따져야 할 것 아니에요? 모두가 종교지옥에 미쳐있어서 이런 진실을 말해주어도 아예 미쳤다고 말도 안 들을 거예요.

모친 : 너무 고통스럽습니다. 살려주십시오.

도법천존 : 그러니까 진짜 천상의 주인이신 하늘께서 이 세상의 종교를 멸망시키라고 나를 이 땅에 내려보내셨다는 이 말이에요. 어느 신도 이 일을 할 수가 없어요. 황태자만이 할 수 있는 것이지요. 그래서 지구의 주인, 인류의 주인, 심판자이자 구원자 도법천존 3천황의 역할을 하며 하늘의 명 대행자를 하고 있는 것입니다.

모친 : 너무 괴롭습니다.

도법천존 : 모친은 고개를 드시오. 배고픔을 느끼시오?

모친 : 그것은 조금은 느끼는 것 같습니다. 제일 고통스러운 게 수치심이고 아랫도리 만지는 거, 병이 생기는 거, 목도 아프고, 눈도 아프고, 구타에 시달리는 것이 괴롭습니다. 제발 살려주십시오.

도법천존 : 언니는 수녀였고, 모친은 성당에 20년 다니고, 그대는 박○○ 씨는 30년을 다녀봤지만, 결과가 밝혀졌듯이 굿하고, 천도재 하고, 교회, 성당에 다니는 거 모두 가짜이고 악들에게 당한 거예요. 박○○ 씨가 여기 하늘궁전 태상천궁에 들어온 것이 얼마나 잘한 짓인지 확인시켜 줄 거예요.

언니와 엄마가 정말 천상에 올라갔는지 안 갔는지 확인시켜 줄 거예요. 세상천지 그 어디에서도 조상님들이 천상으로 올라가셨는지 밝혀줄 수 있는 곳이 없잖아요? 확인할 수 있는 길이 없어서 답답하고 궁금하지만 수천 년의 세월 동안 아무도 인류의 궁금증을 해결해 주지 못했지만 여기 도의 종주국 하늘궁전 태상천궁에서는 조상 천상입천식을 행한 즉시 확인시켜 줄 수 있으니 그 얼마나 통쾌할까요?

박○○의 입천대상 일체 조상 영가들에게 천상 도솔천궁으로 입천을 명하노라. 법봉(의사봉)으로 땅! 땅! 땅!

이제 모두 이팔청춘으로 변신시켜 재탄생해 주었으니 무릉도원의 세상을 살아야 하며 지엄한 천상법도 잘 지키고 하늘의 명을 받들어 수행해야 하느니라. 자손이 어려운 형편에 금전 마련하여 천상입천식을 해주었으니 금전 고통에서 벗어나도록 하늘께 빌고 빌어서 자손에게 내려줘야 하느니라.

천상궁전으로 입천된 박○○의 일체 조상 영가들 중에서 모친과 언니는 다시 영매사 몸으로 하강하시오! 그대들이 꿈속에서도 그리고 원하며 바라던 천상궁전으로 올라간 것이 정말 맞는 것인지 수많은 세상 사람들과 지켜보는 다른 조상 영혼

영가들이 무척이나 궁금해하니 천상의 모습과 자신의 모습을 보이는 대로 말하시오!

모친 : 예~ 저는 16살 소녀로 바뀌었습니다. 얼굴은 예쁘게 분칠이 되어 있고, 옷이 하얀 한복인데, 나비와 꽃이 자수로 놓여 있는 아주 은은한 질감의 옷을 입고 있습니다. 제가 아까 옷이 없어서 너무 창피하고 수치스러워서 무척 힘들었는데 이렇게 예쁜 옷을 주셔서 눈물겹도록 감사합니다.

제 주위에 신선님들이랑 흰색 용들이 많이 보입니다. 펄 같은 것이 새겨져 있는 옷을 입으니 너무나 좋고, 손에는 반지가 끼워져 있고 머리도 아주 긴 모습입니다. 저는 이곳에서 16살부터 시작한다고 합니다.

도법천존 : 이제 딸을 알아봐?

모친 : 이미 살아생전의 모든 기억이 삭제되어 살아 있을 때의 기억은 없지만, 앞에 계신 분이 말씀하시니 기운이 느껴집니다. 제가 살았을 땐 제 딸이지 않았습니까. 하늘께 빌고 빌어야 기운을 내려주신다고 하십니다.

도법천존 : 딸을 금전 고통에서 벗어날 수 있게 해주시오.

모친 : 앞에 계신 크신 분께서 큰 기운을 내려주셨기에 할 수 있었다 하십니다. 지금은 16살 소녀의 모습이 되었고, 옷을 입어서 너무나 좋습니다.

도법천존 : 함께 올라간 남편 모습을 보시오.

모친 : 남편도 20대 남자의 모습으로 보입니다. 키도 크고 굉장히 멋집니다. 청년의 모습이고, 아까 저의 딸이라는 수녀

도 16살이 되었다고 하십니다. 소녀가 됐습니다. 옷이 연분홍빛, 노란빛도 나는 예쁜 한복을 입고 있습니다.

도법천존 : 모친은 잠시 대기하고 언니 들어오시오.

언니 : 감사합니다. 이곳은 지옥이 아닌 것 같습니다. 나비도 보이고, 풍경이 아름답고 예쁜 꽃도 보이고 학도 보이네요.

도법천존 : 그곳이 천상궁전 도솔천궁이라고 하느니라.

언니 : 하얀 거북이도 보입니다. 이런 곳으로 보내주셔서 감사합니다.

도법천존 : 이런 아름다운 세상을 원했는데 수녀가 되어 지옥에 가서 얼마나 고통을 많이 겪었소이까? 천상으로 갈 수 있는 곳은 지구상에서 오직 여기 하늘궁전 태상천궁 하나뿐이오.

언니 : 저는 이곳의 천상 법도를 따라 열심히 하겠습니다.

도법천존 : 그대도 수녀였으니 지상의 성당 다니는 수녀들에게 메시지 전해서 여기에 들어와야 구원받는다고···

언니 : 예. 열심히 죄를 빌어야 한다고 하십니다.

도법천존 : 세상에 널리 알려진 숭배자들인 하나님, 하느님, 예수, 석가, 마리아, 상제, 아수라, 악신, 악령, 악마, 요괴, 악귀잡귀 잡귀신들을 무수히 잡아들여 지상 법정에서 심판하였느니라. 인류가 수천 년 동안 받들어 섬기고 숭배하던 이들 숭배자들이 진짜 하늘이었다면 내가 추포하라는 명을 내렸어도 천상신명들에게 잡혀오지 않았을 것이니라. 인류 모두가 수천 년 동안 종교에 속았느니라.

성당 30년 다녀 대역죄인이 되어 가정 살림도 거덜 나서 조상 영가 천상입천식도 6단계의 등급 중에서 가장 낮은 것으로 행하여 일반보다 아래인 하반백성의 신분이 되었도다. 조상 영가들의 신분을 높여주려면 단계별로 죗값을 바치면 승진하느니라.

그대 박○○도 살아생전 하늘이 내리시는 명을 받아 천인합체식을 하지 않으면 죽어서 엄마와 언니처럼 지옥으로 가느니라. 이번 조상 영가 천상입천을 통해서 내가 명을 내리기만 하면 지옥세계를 즉시 벗어나는 진실을 두 눈으로 똑똑히 봤느니라! 오늘 이 광경을 생생히 기억하고, 그대가 성당에 다녔던 신자들에게 위대한 진실을 알려야 할 것이니라.

그들 신자들에게 하늘의 진실을 전해서 하늘궁전 태상천궁에 들어오면 성당 다니면서 30년 동안 하늘께 지은 죄를 용서빌 수 있는 천금 같은 기회가 주어질 것이니라. 책을 읽게 하여 하늘의 진실을 전하시오. 역사와 전통을 중시하는 그런 사회이기에 하늘궁전 태상천궁 얘기하면 들어보지도 못했는데 사이비 아니냐고 무시하고 부정할 것이니라. 악귀잡귀 퇴치, 조상입천을 통해서 직접 두 눈으로 보고 생생히 느꼈을 것이니라.

이것은 많은 종교인과 신도들이 봐야 할 내용들이고, 세상에 널리 알려지면 구원받으려고 줄을 설 것이도다. 지금은 초창기니 이렇게 시간을 할애하는 것이고, 내가 아직은 하늘이 아니고 하늘의 명 대행자로 미래의 하늘이지만 하늘을 만나는 것과 진배없느니라.

나를 만나기 위해서 이 땅에 축생이 아닌 인간으로 태어났고, 한국에 태어난 자들은 나를 만나기 위해서 태어났는데, 한세상 잘 먹고 잘살아보고자 돈을 버는 데 혈안이 되어 있도다. 죽은 역대 왕이나 대통령, 재벌 총수들도 불러들여서 사후세계를 어떻게 지내는지 그 모습들을 생생히 보았도다.

죽은 재벌들과 왕이나 대통령의 사후세계가 아주 편안하고 높은 자리에 올라가 있을 것이라고 수많은 사람들이 생각하고 있을 것인데 일반인들보다도 더 괴롭힘을 당하고, 지은 죄가 크고 많아서 가혹한 고문형벌이 집행되고 있었느니라.

재벌 총수들도 옷이 다 홀랑 벗겨져서 알몸으로 먹을 것 찾으려고 땅을 핥고 다니는데 가족들이 찾아오지 않으면 구원받을 길이 없도다. 어찌하오리까, 지푸라기도 잡는 심정으로 오지 않으면 찾아오기 어려울 것이니라.

사람들은 눈으로 보이는 것만 믿을 텐데. 나에게는 하늘의 기운이 엄청나게 내려오고 있는데, 그래서 심판과 구원이라는 양날의 칼을 갖고 내려온 것이니라. 이 나라의 신과 영과 조상들, 구원받지 못하는 존재들이 구원받으려면 하늘궁전 태상천궁에 책을 읽고 여기에 들어와서 구원받는 길 하나 뿐이도다. 이제 언니와 모친은 박○○에게 하고 싶은 얘기 있으면 모두 말하고 다시 천상으로 올라가시오.

언니 : 앞에 계신 높으신 분의 덕분이니 하라는 대로 잘하면 잘된다고 하니, 저도 천상에서 하늘께 빌고 빌어서 동생에게 기운을 내려줄 거래요. 천상으로 올라가면 기억이 삭제된다고

이렇게 말을 하라고 하십니다.

도법천존 : 박○○ 씨도 지금 전생 기억을 전혀 못 하잖아요? 조상도 이 땅에 살았던 기억 못 하는 것이 맞느니라. 무당들이 조상 신는 것은 가짜 조상을 만들어낸 거짓이니라. 못 알아보는 것이 맞느니라. 당연히 알아볼 것이라고 생각하는 자체가 잘못되었도다.

사후세계에서 얼마나 고통스러우면 기억도 못 할까마는 기억을 삭제시키기에 알아보지 못하느니라. 내가 말하니까 그대가 동생이고 딸이란 걸 알지 전혀 몰라보느니라. 이곳은 살아있는 하늘세계이기에 생라이브로 진행되므로 여기는 경전도 없고 황궁예법만 있도다. 본인도 오늘 나의 백성이 되었고, 조상들은 하늘의 백성이 됐으니, 예법 가르쳐주는 대로 귀에 담고 눈으로 보고 익히면 되느니라.

도법천존 : 이제 끝낼 건데 소감 한번 얘기해 보시오.

언니 : 지금 느낌은 너무나 황홀합니다. 따뜻하고 옷도 예쁘고 무릉도원 세계라는 게 느껴집니다. 저는 죄인이었기 때문에 이곳에서 죄를 빌고 자손을 위해서도 하늘께 빌어야 한다고 합니다. 하늘께 기도를 올리는 시간이 따로 있고, 요일별로 따로 있다고 합니다.

도법천존 : 박○○ 씨도 천인합체식을 행해야 신분도 높아지느니라. 사명자 박○○ 씨도 소감을 말해 보고, 30년 동안 성당을 다녔는데 이곳 하늘궁전 태상천궁과 비교해 보시오.

박○○ : 성당에서 조상 영혼 위령미사를 안 본 지가 3년이 넘었는데 회의가 들었죠. 엄마와 언니가 좋은 곳에 올라가 있는지 밝힐 방법이 없었습니다. 집에서 제사도 모시고 미사도 지냈지만 확인할 수 없었습니다.

가끔 꿈에서라도 보이면 너무나 초라한 고통스런 모습이고, 강○○ 씨가 이제야 때가 됐다며 책을 권했고, 마음을 열게 된 것은 1주일 됐습니다. 이제 성당에 다니는 친구와 지인들을 어떻게 이끌어야 하는가를 궁리하기 시작했어요.

도법천존 : 책을 통해 종교적인, 사회적인 고정관념을 버리고 책을 읽을 때 천상의 주인이신 하늘께서 뽑으시느니라. 책이 구원을 받느냐? 못 받느냐를 가리는 하늘이 내리신 시험문제이니라. 구원받을 자는 말을 듣고 책을 읽어보고 들어올 것이고, 구원받지 못할 자들은 자신들이 지금까지 믿던 방식대로 성당을 다닌다고 할 것이도다.

내가 내리는 명을 전하는 포명사 역할만 잘하면 지금처럼 힘든 일을 안 해도 되느니라. 여기로만 인도하면 힘들었던 인생사 삶에 꽃이 피느니라. 나의 명을 진실되게 많은 사람들에게 선하면 그대도 복받고 상대방 조상들도 복받느니라.

종교라는 지옥에서 많은 사람들을 끄집어내야 하는데 그대도 말로만 전했으면 인정 안 했을 것인데 그래도 강○○ 씨가 책을 권하여 읽고 왔기 때문에 하늘에 뽑힌 것인데, 말로 해봐야 오늘 천상입천식 진행한 것을 이해 못 하느니라.

언니가 독실한 천주교 수녀였는데 지옥세계 가 있다고 말하면 어느 누가 믿어줄 것인가? 성경의 역사는 지옥으로 인도하는 역사였으니 정말 큰일 날 일이고, 그대 하나로 인해서 구원받고 싶어 하는 다른 사람들의 수많은 조상들과 영혼들이 지켜보고 있느니라.

그들도 구원받고 싶으면 자손을 데리고 죗값(조상 영가 천상 입천식 비용인 조공)을 갖고 와야 하고, 신들이든, 조상들이든, 산 영혼들이든 천상으로 오르는데도 천차만별의 여러 등급이 있느니라. 죗값(조공)을 얼마나 바치느냐에 따라 천상세계로 올라갈 그대의 당대부터 시조까지 조상들의 신분과 서열의 계급이 정해지느니라.

나는 무에서 유를 창조하는 신이고, 선생도 없고, 교과서도 없는 외롭고 고독한 길을 나 홀로 걸어왔고, 천상의 주인께서 친히 기운과 메시지, 계시를 내리시기에 기도를 안 하느니라. 기도하면 온갖 아수라, 악신, 악령, 악마, 요괴들이 하늘이라고 사칭하느니라.

신부, 수녀, 목사, 승려, 무속인, 도인, 도사, 법사들이 기도 엄청 많이 하는데, 이곳은 종교가 아닌 고차원적 영적국가 하늘궁전 태상천궁이기에 초도 안 켜며 향도 안 켜느니라. 온갖 귀신들이 바글거리는데, 예전에는 천단에서 제물을 차리고 천제를 지내기도 하였지만 천상도법으로 하라는 명을 받고서 몽땅 내다버렸느니라. 천상에 올라가면 제사와 차례도 일절 필요 없도다. 그동안 성당 다니면서 제사와 차례 지내주었는데 제삿밥 먹으러 왔었는지 언니에게 물어보오.

언니 : 지옥에 갇혀 있어서 나올 수 없습니다.

도법천존 : 사후세계에도 깡패들이 많이 있고, 제사와 차례 지내면 그들이 모두 먹어 치우기에 찌꺼기와 부스러기나 겨우 얻어먹느니라. 납골당에도 바글거리게 많고, 거기 가면 귀신들 다 끌고 오느니라. 이제 오늘 천상입천식이 끝나면 납골당에는 그대의 조상이 없으니 절대 그런데 가지 말아야 하고, 상갓집에 가도 귀신들 엄청 많이 따라오느니라.

사람들의 눈에 안 보이니까 문상 가는 것인데 최대한 안 가야 하고, 조의금이나 내야 하느니라. 이 세상은 귀신의 세계인데, 보이는 것은 육신세계지만 보이지 않는 귀신세계 자체라고 보면 틀림없느니라.

사후세계 미리 보기

죽은 조상의 모습을 보여주는 곳은 지구상에서 도의 종주국 하늘궁전 태상천궁을 세운 나 혼자만이 할 수 있느니라. 종교인들은 흉내조차 낼 수 없도다. 각본 없는 드라마를 매주 일요일마다 하는데 이번 일요일은 구구절(9.9절)이니라.

여기는 천상대법정이 지상으로 내려온 곳이고, 내가 민족과 인류의 어른이면서 심판과 구원을 하고 있느니라. 여기는 법정이라 살아생전 천상의 삶과 전생의 삶, 현생의 삶에서 지은 죗값을 최대한 많이 바쳐야 천상에 올라가서도 죄가 그만큼 덜어지는데, 말로 죄를 비는 거는 아무 소용없도다.

고해성사도 많이 해봤겠지만 그거 해 봐야 되는 거 하나도 없을 것이고, 종교는 눈 가리며 하늘에 죄를 더 짓고 있느니라. 천상, 전생, 현생에서 무슨 죄를 지었는지 알아야 죄를 빌 수 있고, 무턱대고 죄를 용서 비는 것은 아무 소용없고, 죗값 가져와서 올려놓고 진심으로 석고대죄해야 하느니라.

집에 종교에 관한 거 싹 갖다 버려야 하고 그런 종교 물품 있으면 그쪽에 있는 귀신들이 계속 찾아오느니라. 오늘은 조상 천상입천식이니까 악귀잡귀 퇴치해준 거고, 그런 성경책이나 십자가가 있으면 얼씨구나 좋다고 들어오는데 사람 몸이 걸어다니는 국제 묘지이니라.

내가 해준 말을 지켜야하는데 남편이 성당에 다닌다니 골치 아프겠지만 성당 다니지 말라고 해야 되느니라. 이제 언니와 모친은 천상 도솔천궁으로 입천하라.

남편의 신과 영, 혼과 정신은 영매사 몸으로 들어오시오. 고개를 들라. 그대가 지금 다니는 곳은 성당이지요?

남편 : 대답하지 않겠다. 나는 ○○○의 명을 수행하고 있다.

도법천존 : 그래서 종으로 만들라고?

남편 : 난 대답하지 않겠다. ○○○의 말씀만 듣고 대답할 것이며 복종한다.

도법천존 : ○○○이라는 자가 자칭 하나님이라고 하는 자인데 넌 신분이 뭐야?

남편 : 너희들이 말하는 역천자 신이라고 할 수 있겠지.

도법천존 : 저놈의 수하들 전원 추포하라. 그 수하가 백억이든 천억이든 몽땅 추포해. ○○○이 어떤 모습으로 있는지 보

거라.

남편 : 지금 ○○○께서 벌을 받는 모습을 보여준다 해도 우리는 따라갈 것이니라.

도법천존 : 그래 그렇겠지. 보이는 모습만 얘기해 봐.

남편 : 차가운 곳에 계시는 것이 보인다. 차가운 곳에서 온몸이 발가벗겨진 채로 흰색 용(백룡)들이 물어뜯고 있구나.

도법천존 : 네가 믿는 ○○○이 하나님이라며 왜 물어뜯기고 있는 것이더냐?

남편 : 난 알지만, ○○○의 명을 수행하는 거라 했다. ○○○께 맹세를 하였다.

도법천존 : 필요 없다. ○○○(하나님) 무뇌아가 되었어.

남편 : 우리의 맹세를 듣지 못하셔도 우리는 맹세를 한다.

도법천존 : 저렇게 미친 것이야.

남편 : ○○○께 오랜만에 올린 맹세. 우리는 ○○○께서 듣지 못하셔도 맹세를 하고 따라갈 것이다.

도법천존 : 그래, 9대 지옥으로 따라가라. 아수라의 모습을 봐라.

남편 : 우리는 아수라가 아니다. 악신이고, 급이 다르다. 아수라도 아수라마다 급이 다르고. 아수라가 하나의 아수라를 말하는 것이 아니라 하나의 아수라도 천차만별인데, 악신도 다 급이 다른데 어찌 설명하겠는가?

도법천존 : 악신도 계급이 있다 그런 말이네. 넌 계급이 어떻게 돼?

남편 : 우리는 ○○○의 명을 받고 있기 때문에 높다고 할 수 있지. ○○○ 곁으로 가겠습니다.

도법천존 : 하나님이라는 ○○○은 얼음지옥 한빙도로 간 것이고 넌 불지옥 적화도로 보낸다.

판결주문 : 오늘 잡혀온 남편의 악신은 무뇌아로 만들고 기억 삭제시켜 계시, 메시지, 기운을 뿌리지 못하게 차단하고 천상의 9대 지옥으로 압송해서 각각 9,000해 년씩 고문형벌 집행후에 소멸을 명한다.

도법천존 : 종교에 속았다 하고 선포해야 하는데 저런 존재가 들어 있으니 절대 굴복 안 할 것이니라. 여기 오는 것은 선택받지 못하면 못 오고, 사명자 하나를 구원하는 것 같지만 조상도 구원하니 구원받고 싶으면 행하는 것만 남았도다. 이것으로 박○○의 조상 일반 천상입천식을 마치니라.

노○○ 조상 천상입천식

천상 도솔천궁으로 조상 천상입천식을 행하기 전에 의식 행하는 사명자의 몸과 집, 처, 자녀들, 자동차에 있는 아수라, 악신, 악령, 악마, 요괴, 악귀잡귀 귀신들을 잡아들여 빼낸 뒤에 조상 천상입천식을 진행해야 이들이 천상으로 오르는 것을 막을 수 있고, 몸이 아픈 것도 낫는 이적과 기적도 일어난다.

도법천존 : 노○○와 집, 처, 자녀들 몸에 있는 아수라, 악신, 악령, 악마, 요괴, 악귀잡귀 전원 잡아들여!

도법천존 : 넌 누구야? 왜 말을 못 해?
귀신 : (입이 마비되어 말을 못 하고 있음…)

도법천존 : 마비? 넌 누구 몸에 있었어. 지금 말할 수 있는 기운을 준다(농불령들은 잡혀 들어오면 말을 못 하는데 내가 기운을 주고 허락하면 사람처럼 말을 한다. 이들도 과거 어느 한때는 사람이었던 적이 있었다고 한다).
귀신 : 저는 여자 몸에도 있다가 남자 몸에도 있었어.

도법천존 : 여자 턱관절염을 일으켰어?
귀신 : 난, 저기 멀리 외국에 있는 서식지에서 온 요괴야.

도법천존 : 너 이름이 뭐야?
요괴 : '호양추인'입니다. 검은 구름이 보여.

도법천존 : 왜 보일까?
호양추인 : : 빨갛고 하얀빛이. 나를 어디로 데려갈 것인가?

도법천존 : 그렇지, 압송할 거야. 넌 수하가 몇 명이야?
호양추인 : : 그런 건 난 모르고, 나랑 똑같이 생긴 모습이 5개인데, 그게 하나의 몸이고, 그게 나 자체야.

도법천존 : 노○○ 처의 턱을 마비시키고 떨리게 했냐?
호양추인 : : 그런가? 난 보이는 게 있어. 검은 구름에 빨갛고 하얀 글씨로 '후천세황상법여래' 난 그냥 글씨만 보여 무슨 뜻인지는 몰라.

도법천존 : 후천세상에는 황상이 다스리는 법이 온다는 뜻!
호양추인 : : 네가 그 말을 하니까 내 몸이 갈라지고 있잖아! 빨간 글씨로도 하얀색의 글씨로도 써지고 있다. 황상법여래. 그것이 너이더냐? 나를 어찌할 것인가?

도법천존 : 너를 심판할 것이다.
호양추인 : : (여자를 꽉 안으며) 데려갈 거야!

도법천존 : 요괴의 팔꿈치를 잘라!
호양추인 : : 데려갈 거야! 내 팔을 자르다니. 네가 후천세황상법여래가 맞느냐? 내 손을 말로 해서 자르다니…

도법천존 : 야~! 네가 누굴 데려가? 네가 데려간다고 하니까 네 팔꿈치를 자르지.

호양추인 : 두고 봐라. 난 절대로 저 몸에서 떨어지지 않을 것이니.

도법천존 : 오늘 잡혀온 모든 악귀잡귀 아수라를 무뇌아로 만들어서 기억 삭제시키고 계시, 메시지, 기운을 뿌리지 못하게 차단하라.

호양추인 : 난 꼭 복수하러 오겠다! 내 꼬리~!

도법천존 : 넌 잠시 압송 대기하라. 노○○의 처에게 턱관절 문제를 일으킨 존재가 요괴야. 다음 노○○에게 아침마다 술 많이 먹게 하는 존재가 누구야? 아수라냐?

귀신 : 흑흑흑… 아이고… 살려주십시오~!

도법천존 : 너는 누구냐?

귀신 : 천지신명님~ 어디로 가야 하는지 모르겠습니다. 갈 곳이 없습니다…!

도법천존 : 고개 들라. 너는 천지신명을 찾는 제자냐?

귀신 : 눈 좀 뜨게 해주시옵소서. 눈이 안 보여요. 천지신명님, 갈 곳이 없습니다.

도법천존 : 네가 노○○ 몸에 들어와서 계속 아침부터 술 먹게 하고 그랬어?

귀신 : 어디로 갈지 몰라 불안함을 달래고자… 제 옆에 남자 도인도 있습니다. 기독교에 있던 남자입니다.

도법천존 : 그 노인네 말고 귀신들 몇 명이야?

귀신 : 발바닥에 여자아이들이 숨어 있는데 29명, 허벅지에서 성기 사이에 성인 여자 귀신 157명, 뒤통수에 붙은 노인 할머니 2명, 귀에는 할아버지들 129명, 양손에 붙은 중(승려)의 영혼이 오른쪽에 58명, 왼쪽에 97명. 어어… 천지신명님…!

도법천존 : 전원 다 추포한다.

귀신 : 살려주십시오. 무섭습니다.

도법천존 : 네가 천지신명을 찾으니까 구원을 못 받지. 천지신명도 심판을 받느라 지옥으로 보냈느니라.

귀신 : 배에도 낙태 영가 남자, 여자, 할머니 1,229명.

도법천존 : 너희들은 모두 추포되어서 온 죄인들이다. 지금까지 호명한 자들은 전원 대기하라. 노○○ 처의 몸에 붙어 있는 모든 귀신들 잡아들여.

귀신 : (덜덜덜) 추워요…

도법천존 : 넌 어떤 귀신이야?

귀신 : 구원해 주십시오. 살려 주십시오.

도법천존 : 네가 구원받을 대상이 아니면 구원 못 해.

귀신 : 조상들도 있었습니다.

도법천존 : 조상들 빼고 잡귀신들 나와.

귀신 : 속이 너무 쓰리고 힘들어요. 갈 데가 없어요. 귀가 멍하고 머리도 아프고.

도법천존 : 넌 어떤 귀신이야?

귀신 : 큰 동네 거기에서 죽었다가 거기로 들어갔습니다. 총 398명입니다. 제가 할머니, 남자아이 몸으로 다 변할 수 있는 그런 귀신입니다. 몸에 골고루 숨어 들어가 거기서 빛이 나는 것도 보였습니다. 이곳은 어디입니까?

도법천존 : 여기는 구원과 심판하는 하늘의 대법정이야.

귀신 : 천당입니까? 천국입니까? 사람 몸에는 더 이상 못 있겠습니다.

도법천존 : 속 답답하고 쓰리게 그랬어?

귀신 : 제발 좀 살려주십시오.

도법천존 : 너희는 조상이 아니기에 살려줄 수 없어. 너희들 모두 압송 대기. 다음 장남 몸에 있는 아수라 악귀잡귀 다 잡아들여.

귀신 : 하… 저는 아이입니다. 예… 열 살 때 물에 빠져 죽었다가 귀신이 되었는데, 귀신의 세계에서 다시 교통사고가 난 것입니다. 귀신도 죽어서 또 죽을 수 있습니다. 귀신세계에서 교통사고로 죽을 수 있습니다. 바퀴가 제 목을 잘랐습니다. 죄가 많아서 벌을 받는다고 합니다. 귀신세계에서 죽어 다른 귀신 단계로 올라가는지 몰랐습니다. 저는 살아서 교회를 다녔었는데, 엄마가 보고 싶습니다. 엄마~!

도법천존 : 잘 들어. 죽어서 끝이 아니라 죽어서도 사고를 당해서 고통을 받잖아. 그래서 살아생전에 하늘로부터 명을 받아 사후세상을 보장받는 천인합체식이 매우 중요한 거야. 몇

명이야?

귀신 : 거기에도 저 말고도 흰색 천 귀신 285명이 있습니다. 반은 노란색, 빨간색, 하얀색으로 된 귀신들도 있습니다. 그들은 무속세계에 있었던 귀신입니다.

도법천존 : 너희들은 압송 대기. 노○○ 승용차에 있던 아수라와 악귀잡귀 귀신들 잡아들여.

귀신 : 저는 검은색 한복인데 머리는 산발이 된 채로 눈은 시뻘겋고 머리 옆까지 찢어진 한이 맺힌 귀신입니다. 한이 맺히면 입이 눈 옆까지 찢어지며 한이 맺힌 춤을 춥니다.

도법천존 : (노○○를 꽉 끌어 앉는다) 자, 저놈 손목 잘라!

귀신 : 내가 이 집안에 저주를 내릴 것이다.

도법천존 : 차 안에는 몇 명이나 있어?

귀신 : 나와 같이 한 맺힌 귀신 982명이 있습니다.

도법천존 : 차 안에 뭐가 그리 많아? 전원 추포한다. 너희들은 압송 대기하고 다음 자부(며느리) 몸 안에 있는 아수라 악귀잡귀 잡아들여.

귀신 : 춥고 덥고 미치겠네. 저 좀 살려주세요.

도법천존 : 너희들은 죄인들이야.

귀신 : 검은색의 칼이 보인다. 몸이 저리고 아프고 떨리고 덥고 미치겠습니다.

도법천존 : 몇 명이나 들어가 있어?

귀신 : 저는 한 명이고, 잡귀가 29명입니다. 모두 무서워서 부복하고 있습니다.

도법천존 : 전원 추포한다. 29명이 전부야?

귀신 : 29명이라도 숫자가 중요한 게 아닙니다.

도법천존 : 집에 있는 아수라 악귀잡귀 몽땅 잡아들여.

귀신 : 크…, 아…, 나는 그 집의 귀신이다!

도법천존 : 귀신이면 귀신이지 왜, 으르렁대고 있어?

귀신 : 난 지신이다! 난 그 땅에 1,500년 동안 있던 지신이다. 어디서 감히!

도법천존 : 넌 그럼 왜 잡혀왔어? 죄인이니까 잡혀왔지.

귀신 : 1,500년 동안 터를 닦아왔느니라. 지신을 건드리면 집안에 탈이 날 것이다. 이것들은 내 것이다.

도법천존 : 노○○의 어디를 잡아? 양팔을 다 잘라.

귀신 : 지신을 건들면 화를 면하지 못할 것이다~

도법천존 : 네가 무당 몸속에 들어가서 그 짓을 했더냐? 지구의 주인이 누구인지 아느냐? 짐이니라.

귀신 : 난 그런 건 모른다. 나 지신은 주위에 같이하는 할아버지 귀신 15명이 술을 갖고 있었느니라. 항상 나를 위해서 제를 올렸느니라. 살아서 박수무당이었고, 여자 하나는 항상 제를 올렸어. 인간의 눈에는 보이지 않지만, 그 술을 나에게 올리며 나의 기운을 받고 있었느니라.

도법천존 : 어떤 기운을 줬는데?

귀신 : 그들에게 나의 기운을 뿌려서 이 집안에서 신의 제자가 탄생하도록 기운을 뿌렸느니라.

도법천존 : 집안에 귀신들 총 몇 명이야?

귀신 : 할머니, 여자는 뒤로 가고. 박수무당 15명 그리고 동자들 1,225명, 낙태 영가들 197명, 처녀 귀신 295명, 그리고 귀신의 세계에서 공부가 덜 되어서 뭉텅이로 떠돌아다니는 검고 하얀 귀신이 5,285명이 그렇게 있었다. 제자를 만들기 위해서 1,500년 전에 내가 이들에게 기운을 뿌려서 신 제자를 만들려고 했는데 감히 내 계획을 물거품되게 만드느냐?

도법천존 : 신 제자가 되면 망하는 길이야. 너희 대기. 노○○ 근무하는데 그곳에 아수라 악귀잡귀 추포해서 잡아들여.

귀신 : 하~하~! 제 눈 한쪽을 잃어버렸습니다. 한쪽이 없어요. 살아서 경비였었거든요. 경비였는데 여기 한국이 아니라 다른 차원 나라의 경비였는데 어떤 맹수가 제 눈을 빼갔어요. 그러다 그 차원에서 떠돌다가 뚝 떨어졌어요.

여자 귀신 592명, 고구려 시대부터 떠돌던 귀신들이라고 합니다. 왕의 후궁들도 있고, 낙태 영가들이 28명, 아저씨가 아니라 남자인데 청소년처럼 보이고, 이들은 지구가 아니라 다른 차원에서 건너온 자들입니다.

물속에서 있던 존재들은 1,685명인데 구원받으려고요. 어디서 소문을 들었다고요? 무슨 물개도 보이고, 하마도 보이고 모두 합쳐서 3,962마리. 다 같이 있었습니다. 여기 오면 천상으

로 올라갈 수 있습니까? 추워~ 아이 추워~

도법천존 : 너희들은 죄인이기 때문에 9대 지옥으로 간다. 자, 죄인들에 대한 판결을 내린다.

판결주문 : 오늘 잡혀온 모든 악귀잡귀 아수라는 조상을 제외하고 무뇌아로 만들어 모든 기억 삭제시키고 계시, 메시지, 기운을 뿌리지 못하게 차단하고 9대 지옥인 천옥도, 지옥도, 적화도, 한빙도, 도산도, 흑해도, 적해도, 백해도, 독사도에 압송해서 각각 9천해 년씩 고문형벌을 받고 소멸을 명한다.

도법천존 : 천도재나 굿을 한 적이 있어요?
노○○ : 어머니 계실 때…

도법천존 : 좋은 곳으로 갔다고 알려줬어요?
남자 : 그렇게만 알고 있었습니다.

조상 천상입천식 거행

도법천존 : 지금부터 이제 노○○ 조상들 천상입천식을 거행한다. 날짜와 주소, 사명자의 이름과 조상들을 모두 호명하였다. 오늘 노○○의 당대부터 시조까지 직계 조상들은 천상입천 대상이니라. 모두 대기하라. 오늘 천상으로 입천하기 전에 조상들을 만나볼 수 있으니까 노○○ 만나고 싶은 조상은 누구예요?
노○○ : 어머니입니다.

도법천존 : 어머니 영가는 들어오시오.

어머니 : 흐흐흑…

도법천존 : 앞으로 와서 앉으시오. 그동안 어디에 가 있었소?

어머니 : 저는 귀신으로 보이는 것 같고, 귀신으로도 되었다가도, 물고기도 되었다가 다시 영도 되었어요. 그다음에 벙어리 그리고 그다음에는 빗자루 같은 것도 되었다가, 중간에 잠시 빠져나오게 해주셨을 때는 자손의 몸에도 들어가 있었습니다. 메시지도 뿌리려다가 단지 항아리 같은 곳에도 있었습니다. 그렇게 계속 윤회를 했고 돌로도 윤회했습니다.

도법천존 : 자손이 제사와 차례도 지냈을 것 아니요?

어머니 : 그런 건 모릅니다. 너무 무섭습니다.

도법천존 : 제사상 차렸을 때 못 먹었어요?

어머니 : 못 나옵니다. 엉엉엉~!

도법천존 : 어머니가 돌아간 지 얼마나 됐어요?

노○○ : 20년 넘게 되셨어요.

도법천존 : 20년…

어머니 : 너무나 고통스러운 귀신세계에 들어갔다가 수많은 짐승으로도 윤회했다가 다시 귀신으로 되어서 자손 몸으로 들어갔어요.

도법천존 : 이런 진실을 아들이 알 수가 없지요. 오늘 처음 밝히는 건데.

어머니 : 온몸에 털이 난 귀신, 검은 발의 귀신이 되기도 하

고 잘못했습니다, 잘못했습니다…!

도법천존 : 아들이 오늘 이렇게 조상들 천상입천식을 해주려고 왔어요. 아들 만나 봐요. 아들한테 해주고 싶은 말 있어요?

어머니 : 살려주십시오. 살려주십시오!

도법천존 : 아들도 보고 싶어요?

어머니 : 죽고 보니 살고 싶은데 아들도 다 잊어버려요.

도법천존 : 기억조차도 삭제가 된다? 지금까지 무당들이 한 것이 모두 가짜였어요. 20년 됐는데 사람도 말 않고 있으면 잊어버리듯이 조상도 마찬가지요. 이렇게 어머니가 힘이 드는데도 노○○는 모르고 살고 있잖아요?

어머니 : 흰 수염에 흰색 한복을 입으신 분들이 보입니다. 뭘 적고 계십니다.

도법천존 : 옷을 입고 있어요?

어머니 : 옷의 모습이 아니라 털이 붙어 있습니다.

도법천존 : 그럼 인간의 모습이 아니란 뜻이오?

어머니 : 네… 엉엉엉~

도법천존 : 인간들은 죽으면 끝이라고 생각하며 살아가고 있는데 엄청 무서운 진실이요. 자, 노○○, 더 만나고 싶은 조상이 있어요?

노○○ : 제 장모요.

장모 : 헉헉헉… (쓰러짐)

도법천존 : 왜 그렇게 힘들어해요?

장모 : 저는 제가 누구인지 모르겠습니다. 죽어서 흙 속에 있다가 다시 눈을 떠보니 누가 저를 법당 같은 데다 던져놓고 거기 귀신들에게 시중을 들게 했습니다. 그렇게 있다가 여기로 갑자기 왔습니다.

도법천존 : 천도재를 해서 절에 가서 시중을 들게 했네요. 돌아 가신지 얼마나 됐어요?

노○○ : 한 40년…?

장모 : 이곳에 오니 갑자기 제가 피를 토하고 있습니다.

도법천존 : 왜 피를 토하는 것이오?

장모 : 모르겠습니다.

도법천존 : 더러운 것을 뱉어내는 것이군요.

장모 : 이곳도 제사를 지내는 곳입니까?

도법천존 : 여기는 제사 안 지내요. 자손에게 하고 싶은 얘기 있어요?

장모 : 도와주세요. 살려주세요. 어떤 자식이 있다면 저를 그곳에서 빼내서 좋은 곳으로 보내주세요. 눈도 너무 아파요.

도법천존 : 살려주면 은혜 갚을 거요? 무엇을 할 수 있어요?

장모 : 그걸 어찌 압니까? 시켜주는 대로 하겠습니다. 제발 살려주세요.

도법천존 : 장모 이○○ 영가. 여기 조상들 몇 명 왔어요?

장모 : 안 보입니다. 잘 안 보여요. 눈이 너무 아픕니다. 눈을 잘 못 뜨겠습니다….

도법천존 : 사명자들은 잘 들어요. 이렇게 사람이 죽으면 고통의 지옥세계 바다요. 그래서 인간도 살아서 구원을 받아야 해요. 다행히 그대가 들어왔기 때문에 조상들은 구원을 받는데 그대 아들딸이 있어도, 그들은 사명자가 아니기 때문에 그대들을 구원하지도 않아요.

사람으로 태어난 게 살아서 구원받으라고 태어나게 해주신 거요. 이 모습을 보면 사후세계가 얼마나 무서운지 알 수 있지? 자, 고개 들라. 그대들을 살려줄 것이오.

장모 : 아~! 감사합니다!

도법천존 : 노○○의 친가와 처가는 당대부터 시조까지 직계 조상 모두, 양 외가의 외조부모는 모두 천상 도솔천궁으로 입천을 명하노라. 이 순간부터 귀신이 아니고 천상의 도솔천궁으로 올라가서 도솔천황 폐하의 백성이 되었느니라.

천상의 법도에 맞게 살고 영생을 누릴 것이니라. 조상들은 청춘 남녀의 모습으로 화해서 신선 선녀의 모습으로 살고, 제사와 차례상을 받지 않아도 되고, 춥고 배고픔에서 벗어나 무릉도원의 삶을 살 것이니라. 지옥과 윤회, 종교세계에서 모두 벗어나게 된 것이니라. 그대 모습들이 어떻게 변했는지 자손들에게 전하시오.

어머니 : 너무나 감사합니다. 하얀 꽃들이 만발하고 흰색 옷

을 입은 신선분들이 많이 나와 계시고 흰색 꽃들 사이에 서 있게 되었습니다. 16살 소녀의 모습으로 다시 태어났습니다.

도법천존 : 어느 조상이요?

어머니 : 남자 쪽입니다. 한복에 나비 자수가 그려져 있고, 예쁜 꽃반지가 있고, 머리가 긴데 묶어서 올려져 있고 비녀가 꽂혀 있습니다.

도법천존 : 그대 조상들 모두를 입천 윤허하였느니라.

어머니 : 예쁜 소녀로 만들어 주시고 환대해 주시어 감사합니다.

도법천존 : 남편의 모습은 보았어요?

어머니 : 26살 청년의 모습으로 서 있습니다.

도법천존 : 지상에 있는 아들 만나 봐요.

어머니 : 저는 잘 기억은 나지 않지만, 아들의 도움으로 이렇게 좋은 곳으로 와서 기쁩니다. 감사합니다. 저는 너무나 아름다운 모습으로 바뀌었습니다.

노○○ : 도솔천궁으로 올라가셔요. 먼저 빨리해 해드렸어야 했는데 죄송합니다.

어머니 : 옆에 계신 분께서 법도에 맞게 하늘께 기도를 올려야 한다고 합니다. 아직은 잘 모르지만 앞으로 천상세계의 법도대로 살아가겠습니다.

노○○ : 저의 집사람도 격려해 주세요.

어머니 : 저의 모습은 잘 보이지 않겠지만, 자손들 잘되도록 기도 많이 올리겠습니다. 감사합니다.

도법천존 : 장모 영가도 잠시 내려와 봐요. 몇 살이 됐어요?

장모 : 저는 16살의 아름다운 공주 같은 모습으로 변했습니다. 흰색, 분홍색 꽃이 보이고, 파란색 하얀색 새들도 날아다닙니다. 이런 곳에 오게 돼서 감사합니다. 살은 뽀얗고 화장도 되어 있고 온통 예쁜 옷으로 입혀져 있습니다. 감사합니다.

도법천존 : 사위 만나 봐요.

장모 : 아름다운 소녀의 모습으로 변했습니다. 제가 지금 이렇게 있을 수 있는 것은 앞에 계신 분께서 해주신 것이라 함께 감사하심을 올려드려야 하십니다. 감사드립니다. 구원해 주셔서 감사합니다. 앞에 계신 분이 구원의 하늘이시라고 옆에 계신 분이 말씀해 주십니다. 이 은혜 잊지 않겠습니다.

도법천존 : 천상법도 잘 지키고, 기운 잘 받아서 고통받지 않게 금전문을 하늘께 기도해서 열어줘야 할 것이요. 처는 책을 봤어요?

노○○ : 아니요.

도법천존 : 책을 봐야 이 뜻을 알지요. 종교세계에서는 구원이 없어요. 종교에 가면 역천자가 돼요. 그래서 절대로 종교에 가면 안 돼요. 사명자 노○○의 조상들은 천상으로 입천되었느니라. 도솔천황 폐하께서 사랑의 명을 내려주셔서 무릉도원의 세상이고, 노인도 없고, 질병도 없고, 오직 사명자 노○○에게 기운 많이 받아서 내려주시오. 교회나 굿이나 도를 닦아

서도 구원을 받을 수 없느니라. 자손에게 더할 얘기가 있어요?

어머니 : 앞에 계신 분께 감사함을 잊지 말고 이분께 은혜를 갚도록 열심히 해야 한다는 것을 잊지 말라고 해주십니다. 죽어보니 사후세계가 얼마나 무서운지 알게 되었습니다.

도법천존 : 그래. 이제 그만 올라가시고 노○○의 아버지 잠시 내려와 봐요.

아버지 : 예… 감사합니다. 이렇게 멋진 청년의 모습으로 좋은 천상세계로 올라가게 해주셔서 감사합니다. 살려주신 은혜 보답드리도록 무엇이든 다 하겠습니다.

도법천존 : 아들도 70이 넘었는데 아들을 위해서 남자들은 기도를 잘 못하지만, 아들 잘되게 해야지요. 그대들처럼 죽어서 귀신 살이 하게 하면 안 되잖아요? 아들이 이제 하늘의 백성 신분이 됐고, 노○○가 살아서 천인이 될 수 있도록 금전 마련되게 도와주시오!

그것이 조상들이 천상에 올라가서 할 역할이요. 천상에 올라가도 일을 해야 돼요. 천상법도가 지엄하기 때문에 그것을 어기면 지옥으로 쫓겨나거나 9대 지옥으로 압송되는 불상사가 일어나니까 자손이 잘못하면 조상이 벌을 받고, 조상이 잘못하면 자손이 벌을 받아요. 구원은 여기서만 이루어진다. 너의 눈을 통해서 확인했을 것이요.

아버지 : 사후세계는 존재하고 있었습니다. 반드시 앞에 계신 대단하신 분께 살아서 은혜를 다 갚도록 하겠습니다. (아들

에게 다가가) 나오세요. 앞에 계신 분이 우리 조상들을 개과천선시켜 주신 분이시니 5배의 예로 감사함을 올리도록 해야 합니다. 감사합니다. 살려주셔서 감사드립니다. 이 은혜 잊지 않겠습니다. 자손을 위해서도 기도를 열심히 하고 지엄한 법도 지키겠습니다.

도법천존 : 이제 이 지상에서 하던 제사와 차례, 성묘 다 필요 없느니라. 천상에는 옷 걱정, 먹을 걱정 없느니라. 그러니 제사와 차례상 차릴 필요가 없느니라. 법도를 잘 지키고, 근본 도리를 행하는 이상 영생하며 살 수 있게 되느니라. 아들이 천인이 되면 조상들게도 벼슬을 하사할 것이니라. 아들이 천인이 될 수 있도록 조상들이 최선을 다하도록 하시오.

아버지 : 죽어 사후세계에서 그 끔찍한 고통을 겪으니, 제 아들만큼은 그 고생 겪지 않도록 기도로 열심히 빌겠습니다.

도법천존 : 인간만이 죗값을 벌어서 하늘께 바칠 수 있기에 사람으로 태어난 것이니라. 사람으로 태어나지 않고 축생으로 태어났다면 이곳에 들어올 수 없도다. 인간으로 태어나게 해 준 것은 전생의 죄를 빌 수 있게 태어난 것이니. 노○○는 사후세상 보장받는 천인합체식을 빨리하려면 벌어서는 힘들고 대출이라도 받아서 천인으로 일단 명을 받고 죽어야 하느니라. 이제 노○○ 부친은 천상으로 올라가시오. 부친이라 하기도 뭐하네요. 이팔청춘이 되었으니까.

아버지 : 하늘께 열심히 빌고 빌겠습니다. 인사 올리고 올라가겠습니다.

도법천존 : 조상들도 이곳을 찾기 위해서 엄청난 세월을 윤회하고 종교에 가서 위안 삼았어요. 거기라도 다녀야 의지가 되니까요. 근데, 거기 종교에 너무 빠지면 나오지 못해요. 자기가 믿는 종교세계를 두둔하고 빠져나오지 못하는 자들이 대다수요.

그래도 사명자는 8년 전에 책을 읽어보고 이 세월을 기다렸는데, 조상들도 같이 기다렸지요. 하늘께서 다 지켜보시고 구원하는 명을 내려주신 거요. 천상입천식만이 구원되는 길이요. 일평생 단 한 번뿐이요. 조상을 위해서 굿이나 천도재할 필요 없고, 앞으로 그렇게 하면 역천자가 되어 벌을 받아요.

앞으로 제사, 명절 차례, 묘지도 일절 필요 없느니라. 일단 천인합체식 명을 내려주니 노○○와 처, 장남과 며느리도 있는데 그들도 귀신이 되지 않게 하려면 천인합체식을 해줘야 하는데 금전이 문제니라. 단계별로 금전이 다르고 개별적으로 올려야 하느니라.

노○○ : 천상입천식을 다 끝냈는데 저는 아버지 돌아가신지 50년이 넘으셨어요. 젊어서 돌아가셨어요. 생각하면 마음이 안 좋습니다. 할아버지는 저를 호적 올려주시고 돌아가시고, 외할아버지는 제가 모르고, 외할머니는 제가 알아요. 장인 장모도 생각나요.

도법천존 : 오늘 조상 천상입천식 올린 소감이 어때요?

노○○ : 네 폐하. 그냥 당연히 해야 한다고 생각했습니다. 혼자 책을 보고 기도했기 때문에 큰 변화는 없고, 요즘에 『천상령』 책을 보고 이제 느꼈어요.

도법천존 : 이제 조상들도 천상으로 갔고, 악귀잡귀도 빼줬고, 좀 편해질 거요. 몸이 깨끗해졌잖아요. 빈집에 또 쳐들어오니까 매주 도법주문회에서 악귀잡귀 빼내고 있으니까, 몸이 아프고, 짜증 나고, 사고 나고 그러면 병원 갈 것이 아니라 귀신 때문에 그런 거라고 알아야 돼요. 귀신들은 수시로 또 들어와요. 오늘 이제 조상 천상입천식은 이것으로 마칩니다.

인류가 수천 년의 세월 동안 종교 안에서 행해온 수많은 조상구원 의식들이 조상굿, 49재, 천도재, 수륙재, 지장재, 위령미사이고 더불어 인간의 복을 비는 사람들은 무속에 가서 산신제, 용신제, 칠성제를 거대하게 지내는 것이 일반적이다.

사후세계와 조상세계를 믿는 사람들도 있고, 믿지 않는 사람들도 있다. 기독교는 조상 자체를 사탄마귀로 박대하기에 기독교인들은 조상구원 자체를 일절 하지 않는데, 이들은 죽어서 조상을 박대한 무서운 벌을 하늘과 조상으로부터 받게 되고 천상으로 올라가지도 못하고 십일조와 헌금만 낭비하고 있다.

하늘이 내리신 명은 자신의 부모 조상을 박대하고 구하지 않은 신과 영혼들은 지위고하 막론하고 어떤 누구라도 천상궁전으로 오를 수 없다는 지엄한 황명이 내려져 있기에 교회 다니는 사람들은 하늘이 내리시는 무서운 벌을 피하기 어렵다.

신○○의 조상 천상입천식

도법천존 : 조상 입천을 하기 전에 육신과 집안, 차량, 가족의 육신 안에 있는 모든 악귀, 악령, 악마, 악신, 아수라, 잡귀, 동물령 모두 추포하여 잡아들여!

도법천존 : 누구냐?

귀신 : 내가 조상입니다! 예!

도법천존 : 근데 왜 악귀잡귀가 됐어?

귀신 : 오라고 불렀잖아요? 진짜 조상 맞아요? 여기 몸에 있는 자들이 조상들이에요? 불러서 그때 왔었잖아요?

도법천존 : 그때 불렀지? 근데 안 갔어?

귀신 : 어디로 가요?

도법천존 : 갈 데가 없지.

귀신 : 어디로 가요? 불러서 집에도 있고 놀다가 그때 불렀잖아요. 저도 어딜 가요?

도법천존 : 몇 명이나 있냐?

귀신 : 많아요. 100명 넘어요. 그때 흰옷 입었어요. 오늘도 입어요? 추워요.

도법천존 : 네가 신○○ 조상이 맞다면 구원받을 것이고 아니면 지옥으로 간다.

귀신 : 8,889명이 다 같이 있어요.

도법천존 : 그 몸 안에서 뭐 했어?

귀신 : 만지고 그랬어요. 집에도 있고 그랬어요. 저희들에게는 빨간 양말이 있어요. 어떤 이는 빨간 양말을 남자 성기에 끼우고 그래요.

도법천존 : 너희들은 언제 신○○ 몸에 들어갔어?

귀신 : 아주 오래된 것 같은데요? 머리 위에 애와 할머니가 콩콩 뛰고 있고, 화장실에도 검은 물귀신이 15명 있어요. 밥 먹는데 거기 할아버지가 술 먹고, 빨간 양말 신고 돌아다녀요. 오늘 흰옷 입혀줘요? 저쪽(도솔천황 폐하 존영 전) 가서 좋아서 그랬어요.

도법천존 : 신○○ 조상 입천식 할 적에 조상들을 실었던 자 일어나 봐요(3명이 일어남).

귀신 : (이○○에게 다가가며) 하얀 옷 입어서 좋았어요.

도법천존 : 그 옷은 오늘 끝나고 갖다 버려요.

귀신 : 가자~! 아들하고 같이 가자~! 이쪽으로 가자~!

도법천존 : 손 놔라!(몸을 꽉 끌어안기에)

귀신 : 싫어! 아줌마랑 같이 갈 거야.

도법천존 : 그 팔목 잘라!

귀신 : 아퍼~ 아퍼~ 같이 갈 거야. 그치~! 흰옷 입고 가~!

도법천존 : 자, 심판한다.

판결주문 : 오늘 잡혀온 악귀, 잡귀, 악마, 악신, 악령, 아수라, 동물령 무뇌아로 만들어서 기억 삭제시키고 계시, 메시지, 기운을 뿌리지 못하게 차단하고 천상의 9대 지옥인 천옥도, 지옥도, 적화도, 한빙도, 도산도, 흑해도, 적해도, 백해도, 독사도로 압송해서 각각 9,000해 년씩 고문형벌 집행 후에 소멸을 명하노라.

도법천존 : 신○○. 조상 중에 만나고 싶은 조상이 있어요?
신○○ : 어머니 뵙고 싶습니다.

도법천존 : 이제 제사 차례 성묘 일체 안 해도 돼요. 엄마만 만나면 돼요? 김○○, 손○○, 이○○는 타의든 자의든 조상을 실었던 것이 대역죄가 됐어. 실으라니까 낼름 실어? 이○○, 왜 장사가 안 되는지 알겠지요?

엄청난 죄를 지었는데 잘되면 이상한 거 아니요? 아까 장○○이 조상 와서 비는 거 봤지요? 조상들은 어떻게 하고 있을까? 김○○, 손○○ 조상 어찌하고 있을까요? 사죄의식 올려서 그 죄를 빌어야 하는데, 용서해 주고 안 해주고는 천상의 3천황 폐하의 고유권한이요.

자, 신○○의 모친은 들어오시오.
어머니 : (벌벌 떨며 기침을 한다.) 저저저… (절을 한다)

도법천존 : 그동안 어디 있었어요?

어머니 : 깜깜한 동굴 같은 곳에 있었습니다. 무섭고, 춥고, 배고프고.

도법천존 : 혼자만 거기 있었어요?

어머니 : 모릅니다. 알아보지 못합니다.

도법천존 : 아들은 알아볼 수 있겠어요? 몰라봐요? 사망한지 얼마나 됐어요? 엄마가 돌아가신 지 얼마나 됐어요?

신○○ : 27년 됐습니다.

도법천존 : 죽으면 기억이 다 삭제되어서 자식도 알아보지 못해요. 굿이나 천도재했었어요?

신○○ : 여러 번 했습니다. 도인한테 여러 번 천도재를 했습니다.

도법천존 : 도인에게 여러 번 했다는데 받아먹었어요?

어머니 : 아니요, 깜깜한 곳에 갇혀 있었습니다.

도법천존 : 어머니는 지옥인지 어딘지 알아보지도 못하는 모양이요. 종교에서 하는 게 가짜예요. 얼마나 했어요?

신○○ : 쌀 한 가마니씩 정도만 했습니다.

도법천존 : 조상에 대한 가치가 그것밖에 안 돼요? 이름만 올리면 가는 줄 알았어요? 모친 영가를 오늘 구원해 줄 것이요. 아들 한번 만나볼래요?

어머니 : 모르겠습니다… 추워요.

도법천존 : 이제 천상 도솔천궁으로 입천이 되면 추위도 없고 배고픔도 없느니라. 그리고 옷도 하사해 줄 것이니라.

어머니 : 살려주세요… 살려주세요…

도법천존 : 이전에 조상을 실은 자들은 아들을 알아본 적이 있었어요?

3명 모두 : 다 알아본 것 같은 느낌이 들었사옵나이다.

도법천존 : 저렇게 엄마가 와도 아들을 몰라보는데 그대들이 알아요? 이제 호명한 조상들 즉시 천상 도솔천궁으로 일반 천상입천을 윤허하노라. 이제 모친은 조상의 신분에서 벗어나서 하늘의 백성이 되는 영광을 얻었느니라.

하반 백성 제일 낮은 신분으로 살아가게 될 것이니라. 아들이 그야말로 하늘의 명을 받을 수 있도록 도솔천황 폐하께 빌고 빌어 그 기운을 자손에게 전해 줘야 할 것이니라. 그리하겠느냐?

모친 : 네… 감사합니다…

도법천존 : 고개를 들라. 신○○도 고개를 들고 잘 봐요. 조상이 과연 천상으로 갔는지 안 갔는지 지금 확인하는 것이요.

모친 : 백룡들이 보입니다. 흰 구름도 많이 보이고… 저 앞에는 흰색 태양이 눈부시게 빛나는 것이 보입니다. 저는 너무 예쁘고 고운 옷으로 입혀져 있고, 지금 16살이 됐다고 말씀해 주십니다. 이제 몸이 따뜻합니다.

도법천존 : 이제 추위가 없어요?

모친 : 아주 따뜻합니다. 이곳이 어딘지 아직 모르겠지만, 여기 법도에 공부도 열심히 해서 따라야 한다고 말씀하십니다. 여기 계신 모든 분들이 아름답고 젊고, 남자분들도 20대 초반 정도로 젊으십니다. 이런 곳이… 꿈이 아니겠지요?

도법천존 : 현실이니라.

모친 : 이곳은 어떤 곳입니까? 이제 막 올라와서 잘 모르겠습니다.

도법천존 : 무릉도원의 세상인 천상 도솔천궁이니라.

모친 : 지금 제 모습을 거울로 보여주시는데 예쁜 소녀의 모습입니다. 정말 너무 예쁘고 귀여운 소녀입니다. 조상님의 하늘께서 계신 곳이 도솔천궁이라구요?

조상님의 하늘께 예를 올려드리고 법도에 맞춰서 행하라고 기도를 올려드리는 시간이 따로 있다고요? 자손이 여기서 행해야 하는 일이 있다고요? 그걸 위해 빌고 빌어야 한다구요? 열심히 공부하고 기도도 열심히 하겠습니다.

도법천존 : 제사, 차례 지내지요? 아들이 올리면 와서 받아먹을 거요?

모친 : 그건 아니라고 하십니다. 여기 천상궁전 도솔천궁에 모든 게 다 있는데 지상에 내려가서 왜 받아먹겠습니까?

도법천존 : 제사를 지내면 다른 귀신들이 받아먹는 거요.

모친 : 너무나 따뜻하고 아름답고 하얀 학도 보이고 잉어들도 보입니다. 와~ 무지개가 지금 떠 있습니다. 굉장히 큰 무지

개입니다. 여기 앞에 계신 분이 살려주셨으니 감사함의 예를 올려야 한다구요? 옆에 계신 이 남자분이 제 아들이라구요?

도법천존 : 그개 아들이니라.

모친 : 예~!

도법천존 : 그대 아들 때문에 오늘 천상 도솔천궁으로 입천한 거요. 제일 낮은 등급이긴 하지만, 천인합체를 해야 너희들에게도 벼슬을 하사할 수 있는 것이요. 죽어서 허공 중천 떠돌기 싫으면 천인합체 윤허를 해줄 것이요. 단계별로 있으니까 죽어서 어느 신분이 될지 그대의 자유요.

모친 : 다섯 번 반이요? 이렇게 좋은 곳으로 보내주셔서 감사드립니다(예를 올린다). 자손이 잘한 게 아니라 여기 앞에 계신 분께서 기운을 내려주셔서 가능했던 것이고, 책을 읽고 공감한 것도 책에 기운이 있기 때문이며, 모든 것이 앞에 계신 분 덕분이라고 옆에서 크게 말씀을 해주시고 계십니다.

도법천존 : 신○○! 엄마가 천상에 올라가서 16살이 됐어요.

신○○ : 시골집에서 입천도 안 된 것 같기도 하고 몸도 아프고 그래서 마음도 편해지길 바랍니다.

모친 : 그때 잡귀신들이 들어왔었다구요?

신○○ : 그래서 그때 보통 의식을 많이 해봐서 느낀 것도 있었는데, 그때는 내가 힘들기도 해서 내가 잘못했나 해서 그런데 오늘 폐하께서 조상님 천상입천제를 행해 주신다고 해서 감사함을 드립니다.

모친 : 그땐 앞에 계신 분이 아니시고 다른 사람이 해서 귀신

들을 불러들였다고요.

도법천존 : 그렇지요. 그대도 도인한테 해도 천상으로 오른 거 보여준 적 없이 종교에서 하는 천도재는 벙어리 짓이고 천상으로 올라갔는지 아닌지 보여주지도 못하지 않나요? 이 땅의 종교는 모두 가짜이기에 도둑놈이고 사기꾼이라는 것이요.

비록 낮게 조상 천상입천제를 했지만, 과연 죽어서 떠도는 사후세계를 살 것인지, 하늘의 명을 받아서 천상으로 올라갈 것인지, 어느 등급으로 올라갈지 그것은 자신의 자유이니라. 하늘의 명을 받을 것이요?

신○○ : 예. 하늘의 명을 받들겠습니다.

도법천존 : 이것으로 조상 천상입천식을 마치니라. 조상들은 이제 천상 도솔천궁으로 올라가시오.

모친 : 살려주신 은혜 잊지 않고 빌고 빌겠습니다. 감사합니다. 이만 천상으로 올라가겠습니다.

여러분에게 천상의 주인이신 하늘께서 시험문제를 내리셨나. 그것이 부모 조상 천상입천식이다. 여러분 자신이 구원받고 싶거든 이미 돌아가신 분들을 먼저 구원하라고 숙제를 내주신 것인데, 하늘이 내리시는 명을 받들지 않기에 온갖 인생풍파라는 채찍을 내리신 것이라고 보면 된다.

여러분의 부모 조상님들은 핏줄인 자손들만이 행할 수 있는 유일한 길이고, 다른 사람들은 아무도 여러분의 부모 조상님들을 구원하지 못한다. 육신의 부모님을 먼저 구하지 않는 자들은 자신들의 영혼 역시 하늘로부터 구원받을 수 없다.

자신의 부모 조상님들을 사탄마귀라고 가르치는 기독교에 다니는 사람들은 자신들 역시도 죽은 뒤에 자식과 손자 손녀들에게 부모 조상님이 아닌 사탄마귀로 기록될 것이니 이것이 바로 천인공로할 일이고 불효자인 것이다.

천상에서 역모 반란에 가담하였다가 실패하여 지구로 도망친 이스라엘 민족 조상신들인 여호와(야훼)를 하나님, 하느님으로 받들어 섬기고, 역시 이스라엘 조상신들인 예수와 성모 마리아를 추앙하고 받드는 기독교에 다니는 사람들은 살아서도 죽어서도 심판을 면할 수 없다.

지구에는 종교가 없어져야 한다. 종교인들의 육신을 빌린 악들이 여러분을 천상궁전 3천궁이 아닌 악들이 세운 무서운 세계로 인도하고 있다는 것을 알아야 한다. 이 세상에서 죽음보다 더 무서운 것은 종교를 믿는 일이다. 살아서는 물론 죽어서도 영원한 죄인의 신분으로 낙인찍히는 일이기 때문이다.

제4부

죽은 사람들의 사후세계

윤회와 사후세계

만물의 영장인 사람으로 태어나서 세상을 살아가는데 100년 남짓한 삶을 살다가 또는 며칠, 몇 달, 몇 년, 몇십 년을 살다가 죽는 사람들도 참으로 많은데 모두가 죽으면 끝이라고 말하지만 사실은 끝이 아니라 또 다른 영혼들의 사후세계가 한도 끝도 없이 열리는데 죽음 이후의 세상은 사람들이 알고 있는 것처럼 영면이 아니라 참혹한 고통의 시간이다.

사후세계 진실을 얼마나 모르면 모두가 죽으면 끝이라 하고, 좋은 세계로 알려진 천국, 천당, 극락, 선경세계에서 영면할 것이라고 믿게 하였는가? 이 모든 것이 종교인들이 잘못된 진실을 전파하였기 때문에 수많은 영혼들을 악들의 세계로 인도하여 고통스런 사후세계를 살아가게 하고 있다.

죽으면 천옥과 지옥으로 알려진 천옥도, 지옥도, 불지옥 적화도, 얼음지옥 한빙도, 칼지옥 도산도, 검은 바다 지옥 흑해도, 붉은 피바다 지옥 적해도, 흰 피바다 지옥 백해도, 독사지옥 독사도로 끌려갈 사람들이 있고, 만생만물로 윤회할 사람들이 있고, 귀신들이 되어 허공중천과 사람들의 몸으로 드나드는 잡귀신이 되고 있는 것이 현실이다.

그럼 진짜로 윤회하는 것이 맞는지 그것이 알고 싶을 것인데 세상에서는 이것을 확인해 줄 수 있는 영능력자가 존재하지 않기에 죽음 이후 세계를 대수롭지 않게 생각하며 아무런 준비도 없이 죽음을 맞이하고 있다. 사후세계에 대해서 너무 무지하여 죽음을 모든 근심과 걱정에서 벗어나는 영면의 수단으로 종교인들과 세상 사람들이 해석하고 있다.

영면이 아니라 너무나도 무서운 지옥세상이 열린다. 죽어서는 땅을 치고 후회하며 빌어봐도 아무도 돌봐줄 존재가 없다. 인류의 신분은 모두가 죄인들이기에 살아서 죄를 빌지 않는 이상 구원받기 어렵다.

다행히 하늘세계, 사후세계, 조상세계 진실에 대하여 알고 있는 자손이 태어난다면 구원받을 길이 열리지만 그것은 종교세계로 들어가기 십상이고, 위대하시고 존귀하신 하늘의 명을 직접 내려주는 도의 종주국 하늘궁전 태상천궁에 들어오기가 너무나 멀고도 멀기 때문에 아무런 도움이 안 된다.

죽으면 옷도 없이 알몸 상태로 추위와 배고픔으로 고통스러워하는 부모 조상 가족 형제들의 모습을 떠올려봤는가? 직접 사후세셰들 체험해 보지 않으면 인정하기 어려운 것이 현실이기에 남의 일로 생각하며 강 건너 불구경하듯 한다.

지옥에서, 구천에서 너무 힘들어서 울부짖는 그대의 조상님들이 살려달라고 흘리는 피눈물이 안 보여서 천하태평으로 살아가고 있다. 무식하면 용감하다는 말이 딱 맞다. 사후세계에 대해서 너무나 모르니까 대충대충 살다가 죽으면 좋은 세계로 갈 것이라고 믿고 종교를 믿으며 살아가고 있다.

정말 세뇌가 아주 무서운 일이다. 종교 믿으면 구원받는다고 맹신하고 있는데 이런 고정관념을 털어버려야 한다. 종교가 여러분의 사후세계를 보장해 주는 것이 아니라 악들의 세상으로 인도하는 무서운 곳임이 처음으로 밝혀졌다.

여러분은 죽으면 과연 어디로 가는 것이고, 윤회한다면 어떤 만생만물로 다시 태어날 것인가 생각해 보았는가? 윤회에 대해서 그냥 대수롭지 않게 생각하며 죽음을 맞이하려고 할 것인데 너무나 위험한 생각이고 착각이다.

세상의 종교이론이 그렇게 만들어낸 것이다. 모든 동물류, 짐승류, 가축류, 새 종류, 물고기류, 파충류, 양서류, 곤충류, 벌레류로 윤회하고 있음이 밝혀졌다. 이런 진실은 죽은 귀신들을 부르면 말을 하지 못해서 밝혀진 것이다.

사람의 영혼이 아닌 만물의 영혼들은 말을 할 줄 모르기에 영혼이 들어오면 입을 가리키는데, 내가 말을 할 수 있게 해준다고 허락하면 그때서야 말을 하면서 자신도 한때는 사람으로 태어나 살았던 때가 있었다고 말을 해서 밝혀낸 윤회의 귀중한 진실이다.

그러니까 신, 귀신, 아수라, 악신, 악령, 악마, 요괴, 여러분의 부모, 형제, 가족, 조상들의 영혼은 물론 개나 고양이를 비롯한 모든 만생만물의 영혼과 대화할 수 있는 신비스런 하늘의 능력을 갖고 있기에 윤회의 진실을 밝히는 것이다. 생명체로만 윤회하는 것이 아니라 무생명체인 나무, 식물류, 풀, 바위, 돌, 괴석, 자갈, 흙, 모래알, 의류, 재래식 변기, 화장지,

생활용품, 자동차, 선박, 항공기 등 모든 물건으로도 윤회한다는 사실이 역사상 처음으로 밝혀졌다.

쥐, 소, 호랑이, 토끼, 구렁이, 뱀, 말, 양, 원숭이, 닭, 개, 돼지, 고양이, 코끼리, 낙타, 타조, 기린, 사자, 표범, 얼룩말, 하마, 코뿔소, 염소, 늑대, 이리, 멧돼지, 사슴, 노루, 고라니, 곰, 족제비, 참새, 까치, 까마귀, 독수리, 올빼미,

부엉이, 솔개, 기러기, 천둥오리, 가오리, 갈매기, 굴뚝새, 박쥐, 때까치, 매, 딱새, 직박구리, 앵무새, 제비, 딱따구리, 왜가리, 펭귄, 공작새, 잉어, 메기, 쏘가리, 누치, 피라미, 붕어, 송사리, 고래, 상어, 방어, 대구, 부시리,

고등어, 삼치, 꽁치, 조기, 쥐치, 문어, 낙지, 오징어, 꼴뚜기, 주꾸미, 뱀장어, 거북이, 자라, 홍어, 산천어, 옥돔, 연어, 두꺼비, 올챙이, 개구리, 악어, 도마뱀, 도롱뇽, 무당벌레, 벌, 물장군, 풍뎅이, 사마귀, 소금쟁이, 매미, 굼벵이, 잠자리, 메뚜기, 거미, 전갈, 물방개, 꽃게, 해삼,

멍게, 가재, 새우, 전복, 조개, 송충이, 누에, 바퀴벌레, 파리, 모기, 빈대, 나비, 개미, 구더기, 지렁이, 땅강아지, 집게벌레, 거머리, 하루살이 등등 무수히 많은 종류로 윤회한다는 경천동지할 사후세계 진실이 밝혀지고 있다,

정말 믿어지지 않고 믿기 싫은 사후세계 진실이다. 이런 무서운 진실을 몰라보고 대책 없이 종교세계를 열심히 다니고

종교관에 의지하며 살아간다. 여러분은 살아서 이곳에 들어와 하늘이 내리시는 명을 받들지 않는 이상 이렇게 윤회의 굴레를 벗어날 수 없는데, 이것은 모두 검증된 사례들이다.

여러분이 종교를 열심히 믿으면 죽어서 좋은 세계로 갈 것이라고 철석같이 믿고 있는데 사실은 이렇게 무섭고 비참한 사후세계를 맞이하게 된다. 이 내용들은 믿거나 말거나가 아니라 수많은 귀신들을 잡아들여 심판하는 과정에서 윤회의 진실들이 낱낱이 밝혀진 것이므로 사후세계를 보장받고 싶은 사람들은 의심하지 말고 겸허히 받아들여야 한다.

여러분이 죽어서 이렇게 만생만물로 윤회한다는 것을 알면 그때는 어떻게 대처할 것인가? 땅을 치며 대성통곡하고 후회할 것인가? 사후세계를 보장받는 방법이 있는데도 믿지 못해서 사후세계를 준비하지 못하고 세상을 떠난다면 천추의 원과 한으로 남을 것이다.

바보처럼 죽으면 끝이라고 무사안일하게 생각하며 살다가 지옥으로 떨어지고, 만생만물로 윤회하고, 귀신이 되어 추위와 배고픔으로 허공 중천을 떠돌며 자손들에게 찾아가서 살려달라고 울부짖으며 고래고래 소리 지르는 힘들고 무서운 죽음의 세상을 맞이할 것인가?

살아서도 말을 안 듣는 자식들에게 죽어서 살려달라고 대성통곡하며 울부짖어봐야 살아 있는 자손들에게는 죽은 여러분의 목소리가 들리지 않는다.

○○ 종정의 사후세계

불교계의 큰 별인 ○○ 종정! 고승으로 많은 사람들의 신망을 얻다가 세상을 떠난 불교계의 거두이다. ○○종 종정을 지낸 승려의 사후세계가 궁금하여 2019년 10월 5일 16:00경 심판 천지대공사에서 혼령을 불렀다.

도법천존 : 불교에서 유명했던 ○○ 종정 데려오라.
○○종정 : 으· · · 엑· · · .(퍼질러 옆으로 쓰러졌다.)

도법천존 : 무릎 꿇고 앉으시오.
○○종정 : 힘이 없어요· · ·

도법천존 : 그대가 ○○ 종정 ○○이오?
○○종정 : 물 좀 주세요. 물!

도법천존 : 살아서 부처를 받들었는데 죽어보니 어떠하오?
○○종정 : 죽어보니 입이 타들어가는 고통을 느낍니다. 물 좀 주십시오. 입을 함부로 놀렸나 봅니다.

도법천존 : 세상에 아주 큰 승려라고 칭송하는데 죽어서 극락세계에 아니 가고 어디에 가 있었던 것이오?
○○종정 : 입이 타들어갑니다. 온몸을 검은색 밧줄로 꽁꽁

묶어 입과 귀, 눈이 타들어가는 그런 고통을 받고 있습니다.

도법천존 : 불교 믿는 수많은 승려와 불자들이 서방정토 극락세계에 올라가 있을 것이라고 믿고 있을 것인데 전 세계에 부처 믿는 승려와 불자들에게 하고 싶은 말이 있으면 전하오.

○○종정 : 저 좀 살려주시라고 말을 하고 싶습니다. 입이 타들어가요.

도법천존 : 그대가 믿었던 부처한테 살려달라고 하시오.

○○종정 : 부처님이 안 보여요.

도법천존 : 그대가 있는 곳이 어떤 세계요?

○○종정 : 검은색 밧줄이 엄청 많이 보여요.

도법천존 : 거기가 지옥세계요?

○○종정 : 모르겠어요. 목이 타들어가는데 물 좀 주세요.

도법천존 : 육신이 없는데 무슨 물을 먹어요?

○○종정 : 귀신이라도 목이 타들어가는데 어찌합니까?

도법천존 : 그런데 살아서 부처는 왜 평생을 믿었어요?

○○종정 : 진짜인지 아닌지 누가 압니까?

도법천존 : 부처가 있을 것이라고 믿었고 또한, 그대를 승려로 이끈 스승이 있을 것이 아니오? 부처에게 줄을 잘못 선 죄로 죽어서 벌을 받는 것이오. 그대의 비참하고 초라한 사후세계 모습을 국내와 전 세계의 승려들과 불자들이 봐야 하는데

참으로 안타깝소이다.

그래서 이걸 유튜브로 방송해야겠소. ○○ 종정~!, 그대는 하늘 아래 큰 죄인이오. 그대가 살아생전에 뿌리고 행한 대로 거두는 것이외다. 그대가 살아생전 고통스러운 악(부처)의 씨를 뿌렸으니 그대가 고통을 거둬야지요? 어찌 죽어서 물 한 모금 얻어먹지 못하는 불쌍한 신세가 됐다는 말이오?

○○종정 : 물 좀 주세요. 목이 다 타들어가는 고통입니다.

도법천존 : 그대가 살아서 한 행적이 불자들은 큰 수행이라고 자랑했는데, 죽어서 검은 밧줄에 꽁꽁 묶여 물도 못 먹는 고통을 겪고 있지 않소이까?

그대가 죽어 사후세계에서 고통스러워하는 이 모습을 불교를 믿는 전국의 승려들과 불자 신도들이 글을 읽어봐야 하오. 책으로 집필해서 그대의 모습을 글로 읽게 하는 것이 진정한 중생구제이외다. 그대가 믿는 부처는 악들이 만들어놓은 허상이고 없소이다. 아미타불 극락정토 역시 악들이 세워놓은 허구의 세계였음이 2019년 9월 21일 밝혀졌소이다.

○○종정 : 입도 타고, 눈도 타들어가고 물 좀 주십시오.

도법천존 : 큰 승려라는 명성이 참으로 부끄럽소. 그러니까 이 세상에서 종교를 세운 교주들과 지도자들, 직업으로 삼는 자들, 종사하는 자들, 종교를 믿는 자들이 얼마나 잘못됐는지 깨달아야 할 것이오.

좋은 세계로 인도하는 것이 아니라 악들의 세상과 지옥세상으로 인도하고 있는 곳이 지구상의 모든 종교이외다. 참으로 안타깝소이다. 부처가 아닌 하늘의 명 대행자이자 미래의 하늘인 도법천존을 만나야 구원을 받는 것이오.

지구상에서 미래의 하늘인 도법천존을 만날 수 있는 곳은 도의 종주국 하늘궁전 태상천궁 하나뿐이오. 그대들이 살아서 행한 종교를 믿은 죄는 살아서도 받고 죽어서도 받는다오. 종교를 세운 자들, 운영하는 자들, 종사하는 자들, 믿는 신도들은 하늘께 가장 큰 대역죄를 짓는 것임을 알아야 하오.

종교 교리와 이론이 맞다면 ○○종 ○○ 종정 역시 좋은 세계로 태어났어야 맞는데 검은 밧줄에 묶여서 물 한 모금 먹지 못하는 고통을 당하고 있지 않소이까? 이것이 종교세계의 무서운 모습들이외다.

죽어서 이렇게 고통받는 그대를 큰 승려라고 믿고 받들었으니 참으로 가관이오. 죽어서 물 한 모금 먹지 못하는 불쌍하고 비참한 신세가 되었으니 오호통재라! 오늘 이처럼 비참한 모습들을 수많은 전국의 승려들과 불자들이 보았어야 했는데 참으로 아쉽소이다.

하늘에 지은 죄가 얼마나 크고 무거우면 죽어서 물 한 모금도 먹지 못하고 목과 입이 타들어가는 고통을 겪고 있소이까? 자칭 큰 승려라는 ○○ 종정을 통해서 석가부처에 대한 진실, 불교에 대한 진실들이 모두 악들의 세상임이 낱낱이 밝혀졌고, 부처를 믿어봐야 죽어서는 아무 도움 없음이 검증되었고, 서방정토 극락세계 역시 허상이란 진실로 현실로 드러났소이다.

모든 부처들이 옹호하고 지킨다는 법화경을 사경하고, 진짜 열심히 필사하여 천안 구룡사 탑에도 봉안하는 자들도 많이 있었소이다. ○○종 ○○ 종정은 전생 자체가 빛이라고 추종자들이 너무 높이 격상시켰고 심지어 시봉하는 이도 승가대 최일류가 아니면 어림 반 푼어치도 없을 만큼 무소불위의 대좌위에 군림하였던 종정이었도다.

죽어서 사리가 안 나올까 걱정하여 음식에 소금 간도 치지 않았다고 하며 몇 배를 하지 않으면 친견을 허락하지 않는 기고만장한 교만의 모습도 보였도다. 수행한답시고 산에 있을 때 모친이 몇 달을 걸어서 자식새끼를 보고자 찾아갔는데 수행에 방해된다고 얼굴조차 안 보여주었다는 일화가 있었도다.

기본적인 효의 근본 도리도 모르는 하늘 앞에 대역죄인이 최상급인 양 중생들 앞에서 군림하더니 죽어서 업보를 톡톡히 받는 것이니라. 말 그대로 하늘을 능멸하고 불교의 거두가 되어 군림하였던 ○○ 종정의 사후세계는 비참함 그 자체였으니 하늘은 한 치의 오차도 없으신 공명정대한 하늘이시도다.

귀신 종교에 한 번 세뇌되면 빠져나올 수 없을 정도로 악의 기운이 넘쳐나고 결국엔 구원받지도 못하는데, 이런 진실도 모르고 너도나도 귀신종교에 빠져 있도다. 귀신종교의 진실을 모르고 열심히 노예 생활하듯이 매일 출근하며 다니는 사람들이 이런 사실을 알게 된다면 기절초풍할 것이도다.

살아 있는 부처라며 ○○ 종정 얼굴 한 번 보려고 해도 얼굴도 못 보고 왔다며 어처구니없다고 말하는 것을 들었고, 불교인들이 성인이라고 떠받드는 종정이 죽어서는 물 한 모금 먹지 못하는 고통 속에서 지내고 있으니 종교의 허구성을 모두가 함께 알아야 할 것이도다.

이런 진실을 밝혀주지 않았다면 지구가 멸망할 때까지 각종 종교에 사기당하며 살아갔을 것이고, 이런 엄청난 진실을 이 세상 어느 누가 알아낼 수 있겠는가? ○○ 종정은 우리나라 불교계에서 차지하는 위상이 높은데 사후세계의 진실을 보니 참으로 기가 막히도다. 이런 상황을 승려들과 불교학 교수들, 불자들이 단체 관람해야 하는데 너무나도 아쉽도다.

이 나라의 불교계에서 현시대 최고의 스승이자 선각자로 떠받들고 있던 종정이 맞는지 의심스러울 지경이고, 살아생전 온 나라와 온 불교계에 그 입김이 들어가지 않은 곳이 없는데, 죽어서는 자기 한 몸 건사할 수 없을 정도로 벌을 받고 있도다.

이제는 하늘이 내리시는 명에 의하여 종교에 대한 심판이 급속도로 진행될 것이도다. 이것이 인간, 영혼, 조상, 신들을 종교세계로부터 벗어나도록 해방시켜서 구하는 중생 구제이자 인류 구원의 첫걸음이 될 것이니라. 인류 모두가 종교에 속고 있는 줄도 모르며 맹신하고 있도다.

이 땅 지구에 있는 모든 종교의 원천적인 뿌리는 천상에서 황위 찬탈을 도모하던 역천자인 하늘의 후궁 '하누'가 세상에서는 여호와 하느님, 하나님, 부처님, 상제님, 알라신으로 둔갑하고 변신한 존재인데,, 2018년 봄에 나에게 아들 표경과 함께 추포되어 9대 지옥으로 압송당하여 고문형벌을 받고 있도다.

또한 '하누'가 낳은 아들이 '표경'이라는 서자이지만 신분은 황자이기에 종교인들 몸에 들어가 천자라고 사칭하며 수많은 종교를 세웠으나 모친 하누와 함께 추포되어 9대 지옥으로 압송하여 모진 고문형벌을 받게 하였도다. 지금은 이들이 뿌린 종교세계와 종교인, 신도들, 일반인 몸 안에 숨어 있는 이들 하누와 표경의 수하들을 수시로 추포하여 심판하는 천지대심판을 집행하고 있는데 그 숫자가 무량대수를 넘어 그레이엄 수일 정도로 많고도 많으니라.

종교는 이들이 하늘과 멀어지도록 구원받지 못하게 세운 것이고 천국, 천당, 극락, 선경세상 역시 이들이 만들어놓은 허구의 세상이자 악들의 세상임이 밝혀졌도다. 3천 년 불경의 역사와 2천 년 성경의 역사가 하누와 표경이 진짜 하늘을 만나지 못하게 종교세계를 세워놓았다는 진실이 밝혀졌도다.

하누와 표경 그리고 그의 수하들도 천상에서는 역모 반란을 일으키기 전에는 하늘께 충성스러운 신하들이었으며 신비스러운 능력과 천변만화의 조화를 부리는 능력을 갖추고 있기에 지구 전체를 종교 지옥으로 만들어 번창시켰던 것이도다.

그러므로 종교인들이 수많은 이적과 기적을 보여주는 것은 역천자 신들이 종교인들 몸을 통해서 보여주는 것이며, 이적과 기적을 보여주고 복을 내려주어 수많은 인류를 종교의 종과 노예로 만들었던 피와 땀인 돈과 재물, 몸과 마음, 사후세계 보장을 빌미로 모든 것을 바치도록 만들었던 것이도다.

그러나 가장 중요한 구원 한 가지만은 하늘의 고유영역이자 고유권한이기에 종교인들을 통해서는 절대로 구원이 안 된다는 점을 세상에 널리 알리고자 하느니라. 지구상에서 그 어떤 종교를 믿어도 천상으로 돌아가는 길은 도의 종주국 하늘궁전 태상천궁에서 미래의 하늘(황태자)인 하늘의 명 대행자 도법천존을 만나지 않고는 그 어디에도 없으니 구원받아 천상으로 돌아가고 싶은 전국의 수많은 영혼, 조상, 신들은 하루속히 종교를 벗어나서 이곳 도의 종주국으로 들어와야 하느니라.

여러분을 현혹하고 회유하는 것이 아니라 하늘의 진실을 가감 없이 그대로 전하는 것이도다. 지구상에 있는 종교 자체가 악들이 세운 곳이기에 종교를 통해서는 흉내만 낼뿐 영혼들이 원하고 바라는 천상궁전으로 오를 수 없도다.

하늘궁전 태상천궁은 난생처음 들어보는 생소한 곳이고, 절도 아니고 교회, 성당, 무속, 도교도 아니기에 사람들, 조상들, 영혼들, 신들도 낯설고 이해가 되지 않는 것이 현실이지만, 하늘께서 구원의 기운을 내려주신 지구상에서 유일한 하늘궁전 태상천궁은 고차원적인 영적국가 하늘나라 자체이도다.

여러분이 조상의 대를 이어가며 종교 안에서 구원받기를 갈구해 봐야 고목 나무에서 꽃이 피기를 기다리는 것과 같고, 물고기를 잡으려면 강이나 바다로 가야 하는데, 나무에 올라가서 고기를 잡는다는 뜻의 연목구어(緣木求魚)와도 같다고 봐야 할 것이도다.

○○○의 사후세계

도법천존 : ○○교의 ○○○ 신부 혼령을 즉시 데려오라.

○○○ 영혼 : 아~ 흐아~

입과 손이 타버렸어요. 입으로 말을 하는데, 가짜 종교에 대해서 말을 하잖아요. 입과 손이 없어야 한대요. 수많은 천주교인들에게 가짜 종교이론을 주입시켜서 눈도 뜰 수가 없고, 뜨거워요, 오징어 굽듯이 구워집니다.

성모 마리아님! 왜 모습을 보여주시지 않습니까? 성모 마리아님을 수많은 신자들에게 전한 죄로 저를 오징어 굽듯이 합니다. 생전에 저를 진심으로 존경한다고 따랐던 자들이 속았다고 원망하며 저주하고 복수하고 있습니다. 지옥에서 형벌을 받고 나오는데 뜨거운 돌을 던집니다. 불지옥에 있고, 입으로 전했으니까 입을 태우는 거라고 합니다.

성모 마리아님이 지옥 가셨네요. 온몸에 상처투성이고 옷이 없고 알몸 상태입니다. 칼 같은 것으로 그어진 모습입니다. 몸이 시꺼메집니다. 성모 마리아님, 제발 살려주세요. 황금색 옷을 입고 있으신 분이 성모 마리아를 그렇게 만드셨습니까?

아이고! 나를 존경한다고 살아서 따르던 자들이 쌍놈이라고 욕하며 마구 저주합니다. 죽고 나니 다 거짓이었다고 별별 욕을 다 해댑니다. 빨리 불지옥을 벗어나고 싶습니다.

도법천존 : 하느님, 성모 마리아 믿으면 천국 간다고 수많은 신자들에게 열심히 전했잖소?(아~으으, 눈물을 흘린다)

OOO 영혼 : 하느님도 안 보여요. 입과 손을 불에 태워 몸이 오그라들기가 반복되고 있습니다.

도법천존 : 천주교인들에게 하고 싶은 이야기 있소?

OOO 영혼 : 저도 고통을 받고 있습니다. 성모 마리아를 목숨보다 소중히 믿고 따랐었고, 실제로 존재하고 계신 것으로 알았지만 다 헛것이었습니다. 종교를 세우고 성모 마리아를 추종한 벌을 무섭게 받고 있는 중입니다. 제가 고통을 받고 있을 때도 소리쳐 외쳤지만 그럴수록 오히려 불 속으로 더 들어갔습니다. 너무너무 힘들어요. 실제로 죽어보니 성모 마리아를 믿어도 아무 소용없다는 것을 알았습니다.

성모 마리아를 부르면서 눈물을 흘리고 있는 신자들이 너무나 많습니다. 이렇게 붙잡혀 왔을 때는 황금빛이 엄청 빛났고 이때부터 조금씩 보이기 시작했습니다. 성모 마리아의 말을 열심히 전했지만 죽어서 가짜임을 알았습니다. 그리고 저는 뜨겁고 무서운 불지옥 세계 적화도(赤火島)에 있습니다.

사람들에게 전파한 죄가 너무 커서 고통을 받고 있습니다. 죽어서 구원받아 천국으로 올라갈 것이라고, 수많은 신자들에게 전했고, 저 역시 너무나 확신적으로 믿었지만, 결과는 너무나 충격적이라 참담하고 허무했습니다.

도법천존 : 여호와(야훼) 하느님 모습을 보시오.

○○○ 영혼 : 하느님의 목이 잘리고, 팔도 잘리고, 다리도 잘리는 벌을 받고 있는 모습입니다. 입으로 실뱀이 들어가는 고통을 받고 있네요. 실뱀들이 목구멍으로 들어가자 캑캑거립니다. 수백수천 마리의 뱀이 들어갑니다.

눈알이 떨어져 나갔습니다. 죽고 나니까 가짜임을 알았고, 악신들을 믿은 것인데, 사람들은 죽어서 체험하지 않았기에 믿지 않을 것입니다. 죽어서 가짜였다는 것을 강조하여도 사람들이 믿겠습니까? 그래서 죽어봐야 알 것입니다.

죽으면 하느님, 성모 마리아가 가짜라는 것을 알 것입니다. 여러분, 저는 짜고 말하는 것이 아닙니다. 아이고! 성모 마리아님 뜻을 전하느라 입을 잘못 놀린 것에 대한 혹독한 벌을 받고 있습니다. 불에 타는 고통을 겪고 있습니다. 아이고! 그럼 지금 이 나라에서 말하는 종교의 하느님, 성모 마리아님도 그렇고 불교 쪽은 어떻습니까?

세상에 전해 주어야 하지 않습니까? 너무 뜨거워요. 살려주세요. 사람들에게 꼭 이야기해야 할 것입니다. 위령미사로 구원이 안 되었습니다. 뜨거운 불이 있는 곳에서 고문형벌을 받고 있는데, 입과 손도 불에 타서 까맣게 되었습니다. 죽고 나서야 여호와(야훼) 하느님과 성모 마리아가 가짜라는 것을 인정하게 되었습니다.

도법천존 : 그대의 조상들 모습을 보시오.

○○○ 영혼 : 이분이 저의 조상님들이십니까? 머리에 칼이

꽂혀 있습니다. 조상님이 자손을 잘못 두었다고 저주를 퍼붓습니다. 시끄럽다고 말도 하지 말라고 하십니다. 저의 어머니가 머리 위에 칼이 꽂혀 있는 채로 노려보십니다.

저것을 자손이라고 낳았다며 원망합니다. 아~으으, 사람들에게 성모 마리아님을 전한 죄로 입이 계속 타들어가서 재가 될 때까지 그렇게 계속 벌을 받습니다. 천당 간다고 생각했는데 그게 아니었습니다. 입이 까맣게 타들어가요.

제발 살려주세요, 너무 고통스럽습니다. 하라는 대로 다 하겠습니다. 두 다리도 다 타버려 앉은뱅이가 되었습니다. 아무리 외쳐도 하느님과 성모 마리아님이 안 옵니다. 살려주십시오. 으으으~ 제발 하느님도 안 계시고 성모 마리아도 안 계시고 인류 모두가 속았습니다.

인류 모두가 속은 것입니다. 정말 구원받을 줄 알고 믿었건만 인류 모두가 속고 있으니 죽어서 저처럼 고통받지 않으려면 천주교를 미련 없이 당장 떠나세요. 제가 천주교의 신부를 지낸 것이 너무나도 부끄럽습니다. 죽어서 종교가 악신, 악령, 악마들이 세운 것을 알았습니다.

종교 안에서 일어난 모든 이적과 기적은 역천자 신들이었던 천상에서 도망친 악신, 악령, 악마들이 종교를 세워 진짜 하늘께 대적하여 싸우고, 영들을 천상으로 돌아가지 못하도록 악들이 세운 것이란 진실을 죽어서 알았습니다.

지구상에 세워져 있는 다른 모든 종교도 마찬가지입니다.

신자, 성도, 불자, 도인, 신도 여러분들은 죽어서 입, 코, 눈, 귀, 손, 얼굴, 팔다리 등 온몸이 불에 타들어가는 참혹한 고통을 맛보고 싶습니까?

죽음 이후의 세상이 보이지 않다 보니 종교인들이 인간, 영혼, 조상들을 속이고 금전, 재물, 재산, 인생, 세월을 착취한 것이란 진실을 죽어서 알았습니다. 제가 신부로 얼마나 큰 죄를 지었는지 죽어서 처절하게 알 수 있었습니다.

종교 자체가 산 지옥세계란 것을 죽어서 알았습니다. 정말 천주교 신자 여러분들을 뵐 면목이 없습니다. 천주교의 국내 최고 수장으로서 너무나 큰 죄를 지었습니다. 저 자신을 저주하고 원망합니다. 그동안 악신, 악령, 악마, 요괴들에게 현혹당해서 천주교에 몸담았던 저를 실컷 욕하십시요.

국내 모든 성당뿐만이 아니라 로마 교황청이 악들의 권세였음을 죽어서 알게 되었습니다. 신부가 되어 지은 죄에 대하여 참혹한 고통을 받고 있지만, 이제는 죄를 빌어도 빌 자격도 없고 죄를 용서 빌 곳이 없습니다.

천주교인들은 제가 천당에 올라갔을 것이라고 철석같이 믿고 있을 것입니다만 보다시피 이렇게 참혹하고 모진 고문형벌을 받고 있다는 사실을 마지막으로 전합니다. 누구든지 어떤 종교를 믿고 있든지 즉시 떠나시기를 간곡히 전합니다.

제가 죽어보니 신부가 되었다는 것이 너무나도 후회가 되고 고통스러워 천추의 원과 한이 되었지만, 저를 불러주시어 이렇게 저에 대한 사후세계 진실을 말할 수 있는 것 자체가 너무나 고통스럽기는 하지만 불행 중 다행입니다.

이제는 돌이킬 수 없는 지난 일이지만 제가 다시 살아난다면 그 어떤 종교든지 믿지 말라고 쌍심지 켜고 말릴 것입니다. 지구상에서 하늘을 만날 수 있고, 구원이 실질적으로 이루어지는 곳은 지구상의 550만 개 종교세계 중에 진짜 하늘의 기운이 내리시는 곳은 오직 한 곳뿐이라는 충격적이고 위대한 사실을 죽어서 알게 되었습니다.

구원은 종교가 아닌 곳에서 이루어진다는 사실도 알게 되었고, 하늘께서는 형상이 아닌 사람 몸에 기운으로 내리신다는 위대한 진실과 하늘의 핏줄이신 황태자(도법천존)께로만 내린다는 지엄한 천상법도를 알았습니다. 그러므로 종교에서 만들어놓은 모든 경전과 형상들은 인간을 속이기 위한 것에 불과하고, 그 경전과 형상들에는 헤아릴 수 없는 너무나 많은 귀신들이 들어가 있다는 사실도 알았습니다.

제발 살려주십시오! 잘못했습니다. 저 좀 구해 주세요!

진짜 하늘을 몰라보고, 지구상에 있는 모든 종교가 하늘의 반대파들인 역천자 악들이 지구로 도망쳐 세운 종교란 사실을 이렇게 죽어서 알게 되었습니다. 이제 이 일을 어찌하면 좋을까요? 지구촌이 온통 종교 천국이 되어버렸는데, 제 영혼의 어버이이신 하늘의 마음이 그 얼마나 찢어지시고 아프실지 죽어서 참담하고 처절하게 알게 되었습니다.

세계 종교인들 모두가 악신, 악령들에게 감쪽같이 속았음을 뼈저리게 통탄합니다. 세상에 이럴 수가 있을까요! 지금까지 아무도 사후세계와 천상세계 진실을 정확히 전한 인류의 정신적 영도자가 하나도 없었습니다.

천주교의 최고 수장이었던 내가 살아서도 알지 못했던 사후세계, 하늘세계의 진실을 죽어서 알게 되었다니 너무나 분통이 터지고 천상에 계신 영혼의 어버이께 죄송스럽고도 부끄러워 어찌할 바를 모르겠습니다.

이스라엘 민족 조상신 여호와(야훼)가 진짜 하느님이신 줄 알고 믿었고, 예수를 낳아준 성모 마리아를 지극정성으로 받들어 모시고 섬긴 죄로 인하여 이렇게 참혹한 고통을 받게 될 줄은 상상조차도 못했습니다.

아~! 너무나 원통하고 분통이 터집니다. 나와 함께 내 조상님들도 불지옥에서 모진 고문형벌을 받고 있음에 가슴이 찢어지고 눈물이 앞을 가립니다. 세계 인류가 여호와(야훼) 하느님, 예수, 성모 마리아에게 모두 감쪽같이 속았다는 것을 죽어서 알게 되었으니 너무나도 원통하고 분합니다. -이상-

그랬다~!
인류 모두가 종교에 감쪽같이 속았음이 낱낱이 밝혀졌다. 이제 천주교, 기독교를 다니면서 여호와 하느님, 하나님, 예수, 성모 마리아를 믿는 교인들은 인정하기 싫어서 애써 부정하며 무시하고 싶을 것이지만 그것은 여러분 자신의 인생과 사후세상에서 재앙으로 다가올 것이니 이제라도 종교를 떠나는 것이 살길이다.

S○○ 교주 목사 사후세계

도법천존 : ○○교 교주 혼령 데려오라!

SOO교주 : 너무 뜨거워요···

도법천존 : 그대도 불지옥 적화도에 있군요. 그대가 ○○교 세운 교주 S○○ 맞소이까?

SOO교주 : 예, 그렇습니다.

도법천존 : 그대가 하나님이라 했소? 살아서 하나님이라고 했으면서 왜 불지옥에 가 있소?

SOO교주 : 이 땅에 종교를 믿는 자들에게 말해 주고 싶습니다. 종교를 믿는 것은 시간 낭비, 돈 낭비, 인생 낭비입니다.

도법천존 : 그대 전 세계의 돈을 많이 끌어모았잖소?

SOO교주 : 제 모습을 보십시오. 온몸이 재가 되어서··· 살아서는 몰랐습니다. 죽고 나서 이렇게 되었습니다. 얼굴은 해골의 모습니다. 모든 게 다 검게 타버리고 해골의 모습으로 왔습니다. 종교는 인생 낭비, 시간 낭비입니다.

도법천존 : 신도들한테 엄청 돈 끌어모았잖소!

SOO교주 : 저를 믿던 자들이 너 때문에 속았다며, 저로 인해 종교에 빠져 자신의 죄업이 커졌다며 욕을 하고···

도법천존 : 그대가 자칭 하나님인데 왜 그 고통을 겪고 있느냐고요? 그대가 진짜 하나님이면 그렇게 불지옥을 가겠소?

SOO교주 : 제가 말씀드리지 않습니까? 살아서는 모릅니다. 죽어봐야 압니다. 종교는 시간 낭비입니다.

도법천존 : 그대가 살아생전 뿌린 대로 거둔 거요. 이보시오~!, 하늘이 안 보인다고 감히 사칭하고 있소? 감히 하늘을 사칭해서 하나님이라고 해요? 신도들 조상들마다 몇 대까지 구원해 줬소? 그대 조상들 보소. 어떻게 있소이까?

SOO교주 : 저희 조상들 모두가 저와 같은 처지에 있고 저를 원망하고 있습니다.

도법천존 : 구원이라는 것은 하늘께서만 하는 거요! 하늘을 사칭해서 구원을 해요? 그대가 하나님인데 왜, 그대 조상을 구원 못 했소? 교인들이 다 이걸 봐야 하는데 말이오. 아이고, 참! 인류 모두가 종교에 속고 있으나 속는지도 모르고 있으니···!

그대를 따르는 교인들 다 어떡할 거요? 구원 못 받게 그대가 종교 교리로 다 세뇌시켜 놨잖소! 그 조상들에게 어떻게 사죄할 거요? 그대를 일평생 믿던 자들! 어떡할 거냐고요?

○○교를 믿다가 죽은 자들과 조상들, 현재 살아 있는 교인들, S○○이 죽어서 불지옥에 가서 고통받고 있다. ○○교를 믿고 있다가 죽은 조상들은 물론 교인들은 육신을 이끌고 이곳 하늘궁전 태상천궁으로 들어와야 한다. 교주가 직접 말랬다. 종교를 믿는 것은 인생 낭비이자 돈 낭비라고!

그대가 천상에서 역모 반란을 하고 내려온 죄인인데 그대가 구원을 해요? 구원이 얼마나 어려운 건데요? 교인들 돈 뺏고, 몸 뺏고, 재산 뺏고! 악들이 세운 것이 종교인데, 살아서 최고의 대우를 받고 호의호식하면서 부귀영화 누리며 왕으로 살았던 그대가 살아생전 위상은 어디 갔소? 그렇게 울고 있게!

수많은 교인과 자손들에게 어떻게 사죄할 거요? 그대 조상들도 다 망했고, 교인들과 조상들도 다 망했소. 그대는 살아생전 귀신노름을 했소. 악신, 악령, 악마, 요괴, 아수라들의 앞잡이가 돼서 하늘로 돌아가야 할 영혼들을 ○○교로 끌어들였잖소?

교인들을 끌어 모아 가지고 피를 섞게 결혼시키고! S○○! 살아생전에 그대의 그걸 타서 먹게 했소? 그건 뭔 짓이오? 그건 왜 그랬소? 그대의 기운을 더 많이 받게 하려고? 그렇게 하면 그대 기운이 많이 내려가오? 참 별 짓거리도 다 했구려?

그대가 살아생전 뿌린 대로 거두는 것이오. S○○과 직계 조상 모두! 외가 조상 모두, 처가 직계 조상 모두, 처외가 조상 모두 전원 다 추포하라.

살아생전에 자신이 하나님이라면서 거대 종교를 왕국처럼 세워서 왕으로 부귀영화 누리며 살았던 교주가 죽어서는 비참한 해골의 몰골로 잡혀왔다. 지금 종교를 운영하고 있는 수많은 교주, 신부, 수녀, 목사, 승려, 보살, 무당, 도인, 법사, 도사들과 이들을 열심히 지극정성으로 받들어 섬기며 일평생 동안 믿고 따르는 신도 여러분들은 이제 어찌할 것인가?

그가 전한 말은 "이 땅에 종교를 믿는 자들에게 말해 주고 싶습니다. 종교를 믿는 것은 시간 낭비, 돈 낭비, 인생 낭비입니다. 살아서는 모릅니다. 죽어봐야 압니다. 종교는 시간 낭비입니다. 저를 믿던 자들이 너 때문에 속았다며, 저로 인해 종교에 빠져 자신의 죄업이 커졌다며 욕을 하고 있습니다".

자신이 하나님이라며 살아서 왕처럼 살았던 교주 목사가 죽어서 하늘의 무서움을 알았고, 모진 고문형벌을 받고 있었는데 어느 누가 감히 상상이나 했겠는가? 천국에 올라가서 아주 편안히 왕으로 살아갈 것이라고 철석같이 믿고 있을 것이다.

내가 천상에서 이 세상에 인류의 심판자이자 구원자로 내려오지 않았더라면 지구에 있는 550만 개의 수많은 종교가 완전범죄로 영원히 묻혀버릴 뻔하였다.

죽어서 천국, 천당, 극락, 선경 가려고 기독교, 천주교, 불교, 무속, 도교를 믿는 사람들이 엄청 많은데, 종교 믿다가 죽은 유명한 사람들을 불러서 사후세계 모습들을 적나라하게 확인해 본 결과 아무도 천국, 천당, 극락, 선경으로 올라간 자들도 없었고, 그런 세상이 실제로 존재하지 않았음을 밝혀냈다.

기존의 종교를 믿고 있는 신도들은 나의 말을 믿기 싫겠지만 지구에서 무릉도원의 천상궁전으로 올라가서 선남선녀 즉 신선과 선녀로 재탄생시켜 줄 수 있는 곳은 도의 종주국인 하늘궁전 태상천궁 한 곳뿐이다.

창시자 ○○교주 사후세계

도법천존 : ○○○교회 창시자 ○○교주 데려오라!
SAH교주 : 추워, 추워, 너무 추워···! 흑흑흑···

도법천존 : 그대가 ○○교주 맞소? 어디가 있소?
○○교주 교주 : 너무 추운 곳에서···

도법천존 : 얼음지옥에 가 있소?
○○교주 교주 : 춥고, 배도 고프고···

도법천존 : 춥고 배고파요? 그대가 하나님 아버지라고 했잖소? 그대 마누라는 하나님 어머니이고요? 그럼 천국 가야 할 것 아니오? 왜 천국 못 갔소? 그대는 죽어서 어떻게 된 거요?
○○교주 교주 : 얼음 가시가 몸에 박히고 너무 춥습니다.

도법천존 : 하나님 못 만났소? 그대 자신이 하나님이라며? 감히 하늘을 사칭해요? 그대가 하나님인데 왜 그러고 있소? 신도들에게 많이 헌금하게 했는데 돈은 얼마나 많소? 아~! 그대 사후세상을 밝힐 자 아무도 없으니까 내가 내려와서 밝히니 환장하겠소? 영원한 비밀이 되어야 할 것인데?

그래도 그대를 믿는 신도들은 그대가 천국에 올라가서 아주 편안히 지내고 있을 거라며 생각하고 있을 텐데요? 그대 조상들은 어딨소? 그대 조상들 모습 보여줄 테니 보시오!

○○교주 교주 : 저와 같은 모습으로 이렇게 · · · 저와 비슷한 모습입니다.

도법천존 : ○○교주~! 말세에 종교인들부터 심판한다는 말 들어봤소? 못 들어봤소? 이미 죽은 그대를 감히 심판할 줄은 생각조차 못 했죠? 야~! 그대 마누라와 같이 가서 심판받아야죠. 그대는 잠시 대기하고 교주 자리를 물려받은 살아 있는 부인의 영혼을 소환하라(산 자의 사후세계에서 이어짐).

교주 목사인데, 거대한 종교를 세워 놓고 죽었고 마누라가 자리를 물려받아 교주가 되었다. 당연히 천국이든 천당에 올라갈 줄 알고 기독교 사상을 열심히 전파하였지만 죽어서 여호와 하나님과 예수, 천사를 만나지도 구원받지도 못했다.

종교가 지옥세상으로 인도하는 곳이란 사실을 이 세상 사람들 중에서 어느 누가 믿어 줄 것인가? 특히 교회를 다니는 사람들은 이 글을 읽고도 아니라고 무조건 부정하며 나를 사이비라고 비난하고 험담할 것인데, 2,000년 동안 이어져 내려온 단단한 종교사상을 깬다는 것이 어찌 쉽겠는가?

그렇지만 진짜 하늘을 찾아다니는 사람들이 있다면 한 번쯤은 의심하고 사상을 바꾸어 자신의 사후세상을 보장받는 것이 현명한 일이 아니겠는가? 경험보다 더 큰 스승은 없다.

연예인 최○○의 사후세계

도법천존 : 연예인 최○○는 사후세계 어디에 가 있는지 데려오라.

연예인 최○○ : 제가 죽은 거 맞죠?

도법천존 : 그래요, 자살했잖소. 지금 어디에 가 있소?

연예인 최○○ : 죽고 나서 내 모습을 보니 너무 놀랍고, 죽은 걸 후회했습니다. 어떻게 해야 하나 이제···

도법천존 : 근데 왜 자살을 했소?

연예인 최○○ : 모든 게 슬퍼서요.

도법천존 : 어떤 게 슬퍼요?

연예인 최○○ : 우울해요.

도법천존 : 우울증에 걸려서 자살했소?

연예인 최○○ : 사람들이 나한테 대하는 게 가식적으로 느껴지고 우울하고 슬프고 다 부질없이 느껴져요.

도법천존 : 그대는 지금 어디에 가 있소? 가족 몸에 있는지 허공을 떠도는지 말이오?

연예인 최○○ : 죽고 나서 제 자신을 바라보고 진짜 죽었구나 싶으면서, 죽지 말 걸 후회하면서 어떻게 해야 할지 모르겠어요. 죽고 후회하는데 주위를 보니 저와 똑같은 얼굴들이 여기저기서 저를 바라보고 있었어요. 저와 똑같은 얼굴을 한 저 자체인데 사방에서 절 바라보고 있는 게 보였어요.

검은 가마솥 같은 게 보여서 그게 뭔가 봤더니 옛날 모습의 할머니가 나와서 뭐라고 저한테 말을 하면서 무슨 열쇠 같은 걸 줬어요. 그 열쇠를 받았는지 안 받았는지는 잘 모르겠고. 순식간에 제가 한복을 입고 머리는 헝클어진 채로 옛날 시대로 돌아왔어요. 과거 조선시대 같은 곳이 보여요.

조선시대인지 고려시대인지 아무튼 갑자기 어떤, 마치 제가 꿈꾸는 것 같아요. 순식간에 또 어떤 장소로 이동하게 되는데, 왕이 보이고 궁궐 안에 신하들이 보여요. 어느 분이 밖에 태양이 있는데, 태양을 향해서 107번의 절을 하라고 해서 제가 하고 있어요.

그게 여기 앞에 계신 분을 상징하는 거라고 하는데 저는 잘 모르겠어요. 제가 107번의 절을 하고 나니 또 순식간에 또 다른 공간에 가는데 검은색 문이 수천 개 있는 곳에 가고 남자분들이 보이는데, 누가 절 앉으라고 해서 앉았고, 저의 이름을 말하라 해서 말씀드렸으며, 어떤 무서운 분이 무슨 말을 하시는데 무슨 말인지 모르겠어요. 지옥세계 문 앞이라는 게 느껴져요. 옆으로는 검은 강물이 흐르고 있어요.

제가 살아서 자살한 것도 큰 죄이고, 본인의 명대로 살지 못하고 자살을 선택했기 때문에 그 어떤 자살도 자신의 운명일 수도 있고 사람마다 다르다고 옆에서 말씀하십니다. 저도 자살을 했지만, 제 모습을 보고 너무나 후회했고, 저와 똑같은 얼굴의 저를 보고 있고. 여기서 벗어나고 싶지만 벗어날 수가 없어요.

제가 연예인으로서 부와 명예를 누리고, 어린 나이에 큰 인기도 얻으면서 살아왔는데, 저 스스로 좀 더 저 자신을 소중하게 여기지 않은 것도 잘못된 거고, 그리고 살았을 때 믿었던 종교가 뭐냐고 물어서 기독교라 말했더니 대한민국에 종교가 아닌 진짜 구원을 해주실 대단하신 분께서 대한민국에 계신 걸 아느냐고 여쭤보니 모르겠습니다. 하나님, 예수님은 아는데 모르겠다 하니, 모르면 듣고 있으라 해서 듣고 있습니다.

다 듣고, 이해가 가냐고 해서 모르겠다고 솔직히 말씀드리자, 제 머리 우측에서 저를 확 미는 것이 느껴지면서 다른 공간으로 이동하게 됐습니다. 그러면서 앞에 화면과 검은 강이 보입니다.

제가 사람으로 태어나서 유년 시절을 거치고 학교를 다니고 연예인이 되기 위해서 트레이닝을 하면서 팬들도 만나고 즐거웠던 일이 주마등처럼 지나가고 있습니다. 앞에 화면에 보이는 건지, 제 머릿속에 스쳐 지나가는 건지 모르겠습니다. 어떤 장면은 슬로우모션으로 보입니다.

그렇게 제가 태어나서 즐거웠던 순간이 끝나자, 삶에서 슬프고, 좌절하고, 아파했던 순간들이 보이기 시작합니다. 그리고 뭔가 잘못했던 것 하나하나가 보입니다. 내가 저런 행동을 했구나. 누가 나 때문에 상처를 받았구나 하는 게 보입니다.

제가 조금 더 연예인으로, 가수로 생활을 하면서 더 열심히 했어야 하는데, 마음이 울적하면 춤을 더 열심히 추지 않고 해이하게 임했던 것을 하나하나 보여주고 있습니다. 제가 연예인으로 살면서 악플에 힘들어했던 것도 보여줍니다.

그것도 겪으면서 그것으로 제 잘못을 받아들이고 반성하거나, 아니면 더 담담하게 법 테두리 안에서 더 떳떳하게 대응할 수도 있었는데, 연예인이 다른 자들에 비해 특혜를 누릴 수 있기도 하고, 연예인도 힘들기는 하지만 일반 직장인에 비해서는 누릴 수 있는 것이 많은 것도 사실입니다.

사람들이 저를 예쁘고 귀엽다, 착하다는 말도 많이 듣고 그랬지만, 제가 좀 더 성실하게 제가 직장인보다 누리는 것에 대해서 감사하고 열심히 해야 했다는 것이 느껴집니다.

비난보다 칭찬을 받고 살아왔기에 다른 사람의 아픔을 느끼지 못하고 살아와서 내가 조금 힘든 걸 느꼈을 때, 제가 고생을 많이 해보지 못해서 그걸 잘 대처할 수 없었던 것 같습니다. 악플에서 빨리 헤어나지 못했는데, 이걸 죽고 나서 마음으로 강하게 후회하고 있습니다.

이런 느낌을 말씀드리자 누가 머리를 발로 확 차서 옆으로 떨어지는데, 옆에 죽은 금붕어가 엄청 많습니다. 바라보는데 너무나 끔찍합니다. 죽은 금붕어들을 저에게 막 던집니다. 징그럽고 너무 싫습니다.

제가 너무나 괴로워하는데 눈을 떠보니 죽어버린 검은 금붕어들입니다. 여기가 또 어딘지 모르겠는데, 눈을 뜨자 검은색 하늘에 달이 보이는데, 한쪽은 환한 금색, 한쪽은 검은색이 보입니다. 저걸 보면서 저게 뭐지? 난 죽었는데 꿈을 꾸는 건가 하니 제가 갑자기 관 속에 있습니다.

관 속에서 스르르 일어나더니 투명인간이 되어 관통해서 걸어 다니는데, 엄마 얼굴, 연예계에 같이 일했던 친구들이 다 검은색 옷을 입고 울기도 하고, 눈이 퉁퉁 붓고, 그런데 그들의 마음이 저에게 느껴집니다. 아, 내가 죽긴 죽었구나. 아까도 느꼈지만, 지금은 저의 장례식에 온 것 같습니다.

가족들이 특히나 슬퍼하는 모습을 보니까 너무나 후회합니다. 죽으면 이렇게 되는구나. 여기 장례식장에 많은 사람들이 오고, 근데 제가 죽었는데 사람들한테 가도 저를 알아보지 못하고 계속 울고 있고, 조문객들을 맞이하고 있습니다.

근데 제가 연예인 생활할 때 죽었던 어떤 다른 연예인 남자 가수였는데, 저랑 같은 회사에 있던 가수도 보입니다. 완전 귀신의 모습 그 자체입니다. 제가 가서 말을 걸려 하는데, 제가 죽은 걸 그들도 알고 있는지 모르고 있는지 그들의 모습이 앞에 보입니다.

그리고 얼마 전에 죽었던 여자 배우, 자살한 배우가 보이고, 그분도 자살했습니다. 그분은 흰색과 빨간색이 섞인 한복을 입고, 머리를 뒤로 묶고 핀으로 묶었는데 저보다 죽은 지 얼마 안 된 배우입니다. 전 씨인데 그다음에는 잘 모르겠습니다. 죽고 나니 이름이 생각 안 납니다. 그 여자가 저를 보면서 이상한 미소를 지으면서 손짓으로 오라고 합니다.

그리고 또 옆을 보니, 몇 년 전인가 남자 배우 김○○이 교통사고로 사망했는데 그분도 보입니다. 저 앞에서 손으로 오라고 하는데 끔찍하고 무서운 모습입니다. 장○○이라는 여배우는 검은색을 입고 있습니다. 교통사고로 죽은 남자분은 멀리서도 말을 합니다. 자기가 살아 있을 때 여기 하늘궁전 태상천궁으로 안 와서 벌을 받은 거라고 말합니다.

자살한 여자 연예인이 저 앞에서 누더기 옷을 입고 터벅터벅 걸어오는데, 머리는 짧습니다. 그 여자분도 자살했는데, '나○○이야, ○○이!' 그 여자분의 목소리는 들립니다. 다른 사람은 목소리가 안 들리는데. 저 보고 씨익 웃습니다. 저도 죽었지만 죽어서 보니 제가 일했던 연예계에서 자살하고 병으로 죽은 연예인들이 하나둘씩 보입니다. ○○이라는 연예인이 제 주위를 맴돕니다.

그리고, 또 제 주위에 보이는 게 자살하거나 죽은 개그맨. 김○○이라는 분이 저한테 와서 말합니다. 얼굴이 완전히 하얗고 이렇게 와서 저를 바라봅니다. '너는 왜 자살했어?' 하고 저에게 물어봅니다. 그분은 자살한 건 아니고 갑자기 목욕탕에서 쓰러져 죽었는데, 더 살고 싶었다면서 '너 자살했다며?' 하며 마구 웃습니다.

장○○이라는 여자가 이상한 몸짓으로 날아옵니다. 너무나 무섭습니다. 죽은 연예인이 너무나 많이 보입니다. 김○○라는 자가 와서 자기는 병으로 죽었다고 합니다. 제 주위의 가족이나 연예인에게도 말을 하고 싶지만, 입이 가위에 눌린 듯이 아~아~ 하지만 말이 안 나옵니다. 전 투명인간 같습니다.

이것이 연예인들이 죽은 귀신인지, 다른 귀신들이 변신한 것인지는 모르겠는데. 최○○이 하얀 얼굴, 하얀 원피스 차림으로 팔이 기형적으로 굉장히 깁니다. 양팔이 굉장히 깁니다. 괴물처럼. 저에게 다가와서 바라봅니다. 귀신이 되면 이렇게 되는구나 하고 느낍니다. 팔이 굉장히 길고 발이 없이 둥둥 떴다가 내려오곤 합니다.

도법천존 : 그대는 살아생전에 교회를 얼마나 다녔소?

연예인 최○○ : 얼마나 다녔는지는 기억이 나지 않습니다. 다닌 것만 기억합니다.

도법천존 : 그럼 천국으로 가야 할 것 아니오?

연예인 최○○ : 연예인으로 하신 분들이 죽은 모습을 보니까 너무 무섭고. 최○○이 와서 저를 쳐다보면서 '너 예쁘더라' 하면서 갸우뚱하면서 말하는데 톤이 일정합니다. 너, 예, 쁘, 더, 라, 하면서 말을 합니다.

제가 너무 무서워서 고개를 숙이게 되는데, 가위에 눌린 것처럼 머리가 굉장히 어지럽습니다. 엄마에게 너무 죄송하고, 엄마가 너무 보고 싶은 마음이 듭니다. 밑을 보니 어느 공간에 뚝 떨어져서 보니 빨간 물속에 빨간 사람들이 허우적거리는 게 보이는데, 제가 죽은 지 얼마 안 돼서 그런지 제가 어떤 공간에 와 있는데, 머리가 빙글빙글 돌고 있고, 저의 전생 제가 사람으로 태어나기 전의 전생들이 빠르게 보입니다.

전생에 어떻게 어떤 죄업을 지었고, 무슨 업보가 있는지 빠르게 돌아가면서 보입니다. 앞에 계신 어떤 황제 같은 분이 보이는데, 좌우상하로 용들이 어마어마하게 많이 계신 게 보입니다. 앞에 계신 분은 황금색 한복 같은 걸 입으셨습니다.

제가 사람으로 살면서 왜 내가 사람으로 태어났고, 어떤 사명을 갖고, 살아왔었어야 했는지 관심을 가지기보다 그냥 내가 하고 싶은 거, 마음껏 하면서 살아왔던 거, 이곳 하늘궁전 태상천궁이 도대체 어떤 곳인지는 모르겠는데, 마음으로 느껴지는 건 여기로 들어왔었어야 하는 겁니다. 또 이곳은 아무나 들어올 수 없는 곳이라는 것도 강하게 느껴집니다.

그냥 저는 자살해서 젊은 나이에 삶을 마감했고, 이제 제가 윤회를 해야 합니다. '육도윤회'란 무엇입니까?

도법천존 : 그대 자신이 지은 죄대로 선악의 업인에 따라 천도 · 인도 · 수라 · 축생 · 아귀 · 지옥의 육도세계를 끊임없이 천지만생만물로 윤회한다는 뜻이오.

연예인 최○○ : 짐승으로도 태어난다는 말입니까? '육도윤회'를 해야 한다는 게 마음으로 느껴지고, 앞에 계신 분이 어떤 분이신지 조금이라도 알려주시면 좋겠습니다. 왜 제가 죽어서 여기 와 있는지? 앞에 계신 분을 함부로 뵐 수 없다는 것도 강하게 느껴지고 있습니다.

도법천존 : 날 만났으면 자살 같은 건 안 했지요.

연예인 최○○ : 자살··· 그럼, 여기가 교회가 아니라 절 같은 곳입니까?

도법천존 : 여기는 천상의 국가요. 하늘나라. 종교가 아니고 고차원적인 영적 세계 국가요.

연예인 최○○ : 그럼 귀신들이 저를 자살하게 만든 겁니까?

도법천존 : 그렇지요. 우울증에 걸린 귀신이 한 짓이죠.

연예인 최○○ : 지금 제가 느껴지는 건, 죽으면 비록 자살이라는 것은··· 제가 교회를 다녔으니까 천국으로 가는 줄 알았는데, 죽어보니 그게 아니었어요.

하나님, 예수님, 천사들도 전혀 안 보였고 찾아오지도 않았어요. 죽어서야 종교인들에게 속았다는 것을 뼈저리게 알았어요. 그런데도 사람들은 종교를 믿겠지요? 제가 속았다는 이 말을 믿어줄까요? 저는 죽어서 종교의 진실을 알았고, 사람들은 모든 종교에서 하루빨리 떠나라고 말해 주고 싶습니다.

자살이라는 것은 절대 해서는 안 되고, 죽음이라는 것을 맞았을 때, 그건 정말 끔찍하고 두렵고 무섭고 너무나 후회됩니다. 제가 자살한 거에 대해서 후회스럽습니다.

도법천존 : 그럼 지금 죽은 게 후회되는데, 그대 부모한테 말을 해서 부모가 여기에 들어와야만 구원받을 수 있소. 그대는 살아서 교회에 다녔는데 죽어서 하나님이나 예수가 와서 데려가는 줄 알았잖소?

연예인 최○○ : 그런 자들은 전혀 안 보였고요, 검은색 옷을 입은 사람들이 굉장히 많이 보입니다. 아까 말씀드렸던 자살과 병으로 죽은 연예인들이 죄가 커서 그런 건지, 운명인 건지 아무튼 종교를 믿었던 연예인들 모두가 좋은 곳으로 가지 못했습니다. 다 귀신의 모습이고, 아까 전 씨라는 여자의 얼굴이 또렷하게 보입니다. 하얀 얼굴로 한복을 입고 있습니다.

그다음엔 제가 사람들한테 하고 싶은 말은 아무리 힘들어도 자살은 하면 안 된다는 마음이 떠오릅니다. 제가 병으로 죽은 것도 아니고 스스로 목숨을 끊은 것이기 때문입니다. 그리고 앞에 계신 분을 만날 수 있는 기회는 없었지만, 여기서는 수많은 형형색색의 용들도 많이 보이고, 교회의 하나님, 하느님 같은 분이 아니라 엄청나신 분이라는 것이 느껴집니다.

그리고 저는 기차를 타게 됩니다. 굉장히 긴 검은색 기차인데 제가 앉아야 할 번호표가 있어서 좌석에 앉았습니다. 주위에 보니 죄다 죽은 사람들이고, 모두 귀신의 모습에 무표정으로 앉아 있습니다. 애도 보이고, 할아버지들도 보이고, 더 어린아이. 저처럼 젊은 아가씨들, 다들 멍한 얼굴이고 그 기차를 타고 어디론가 가서 내리게 됐는데, 갑자기 누가 손을 잡는지 모르겠습니다. 악-! 죽기 직전의 제 모습이 보였습니다.

엄마~ 제가 죽기 직전에 '엄마'라는 단어가 떠나지 않고 있는데, 제 목을 잡고서는 뚝 떨어지는데 옆을 보니 기차 좌석 옆에 장○○ 씨가 앉아 있습니다. 눈이 굉장히 크고 예쁩니다. 그런데 왜 하필이면 제 옆에 앉아 있는지 모르겠습니다. 지금은 귀신의 모습입니다. 그리고 같은 회사에서 자살한 동료도 저 앞에 앉아 있는데. 제가 아는 연예인들이 하나둘씩 기차의 좌석에 앉습니다.

그리고 제 머리가 빙빙 돌면서 제가 태어나기 직전의 상태로 어떤 점 속으로 빨려 들어갑니다. 지금 느껴지는 것은 '후회'입니다. 내가 너무 나만 생각했구나. 다른 사람들의 고생에 비하면 나는 많은 혜택을 받는 사람이었는데 너무 쉽게 생각했구나 하고 느껴집니다.

누가 제 뺨을 때립니다. 그리고 기차에서 내린 건지 뭔지 모르겠는데, 제가 팔을 들어 손뼉을 맞대며 기도하는 손을 만듭니다. 진짜 분을 감히 알현하기도 힘든데 앞에 계신 분이 남자분인지 여자분인지 모르겠는데 절을 하고서 다음 단계에 넘어가야 하는데, 여기가 대체 어딘지? 절이면 절이고 교회면 교회지. 여기 하늘궁전 태상천궁은 작은 공간이라서 사람들이 모르고 지나간다고 하네요.

제 주위에는 여자와 남자들이 벌을 받고 있고, 어떤 남자는 죽기 전에 25년 동안 교회를 다녔는데, 온몸에 가시가 박혀 있고 예수가 멘 십자가를 몸에 들어메고 벌을 받고 있습니다. 모두가 앞에 계신 분 앞에 와서 자신의 모든 자존심을 버리고 잘못했다고 빌어야 한다고 합니다.

또 저의 뺨을 때립니다. 저 앞에 계신 분이 어떤 분이신지 아느냐고! 너희는 눈앞에 보이는 쾌락, 인기, 재물, 권력, 명예, 즐거움, 유명 브랜드 예쁜 옷, 비싸고 예쁜 보석, 명품구두, 명품가방 이런 것이 지금 그렇게 중요한 게 아니라고 합니다. 제가 여자 연예인으로 살았기 때문에 그런 얘기를 비유해서 하는 것 같습니다.

다시 붕어가 보입니다. 지금 가장 공포스러운 것이 뭐냐 하면 제가 붕어가 되어야 하는 그런 것입니다. 이제 제가 붕어로 살아야 하고, 사다리도 보입니다. 그다음에 사과, 배, 복숭아, 돼지, 말, 수영장 같은 게 보입니다.

도법천존 : 네가 윤회해야 할 순서구나.

연예인 최○○ : 모르겠습니다. 제가 인기 연예인으로 누렸던 거, 호텔의 풀장에서 놀고 한 게 확 스쳐갑니다. 화보 촬영을 위해 해외도 가고, 어린 나이에 연예인이 돼서 하고 싶은 거 하고, 팬들에게 선물도 받고, 사람들에게 칭송도 받고 이런 것이 섞여가면서 보입니다.

그런데 제가 느껴지는 게 이 앞에 계신 분의 존재를 가슴속에 깊이 담고서 윤회를 해야 한다고 합니다. 네가 사람으로, 여자로, 누구나 바랄 미모를 가지고 태어나, 네 나름의 고통을 느끼지만 다른 사람들하고 비할 바는 안 될 고통이라 하며, 사람으로 태어난 도리, 진짜 하늘이 계실까,라는 생각도 안 하고, 교회를 나녔으면서 고민도 안 하고, 제가 지은 죄가 하나씩 영상으로 보여집니다.

이미 죽은 연예인들도 지금 고통을 느끼고 있습니다. 특히 자살하거나 병으로 죽었든 간에 귀신이 돼 있고, 방송국에 가면 사람들 눈에 안 보일 뿐 거기에 귀신이 굉장히 많습니다. 살아 있는 배우가 연기하고 있으면 배우 귀신이 '넌 살아 있고, 난 죽었는데' 하면서 몸속에 쑥 들어가 그 연기를 합니다. 가

수가 노래 부르면 쑥 들어가 노래를 합니다. 갑자기 머리가 어지럽거나 할 때 알 수 있습니다.

귀신들이 살아 있다는 거에 대한 질투로 들어가 죽이기도 합니다. 연예인들이 인기가 있다가 뚝 떨어지면 상실감을 느끼는데 그들이 뿌리는 기운이 있습니다.

방송국이 귀신 천지라는 게 보입니다. 저도 이제 육도윤회를 하고. 저도 윤회의 과정 중에 귀신으로도 윤회해서 안 좋은 일을 해야 합니다. 앵커가 뉴스를 진행하는데 귀신이 카메라를 쳐다보기도 하며 돌아다니고 있습니다.

제 눈이 껌뻑껌뻑하며 졸음이 쏟아지는데, 자꾸 제 손이 목으로 갑니다. 저의 모습이 또 붕어, 물고기의 모습이 되었고, 물고기로 있다가도 순식간에 귀신의 모습이 돼서 서성거리고 있습니다.

도법천존 : 거기까지. 이제 그대도 구원받아서 좋은 세계인 천상궁전으로 가고 싶으면, 엄마 아빠 꿈에 나타나든. 엄마 아빠가 여기 와야 그대도 천상궁전으로 올라간다오.

연예인 최○○ : 제가 물고기가 됐는데 어떻게 하라고요?

도법천존 : 그대가 하기 나름이지. 그대의 엄마 아빠가 기운을 느껴서 여기를 찾아와야 그대를 구원할 수 있소.

연예인 최○○ : 엄마 아빠 보고 싶어 · · · .

도법천존 : 이제 지나간 일이고, 나를 먼저 만났으면 천상궁

전으로 올라갈 수 있었는데, 자만과 교만에 빠져 여기에 오지 않아요. 복이 있는 자들은 나를 만날 것이고, 복이 없는 자들은 한세상 잘 먹고 잘사는데 빠져서 천생과 현생의 죄를 받게 될 것이오. 최○○는 이제 왔던 곳으로 돌아가시오. -이상-

유명 연예인들이 살아서는 각기 나름대로 믿는 종교가 있었지만, 죽어서는 이처럼 귀신이 되어 힘들고 고통스럽게 사후세계를 보내고 있다는 사실이 믿어지지 않을 것이고, 일반인들 역시 죽으면 그만이지, 두렵고 무서운 사후세계가 어디 있으냐고 부정하는 사람들이 전부이다.

육신이 죽었기 때문에 자신의 영혼들도 아무런 고통을 느끼지 못할 것이라고 착각하고 있다. 죽으면 육신의 고통이 끝나기에 좋은 세상에서 영면할 것이라고, 생각하는 것이 일반적인 사람들의 생각들인데 그것은 여러분이 사후세계 진실을 너무나도 모르기 때문이다.

육신이 죽은 영혼들도 산 사람들처럼 똑같이 고통을 그대로 느낀다는 진실이 수없이 밝혀졌다. 죽어서 귀신이 되지 않고, 신선과 선녀되어 천상궁전으로 돌아갈 수 있는 곳은 기존의 종교세계를 믿어서는 불가능하다는 것이 상세히 밝혀졌다.

영화배우 장○○ 사후세계

도법천존 : 장○○ 혼령 데려오라. 어떤 세계에 가 있소?

장○○ : 어떤 세계인지는 모르겠고, 어떤 날은 벌을 받고, 어떤 날은 검은 한복을 입은 채 밤에 도로에 서서 춤을 추고 있습니다.

도법천존 : 무슨 춤을 추는 거요?

장○○ : 한이 맺혀서 한을 풀어달라는 춤입니다. 산 밑의 도로에서 한복을 입고 신발은 벗은 채 기이한 춤을 추는데 제 한을 좀 풀어달라는 춤을 추고, 또 어떤 날은 무덤가에서 통곡하며 울기도 하고, 또 어떤 날은 어디론가 저를 잡아가서 고문하고, 여기 앞에 계신 분은 감히 우러러 볼 수도 없는 분이라는 것이 마음으로 느낌이 옵니다. 저로 인해서 사고가 나서 차가 엎어지기도 합니다.

도법천존 : 근데 넌 왜 자살을 했소?

장○○ : 영혼으로 왔을 때는 모든 것이 기억나지 않습니다.

도법천존 : 기억이 삭제됐소?

장○○ : 제 억울한 한만 느껴지고 모든 것이 기억나지는 않고, 어떤 눈이 열린 자나 신안이 열린 자에게는 제가 밤에 춤을 추는 모습을 본 자도 있을 것입니다. 귀신인데 멀리서 보면 사람인 줄 알고 춤을 추고 있으니까 자신도 차를 태워달라는 줄 알고, 해괴망측한 모습을 보고 운전하다 사고 나서 죽은 경우도 많다고 합니다.

그러다 저는 어떤 날은 누구한테 잡혀가 얻어맞고 옷을 뺏기기도 합니다. 그렇게 반복하다가 강물 속으로 서서히 들어가다 강물 속에서 물귀신처럼 답답하고, 춥고 허기지고 목이 마르고. 그런 감정까지는 느낄 수 있는데, 어떤 날은 눈을 뜨면 땅속에 묻혀 있습니다. 차가운 땅속에서 옴짝달싹 못 하며 괴로워하고 있습니다.

그러다 어떤 날은 제가 고기가 되어 있습니다. 그리고 술잔이라고 해야 하나요? 그런 것이 되어 있을 때도 있습니다. 그러다가도 그곳에서 나오게 되면 절 같은 곳에 가게 됩니다. 철저히 저 혼자. 절 같은 곳에 가서 스님한테 제 억울함을 얘기해도 아무도 듣지를 않는 것 같습니다. 사람들이 다 무심합니다. 자살하는 사람들이 그런 기운을 느끼면서 그 사람들을 바라보곤 합니다.

그런데 제가 죽고 나서 이런 모습으로 살아갈 줄은 몰랐습니다. 죽어서는 고통이나 근심, 아픔이나 슬픔 없이 좋은 곳으로 가거나, 아니면 모든 게 다 끝이라거나 무의 세계가 될 줄 알았는데, 가도 가도 끝이 없는 사막인데 어디까지 가야 할지 모르겠습니다. 저는 그렇게 계속 맴돌고 있습니다.

그러다 누가 저를 데려가서 때리고, 발로 밟고, 다시 저는 그러다가도 산으로 가 있을 때는 동물의 몸으로 들어가 있을 때도 있습니다. 어떤 날은 토끼의 몸으로 빙의 되어서 들어가기도 하고, 나뭇잎으로 들어가기도 하고, 그렇게 들어갔다가 시간이 얼마나 지났는지 모를 정도로 지내다 빠져나가기도 하고, 그런데 여기는 어디입니까? 제가 또, 동물의 모습으로 있다가 여기로 왔는데 여기는 어딥니까?

도법천존 : 여기는 하늘이 내린 곳이오.

장○○ : 죽은 마음을 먹은 사람들을 보면 느껴지기도 합니다. 제가 살아 있을 때는 가수였나요? 탤런트였나요? 화려한 직업이었는지는 아는데. 탤런트 맞죠? 기억이 사라지려 하고, 저 자신을 잃지 않고 가려고 하고 있습니다. 어딘지는 모르겠는데 또 어떤 날은 소의 몸에 들어가기도 합니다. 소의 눈 속에 들어가서 세상을 바라봤습니다.

다시 저를 빼서 돼지의 몸속으로 들여보냈습니다. 제 마음대로 할 수 있는 어떤 것도 없고, 뭔가에 이끌려 가고 아프고, 슬프고, 괴롭고, 비참합니다. 그러다가 저는 또 춤을 춥니다. 어떤 날은 옷이 없는데, 어떤 날은 검은색 한복을 입고 춤을 추는데 사람들이 저를 보고 도망갑니다. 제 느낌으로는 제 한을 풀어달라는 의미로 느껴집니다.

그렇게 이상한 춤을 막 추다가 어떤 검은색 돌 속으로 들어간 날도 있었습니다. 제가 배우라는 직업을 가져서 그런지 또 어떤 날은 절 사람들 많은 곳으로 가서 보라고 합니다. 죽으려는 연예인들이 많이 보입니다. 그들을 보면 '그래, 나도 한때 저들과 같았는데, 나만 죽을 수는 없지' 하며 바라보게 되는데, 그들은 우울함에 빠진 것 같습니다. 하하하···

죽으려는 여자 연예인도 많은 것 같고요. 남자 가수 중에 우울함에 빠진 남자도 많고요. 방송국 같은 곳에 기웃거리면 보입니다. 그 사람들 몸 안에 또 다른 존재들이 들어 있는 게 보입니다. 어떤 여자 연예인 몸 안에는 스님, 비구니, 돼지, 남자, 여자, 낙태 영가들도 들어 있어요.

그 여자 연예인은 낙태를 많이 했나 봐요. 그 여자 연예인은 부족할 것 없이 인기를 누리며, 청순한 외모인데 몸 안에 저렇게 귀신이 많네요. 매니저랑 동거한 것도 보이네요. 돈을 많이 벌어주어 아주 땅 부자네요. 그런 것도 보이고요. 어떤 여자 연예인은 자살한 여자 연예인이 꿈에 보인다고 무서워한다는 게 보이네요.

저기 검은색 옷을 입은 남자 연예인이 연예인 부러워할 것 없다고 하네요. 선망의 대상이 더 힘들어진다고 하네요. 연예인은 돈도 잘 벌고 남부러워할 것 없는 인생을 살 것 같아도 죽어서도 그렇고 중간에 어떤 일이 있든, 그 남자는 뭔지는 모르겠는데 이 앞에 계신 분을 뵙지 못한 이상 그 연예인들도 사후가 온전치 않고 저보다 더 힘들 것이라 하네요. 잘난 척하고 웃고 떠느는 모습이 굉장히 많이 보입니다.

방송국이 보이는데 제가 지금 옷을 입지 않고 있거든요. 먼저 자살한 여자 연예인이 보이는데 굉장히 유명했습니다. 최○○인데, 눈은 빨갛고 키는 작네요. 그 여자가 매우 유명했는데 자살했다고 합니다. 하나님 믿어서 천국 간 게 아니란 것이 보입니다. 자신이 그런 곳에서 배우 생활했기 때문에 거기 방송국을 돌며 하소연하는 모습이 보입니다.

배우들 몸에도 왔다 갔다 합니다. 제가 볼 때는 또 그 여자가 그렇게 있다가도 동물의 모습으로 변하기도 합니다. 말에 들어가 말로도 변합니다. 네? 윤○? 윤○라고 아십니까? 저 여자가 와서 그러네요? 가수? 몇 년 됐다는데요. 왜 자신을 모르냐 하네요. 아 윤○가 아니고 '유○'네요. 제가 이렇게 볼 때 굉장히 예쁩니다.

그런데 서울 한복판을 돌아다니고 사람들 몸에 들어가서 아프게도 하고, 그 여자가 어떤 사람 몸에 들어가면 그 사람의 몸이 아파 무속신을 받아야 한다고 그런 상황에 빠지기도 하고, 죽고 나니 너무나 억울하다고 합니다.

도법천존 : 자살해서 죽고 나면 다 후회해요.

장○○ : 살아 있는 사람들의 몸을 이렇게 보고 있습니다. 머리가 굉장히 길고 어떨 때는 자신의 모습이 보일 때도 있다고 합니다. 잘 모르겠지만. 제가 춤을 추는 것처럼요. 우울하니까 죽어야지. 귀신을 부르는··· 아까 최○○이라는 여자는 방송국을 날아다니고 있습니다. 저는 옷이 없는 상태이기 때문에 어떻게 할 수도 없고, 저 여자는 천국에 올라간 게 아니었네요?

도법천존 : 가긴 어딜 가요? 천국 올라간다고요?

장○○ : 지금 자살 얘기를 하니까 또 어떤 여자가 하나 보입니다. 입이 하얗게 지졌는데, 눈도 흰자가 무섭게 보이는데 저 여자도 저와 같은 일을 했던 여자입니다. 이 씨. 이주? 이○○? 라고 말하고 있습니다. 그 여자도 자살했어요. 하하하!

여기 자살 얘기하니까 자살한 여자 배우들이- 막 오네요.

억울하고 억울해도, 저 여자는 집을 못 떠나나 봐요. 그 집에 붙어 있다가 거기서 자는 사람들은 가위에 눌린다고 하네요. 아프고, 병 걸리고. 저는 여기를 나가면 이젠 뭘로 됩니까? 또 저를 데려가 저를 때리실 건가요? 아니면 동물 몸으로 넣을 것인가요? 저희들은 이제 어떻게 해야 하나요?

도법천존 : 구원받아 천상궁전 가려면 가족이 와야 해요.

장○○ : 못 찾아요. 가족을 찾을 수가 없어요. 누가 저를 새에게 넣을 건가 봐요. 방송국의 어떤 여자 몸에 들어갔어요. 거기도 아플 것 같네요. 어디 정착하기 전까지는 그렇게 계속 들어갔다가 할 건가 봐요. 최○○ 여자 인기 많았죠? 묘비에 꽃다발도 소용없다는데요? 그걸로 뭐. 거긴 다른 자들이 들어가서 웃고 있다는데요?

도법천존 : 사람들은 묘지에 가면 꽃다발 갖고 가는데요?

장○○ : 아니요? 그 앞에 음식 갖다 놔도 소용없다는데요? 여기 앞에 계신 분이 저희들을 도와줄 수 있나요?

도법천존 : 묘지 앞에 상 차리면 못 먹어요? 가족이 오면 도와 줄 수 있지요.

장○○ : 못 해요 못 해요. 절대 못 해요. 제가 절 같은데 가서 이렇게 스님한테 도와달라고 해도 들리지도 않고요. 사람들한테 말해 봐도 못 알아듣고, 여기 앞에 계신 남자분만 제 말을 들을 수 있는 것 같아요.

도법천존 : 그대 마음을 들을 수 있는 것은 나밖에 없소.

장○○ : 하나님이나 부처님이 계시면 저를 좋은 곳으로 데려가셨으면 좋겠습니다.

도법천존 : 그대 가족들이 오지 않으면 할 수가 없소. 그대 부모는 아직 살아 있을 거 아니오?

장○○ : 몰라요. 찾을 수가 없어요. 제가 살았을 때 배우를 같이했던 몸으로 들어갈 거예요. 다른 연예인 몸에 다시 들어가서 왜 이렇게 고통스러워야돼요?

도법천존 : 다른 배우 몸에 들어가는 건 그대 자유요. 오늘은 그대를 추포하여 압송하지는 않소.

장○○ : 목을 조를까···? 약을 먹게 할까···? 뛰어내리게 할까···? 어리고 아름다운 가수의 몸에 들어가 내 억울함을 풀까···? 어떡할까요?

도법천존 : 그대가 하고 싶은 대로 해요.

장○○ : 가수 몸으로 들어가야겠군요. 억울합니다. 억울해.

도법천존 : 죽으면 다 억울하고, 원과 한이 쌓이는데, 그러나 그것도 다 그대가 지은 죄로 인한 팔자겠지요.

장○○ : 절에서는 제가 아무리 말해도 안 되는데 왜 앞에 계신 분과는 말을 할 수 있게 되는 거죠?

도법천존 : 귀신과 대화할 수 있는 곳은 여기밖에 없소. 다른 사람들이 하는 건 다 가짜요. 여기 와야 대화를 다 나눌 수 있고, 원과 한을 풀 수 있소. 종교인 찾아가 봐야 그대가 왔는지 갔는지 알 수 없소. 대화도 안 되오. 그러나 하늘이 내리신 곳이기 때문에 가능하지요.

장○○ : 절 때리진 않나요? 다른 곳에선 때리곤 합니다.

도법천존 : 그런 건 없소. 그대가 꽃다운 나이에 갔는데, 사후 세상을 어떻게 보내는지 세상에 알리려고 그대를 불렀소.

장○○ : 그럼 이렇게 대화가 되는 분은 처음이니까 저를 도와줄 수 있겠군요.

도법천존 : 도와줄 순 있지만 가족이 와야 돼요. 가족이 죗값을 가져와서 죄를 빌어야 그대를 천상으로 보내든가 하지요. 죗값을 안 가지고 오면 천상에서도 안 받아줘요.

장○○ : 고통이 너무 큽니다. 여기를 나가면 새가 될 것 같습니다. 저를 윤회시키는 것이라 합니다.

도법천존 : 그대 전생의 죄가 크니까 현생에서도 자살했지요.

장○○ : 흑흑흑 · · ·

도법천존 : 자, 이제 장○○은 왔던 곳으로 돌아가시오.

전 국무총리 P○○ 사후세계

도법천존 : 전 국무총리 P○○ 혼령 데려오라.

전 국무총리 : 으으··· 으이그··· 마당을 쓸고 있어요.

도법천존 : 무슨 마당을 쓸고 있었소?

전 국무총리 : 아주 옛날 시대의 마당을 쓸고 있었습니다.

도법천존 : 과거 시대의 마당을 쓸고 있다? 어느 시대요?

전 국무총리 : 모르겠습니다··· 기와집에 머슴으로 마당도 쓸고, 대감님도 보이고 집 안 일도 하고 있습니다. 지금 이렇게 머슴이 되기 직전에는 돌멩이였다고 합니다. 지금은 마당쇠··· 나무도 베고, 이런저런 노동을 하고 있습니다.

제가 돌이 된 적도 있었고, 구두, 돼지, 개, 염소, 지렁이, 낙타, 쏘가리, 대추, 밤, 호박, 너무너무 많아서 어떻게 이걸 다··· 그러다 지금은 마당쇠가 되어 마당을 쓸고 있었습니다.

안경, 칠판, 군화, 학교 같은 데 세워진 동상. 제가 죽기 전에 한때 권력이 있었던 고위 정치인이었다는 사실이 점차 잊힙니다. 그것은 아무 의미 없는 것이었습니다. 사람으로 산 것조차도 하늘이 내리신 명을 받기 위해 윤회하는 하나의 과정이라고 하는데 저는 제 앞에 보이시는 하늘이 내리신 존귀하신 분을 살아서 알아보지 못해서 이렇게 되었습니다.

그런데 중요한 것은 여기 말씀하시는 남성분께서 존재하실 때 이곳 하늘궁전 태상천궁의 주인을 찾아뵙지 못하고 죽게 된 것, 그게 아주 큰 죄라고 합니다. 저의 전전 전생에는 축생도 있고, 식당에서 일하는 모습, 막노동하던 모습 등 여러 가지가 윤회 과정에 있었던 것이라고 합니다.

제가 국무총리로, 국회의원의 신분으로 권력을 누릴 때 눈이 멀어 신문에 실린 책 광고를 보고도 쯔쯔쯔~! 혀를 차면서 부정하고 무시하며 이분을 살아생전 찾아뵙지 못한 것이 죽어서는 천추의 원과 한이 되었습니다.

저와 많은 사람들이 신문광고를 보고 마음, 생각, 말, 행동, 악플 달며 이분을 비난 험담한 것이 고스란히 인공지능 슈퍼컴퓨터 천상장부에 동영상으로 실시간 기록되어 있다고 어떤 분이 들려주십니다. 천상의 삶, 전전 전생의 삶, 현생의 삶, 죽음 이후 사후세계의 삶이 실시간으로 빠짐없이 슈퍼컴퓨터에 자동입력되고 있다고 하십니다.

천상궁전 태상천궁의 문명이 지구로 내려왔는데 지구 문명보다 수천 경 년 이상 발전해 있다고 합니다. 인간 세상의 정부구조, 모든 벼슬의 신분과 계급구조 역시 천상궁전에서 지구로 내려왔다고 합니다. 저는 지금 앞에 계신 분이 세상을 떠나 천상으로 올라가시어 황위를 계승하시어 천상의 주인 자리에 등극하시어 하늘이 되시면 제가 이분을 살아서 비난 험담한 죄를 심판받는다고 들려주십니다. 흑~흑~흑~!

윤회가 너무나 길어서 저 자신을 잊어버리는 게 힘들었습니다. 제가 마당을 쓸면서도 기분이 나빴습니다. 대감마님께 한소리를 들었기 때문입니다. 쥐약 같은 거라도 먹고 죽을까 씩씩거리고 있는데 사후세계에서도 또다시 죽음이 있습니다.

제가 한때 권력을 가졌던 자였군요. 아무 부질 없는 자리였어요. 죽어보니 아무런 의미가 없습니다. 윤회의 한 과정일 뿐 앞에 계신 분을 살아서 만나뵙지 못해, 하늘이 내리시는 명을 받지 못하고 죽은 것이 큰 죄가 되었다고 합니다.

대통령이든, 정치인이든, 재벌이든, 교수든, 중요한 것은 영적 세계에서 윤회하기 전에 앞에 계신 분과 동시대에 태어났는데, 죽으면 자기가 크게 잘못하지 않은 이상, 내가 믿고 있는 종교에 따라 천국이나 극락에 갈 것이라고, 생각한 것이 저의 큰 착각이었다는 것을 알게 되었습니다.

사람이 죽으면 한 때 누렸던 큰 권력이 아무런 소용이 없다는 걸 알게 되었습니다. 귀신이 되어서 사람 몸으로 들어가는데, 저는 여자아이 무릎에 들어가서 무릎 통증을 일으키는 그런 시절도 있었고 동물, 돌, 여러 가지로 사후세계에서 끝도 없이 장구한 세월 동안 윤회를 합니다.

마늘, 돗자리, 물병, 하마, 솥··· 제가 한때 이렇게 윤회해습니다. 코리아라는 나라? 그 나라에서 권력을 누리면서 많은 이들의 존경을 받고 살았었나? 까마득하게 느껴질 정도로 부질없게 느껴집니다. 원숭이, 의자, 마이크, 책으로 윤회하는데, 그러니 제가 사람으로 누렸던 권력은 죽어서는 정말 아무런 의미가 없더군요. 지금은 이렇게 씩씩거리면서 마당을 쓸고 있는 신분으로 너무나도 춥고 서럽습니다.

도법천존 : 옷이 없어 추운 거요? 겨울이라서 추운 거요?

전 국무총리 : 옷은 마당쇠 옷차림인데, 어떤 차원의 이동이라고 해야 하나요? 여기에 오니 춥게 느껴집니다.

도법천존 : 그대는 죽어서 부인 만나봤소?

전 국무총리 : 언제 적의 부인을 말합니까?

도법천존 : 현생에서.

전 국무총리 : 사람으로 윤회한 시기가 많아서 · · ·

도법천존 : 한국에서 죽기 전에.

전 국무총리 : 제가 한국에서 죽었습니까? 그렇습니까? 그걸 잘 모르겠습니다. 죽고 나니, 제 이름 석 자도 기억 안 날 정도입니다. 여기 와서만 말이 나오고 있습니다. 저는 만나지도 못했을뿐더러, 제 주위에는 사람이라는 존재는 없고 다른 존재들이 노려보고 있습니다.

코리아라는 나라에서 살았던 거, 죽었을 때 검은 들쥐들이 많이 보였다는 기억과 제 부인이 있었다는데 전혀 보지 못했습니다. 가족들이라면 전혀 상관이 없는 남남이라고 느껴지고, 사후세계에서는 외톨이로 느껴집니다.

살아서의 명예는 아무것도 아니고, 중요한 것은 여기 앞의 남자분이 어떤 분인지 잘 알지도 못하지만, 굉장히 높은 분이라 느껴집니다. 한마디로 제가 코리아라는 나라에서 살다가 죽어서는 아무 소용도 없고, 쓸모도 없는 벼슬을 누렸다랄까? 죽어보니 아무 의미도 없고, 저는 처절하게 동물과 물건으로도 태어나고, 과거의 사람으로도 태어나고, 원숭이로도 반복해서 태어나고 있습니다.

앞에 계신 높은 분을 알아보지 못하고 하늘에 대한 궁금증을 진심으로 관심 갖고 찾지 않은 거, 가족도 아무 소용없었고 죽어서도 보이지 않습니다. 코리아라는 나라로 윤회하는 하나의 과정이었던 것 같습니다. 마치 단편 영화 같은 윤회 과정입니다. 무엇인가 풀고, 풀고, 풀어야 할 뿐입니다.

물고기가 돼서 사람 손에 잘려 뜨거운 물속에 들어가고 얼마나 뜨거운지 모르겠습니다. 어떤 때는 제가 칠판이 되었습니다. 아휴 추워!

지금은 제가 이렇게 마당쇠로 일을 하지만, 여기서 죽게 되면 무엇으로 윤회할지 두려운 마음입니다. 모두가 다 윤회하고 있기에 길가에 보이는 무엇이든, 조약돌도 함부로 다뤘다가는 탈이 납니다.

코리아에서 누렸던 권력은 아무 소용이 없고, 저에 대한 존경도 안 했으면 좋겠습니다. 그렇게 저의 영혼을 향해서 해도 아무런 의미가 없고, 여기 앞에 계신 남자분께 존경이 다 가야 하는데 제가 살아서 받고 있었으니 그것도 큰 죄가 된다고 합니다. 아유~ 추워. 여기서 빠져나가고 싶습니다.

도법천존 : P○○은 왔던 곳으로 돌아가고, P○○의 부인 K○○ 혼령 데려오라.

KOO : 죄송합니다. 제가 지금 아무것도 입지 않은지라. 죄송합니다. 너무 얼굴이 해골 같은 모습입니다. 권력자의 아내로 살았다 죽은 것도 죄가 되는지 몰랐습니다.

도법천존 : 옷이 없소? 넌 어느 세계에 가 있소?

KOO : 산의 무덤 같은 곳에서 사람들이 술이나 제사 지내는 곳에서 얻어먹고자 그렇게 기웃거리고 있습니다. 지금 홀랑 벗은 상태입니다. 권력자의 아내로 살았던 것이 이렇게 큰 죄인 줄 몰랐습니다.

제가 사람으로 살았을 때 타인을 괴롭히거나 해코지하거나 하지 않았는데, 죽어보니 벌을 받고 있습니다. 아유 추워~! 옷도 없고, 저 역시 뭔가 머리가 멍하고 죽어서 눈을 떴을 때는 흰 빛, 까만빛, 빨간빛, 오색찬란한 빛이 앞으로 쭉 보였는데, 저는 제가 당연히 착하게 살았으니까 좋은 곳으로 가겠구나 했는데 전혀 틀리고, 앞에 계신 남자분도 알아보지 못하고 권력자의 아내로 살았다는 것이 저에게는 죄였다고 합니다.

색깔별로 문이 보이는데, 거기서 빨간색 문을 선택해서 들어갔다가 그 후로 제가 이렇게 되었습니다. 그리고 주막집의 아줌마, 일하는 아줌마, 장군의 칼, 잉어, 구슬, 고무줄, 버스가 되어서 고통이 느껴집니다. 많은 사람들을 태우고, 그다음은 어떤 사람인데, 마을에 홍수가 나서 통곡하는 여자의 모습이 보입니다.

식탁도 보이고 사슴, 열대어, 고사 지낸다고 돼지머리를 올리는데, 제가 그 돼지머리가 되어 있습니다. 잘린 돼지머리가 보이고, 귀신의 모습으로 있다가 돼지머리에 쏙 들어가서 사람들한테 절을 받고 합니다. 권력자의 아내로 산다는 게 이렇게 죄가 되는지 몰랐습니다.

옷이 없어 힘이 없고 부끄럽습니다. 앞에 계신 분은 황제처럼 느껴집니다. 황제 맞으십니까? 가족은 만나지도 못할뿐더러 저를 찾아주는 사람도 없고, 제가 스스로 고통을 느끼면서 한도 끝도 없이 윤회하는 고문형벌을 받고 있습니다.

도법천존 : 그대 조상들도 못 만나봤소?
KOO : 전혀요. 전혀! 엄마도 못 만났습니다. 귀신도 계속 보이고 못 만났습니다.

도법천존 : 그대도 살아서 절에 다녔소?
KOO : 부처의 얼굴이 보입니다. 근데 저는 나쁜 짓을 하지 않고, 다른 사람 욕한 적도 없는데 제가 왜 이렇게 되었어요? 너무 춥고 부끄럽고, 계속 윤회를 하다가 어떤 뜨거운 불지옥으로 가야 한다고 합니다.

도법천존 : 그대가 천상과 전전 전생, 그리고 현생에서 살아생전 행하고 뿌린 대로 거두는 거요. 그대가 천상에서 살았을 때의 죄 때문이죠.
KOO : 천상이라뇨? 아아~, 추워~!

도법천존 : 그대가 죽어서 입었던 안동포 수의는 어찌했소?

KOO : 없습니다.

도법천존 : 뺏긴 거요? 몇 살의 모습이요?

KOO : 모르겠습니다. 그런 개념이 없습니다. 윤회하다 보면 사고를 할 능력도 없는 상태입니다. 가족도 볼 수 없고. 내가 그 시절에 어떻게 살았는지 기억도 사라집니다.

도법천존 : 자식들 찾아갔었소? 제삿밥 얻어먹으러 갔소?

KOO : 아니요. 갈 수 있는 게 아닙니다. 다른 귀신은 모르겠지만 제가 죽었을 때, 전 전생이었는지 이 나라에 있었는지 헷갈리고 찾아가지도 못합니다. 어떤 윤회가 끝나거나 하면 수천 개가 넘는 문들이 보입니다.

어떤 시절은 어떤 문을 열고 들어가니 흰색 연기가 뿜어져 나오더니 커다란 시계가 보이고 그 앞에는 하얀 뿔이 난 수염이 나신 분이 노려보고 있습니다. 그분의 말씀대로 윤회하고 나면 또 다른 곳으로 가게 됩니다. -이상-

도법천존 : 거기까지. 그대는 왔던 곳으로 돌아가시오.

코미디언 이○○ 사후세계

도법천존 : 코미디언 이○○ 혼령 데려오라!
코미디언 : 아~! 흐흐~!

도법천존 : 이○○! 어느 세계에 가 있소? 좋은 세계 못 갔소? 죽어서도 코미디언 하고 있는 것 아니오?
코미디언 : 폐가 같은 곳에서 귀신들과 함께 있다가 누가 와서 잡아가면 시키는 것을 다하고 있습니다.

도법천존 : 누가 잡아가는 거요?
코미디언 : 저보다 힘이 좀 센 귀신입니다. 지금은 폐가 같은 곳에서 귀신으로 윤회하고 있는 중이고, 이전 윤회에서는 전쟁터에서 총에 맞아 죽은 군인이었습니다. 그리고 그 군인이 되기 전에는 제가 개였습니다.

개가 되었는데, 사람들한테 예쁨을 받는 개가 아닌 식용개였습니다. 개가 되기 바로 전에는 제가 세숫대야였습니다. 사람들이 물을 부어서 목욕하는 그런 큰 대야였습니다. 그리고 대야 전에는 해파리였습니다.

해파리가 되기 전에는 채소로 윤회하여 고구마, 감자들로도 윤회하였었습니다. 그전에는 다른 세계에서 오래된 신줏단지로 있었던 시절도 있었습니다. 신춧단지 전에는 뱀이었습니다. 뱀으로 윤회하기 바로 전에는 어떤 상인의 모습인데 장애인의 모습니다.

한쪽 팔이 없는 장애인으로 이불을 파는 상인의 모습이었고, 그 이전에는 쥐였습니다. 또 그전에는 오소리였는데, 이렇게 죽고 나니 계속해서 동물로도 윤회하고 지금은 귀신의 모습으로 누가 잡으러 오면 도망가고 합니다!

도법천존 : 살아서는 코미디언이었는데 왜 그렇게 살아요?

코미디언 : 살아서는 좋은 마음 가지고 살면, 좋은 곳으로 가는 줄 알았는데, 죽고 나니 윤회를 하게 되고, 코미디계 황제 이○○이라는 것도 잊게 되고, 너무도 난해한 윤회입니다. 죽기 전에는 제가 어떻게 살았었는지 영화 같은 것을 빠르게 보기도 했습니다. 앞에 계신 분께서는 부처님이십니까?

도법천존 : 하늘의 천자이자 황태자인 도법천존이오.

코미디언 : 그렇게 죽고 나서 종교에서 말하는 좋은 곳이 아니라 생각지도 못하는 세계에서 태어나고 다른 차원에서 인연을 풀고 있습니다. 어떤 시절에서는 뱃사공이었습니다. 그 시절에는 나쁜 마음을 먹어서 돈을 못 갚아 저를 계속 괴롭히고, 저도 살아서는 착하게 살고, 종교에서 말하는 대로 믿으면 좋은 곳으로 가는 줄 알았습니다. 누가 황제라고 했습니까?

도법천존 : 코미디언으로 황제였잖소?

코미디언 : 황제라는 단어는 오직 앞에 계신 분께만 붙여질 수 있다고 합니다. 그 단어로 인해 제가 더 죄를 짓게 되었습

니다. 제게 황제라는 단어를 쓰는 자체가 죽어서 죄가 더 커진 것을 알게 되고 벌을 받게 됩니다. 그런 단어는 오직 앞에 계신 남자분께만 쓰여야 한다고 합니다. 황제라는 칭호를 받은 이런 죄도 죽어서 하나, 하나 다 풀어야 한다고 합니다. 제발 귀신의 신세에서 벗어나게 해 주십시오!

도법천존 : 그대의 가족이 와야만 하오. 그렇지 않으면 방법이 없소!

코미디언 : 종교에서 말하는 천당, 지옥이 없는 것 같습니다. 여기 귀신이 많습니다. 앞에 계신 분은 누구십니까? 어떤 종교입니까?

도법천존 : 이곳은 종교가 아니오! 하늘궁전 태상천궁이라는 영적 세계 하늘의 국가이자 천상의 대법정이 지상으로 내린 곳이오! 코미디언 이○○은 다시 왔던 곳으로 돌아가시오.

○○교 교주 사후세계

도법천존 : ○○교 교주 ○○ 혼령 데려오라!

○○교주 : 으억··· 헉··· (바닥에 엎드려 있다) 저 이것 좀 풀어주세요.

도법천존 : 뭘 풀어줘요?

○○교주 : 몸에 엄청··· 빨간 뱀과 쇳줄이 온몸을 다 묶고 있습니다. 뱀이 감고 있고 칭칭 감긴 상태입니다.

도법천존 : 벌을 받고 있는데 왜 그걸 풀어달라 그래요?

○○교주 : 제발 저 좀 풀어주세요···

도법천존 : 그대가 살아생전에 하느님이라면서요? 근데 왜 그러고 있소! 왜 벌을 받아요? 그대가 진짜요? 고개 들고 말해봐요! 그대가 진짜 하느님이라면 왜 벌을 받고 있어요!

○○교주 : 왜 이러고 있는지 저도 모릅니다! 이렇게 될 줄 제가 어떻게 압니까?

도법천존 : 그럼 그대는 신도들을 속인 거 아니오? 돈 뺏으려고 속였잖소? 그래서 종교를 세워 조상과 신과 영을 다 끌어들이고 있잖소! 그 죄를 어떻게 갚을 것이오? 죽어서 그대가 심판받을 줄은 몰랐죠? 그대가 행하고 뿌린 대로 거두는 것이오.

여기 도교에 갔다 온 자들 손 들어봐! 자, 이들 돈 다 뺏었잖아. 이들은 다행히 탈출해서 여기 왔어. 탈출 못 한 자는 얼마나 많아! 이 땅에서 종교를 세운 자가 가장 큰 죄를 지은 자들이야. 여기 못 들어오게 죄다 옭아매고. 너한테 벌받는다고 겁이나 주고! 야, 하늘을 사칭해?

OO교주 : 저는 이렇게 될 줄 몰랐고, 제발 이것 좀 풀어주세요. 아파요.

도법천존 : 그대가 살아생전 하느님 역할을 할 때 하늘께서는 얼마나 가슴이 미어지셨는데, 그걸 풀어달라고 해요? 그대가 죽으면 심판받을 거라 생각 못했겠지요? 그대가 죽어서 어디에 있든 내가 명을 내리면 바로 추포되어 심판받아요.

OO교주 : 아아··· 계속 조여오고 있습니다.

도법천존 : 조여오는 게 문제요? 그대가 지은 만큼 벌을 받아야 할 것 아니오? 이실직고하시오. 하느님이었소? 말하시오!

OO교주 : (고개를 끄덕인다.)

도법천존 : 말로 하시오! 그랬는지 안 그랬는지요!

OO교주 : 살아 있을 때 하느님이라 그랬습니다.

도법천존 : 그런데, 죽어보니까 아니오? 그대하느님이라 그러니까 많은 이들이 떠받들고, 그 맛에 하느님 역할을 했소? 이실직고해요! 하늘을 이용하고 하늘을 팔아먹었소? 그래서 돈 많이 벌었는데 그 돈은 다 어딨소? 가져갔어요? 사후세계 가져갔소? 죽어서 고통뿐이 없잖소? 하늘이 바보신 줄 아오?

그대들처럼 하늘 사칭하면 용서하실 줄 알아요? 끝까지 쫓아가서 심판하오. 난 하늘의 아들이고 황태자요. 그래서 내가 심판하오. 하늘께서 직접 오실 수 없기 때문에 나를 이 땅으로 보내셨소. 그대 같은 자들을 심판하라고요! 그게 황위 계승의 한 과정이오. 하늘 무서운 줄 몰랐구려? ○○교주! 고개 들라!

나는 심판자로 온 하늘의 황태자요. 하늘을 사칭한 그대들을 심판하러 왔소 인류를 속여서 인생 뺏고, 돈 뺏고 하늘을 사칭한 종교인들의 죄를 심판하러 왔소. 그대가 죽었다고 심판 못할 줄 알았소? 이렇게 심판하잖소. 그대가 죽어서 가 있는 세계가 어떤 세계인지 말하시오.

○○교주 : 뱀이 많이 있습니다.

도법천존 : 독사 지옥 독사도이군요.

○○교주 : 뱀이 감싸고 무섭고 아프고···

도법천존 : ○○교주 고개 드시오. 그대가 도통시켜준다고 그 많은 사람들을 속여왔소? 맨날 내년, 내년? 도통은 도솔천황폐하의 고유권한이오. 그대가 도통의 주인이오? 하늘이 안 보인다고 섭 없이 하늘을 사칭하고 있소? 나도 하늘을 사칭 안 해요! 난 하늘의 명 대행자이자 황태자요! 그대들에게는 보이는 하늘이 맞소. 기운으로는 천상의 하늘께서 내려주시니까! 그대는 압송 대기! 다음은 ○○교 세운 ○○교주 데려오라! 그대가 인간세계의 하느님이오? 맞소이까?

○○교주 : 예···

도법천존 : 수많은 조상들을 도교지옥에 가둬놨소? 구원도

못 받게요? 도통해서 뭘 할 건데요! 얘기해 봐요. 하늘 역할하려고요? 그대는 어느 지옥에 가 있어요?

○○교주 : 지금 오른팔이 없고, 왼쪽 다리도 없습니다. 그리고 그 상태로 아주아주 차가운 곳에서 있었습니다.

도법천존 : 얼음지옥 한빙도에 가 있었군요.

○○교주 : 팔도 너무 추워서 떨어진 상태입니다.

도법천존 : ○○도에 가둬놓은 조상들, 인간들, 영혼들, 신들. 어쩔 거요? 그대 때문에 여기 못 오고. 어떡할 거요! 잘못했으면 잘못했다고 해요!

○○교주 : 잘못했습니다···

도법천존 : ○○도인들에게 얘기해 봐요. 고개 들고요! 그대가 행한 것이 모두 잘못됐다고 얘기해 봐요!

○○교주 : 모든 도인들이여···! 죽고 나니 너무나 잘못했다는 걸 알게 됐습니다. 저는 지금 얼음지옥 한빙도라는 지옥에서 벌을 받고 있습니다. 그곳이 너무 추워서 팔다리가 뜯겨져 나갔습니다. 저를 믿고 따른 많은 도인들이 죽으면 저와 같이 될 것입니다. 그런데 제가 이렇게 말을 해도 워낙 오래 세뇌가 돼서 인정하지 못할 것 같습니다. 도통은 구원이 아니었습니다. 고통··· 너무 큰 고통과 괴로움뿐입니다.

도법천존 : 도교에서 도통은 없소이다.

○○교주 : 없습니다. 전혀 없습니다.

도법천존 : 그거에 넘어가서 수많은 자들이 도교에 들어갔소.

ㅇㅇ교주 : 도통이 없습니다··· 도를 닦아 도인이 된다는 거 제발 멈추세요. 도통은 없습니다! 도인이 될 수 없습니다. 더 이상 저를 찾지 말아주세요. 그럴수록 더 큰 벌을 받습니다.

도법천존 : 그대가 뿌린 씨앗이니까 그대가 거둬야지요?

ㅇㅇ교주 : 제발··· 도통도 도인도 없으니··· 다 멈춰주시기 바랍니다. 무서워요···

도법천존 : 하늘 무서운 줄 모르고, 겁 없이 하늘을 사칭해요? 그대가 인간의 하느님 맞아요?

ㅇㅇ교주 : 아닙니다! 다 아닙니다! 다 가짜예요 가짜!

도법천존 : 그대가 그렇게 뿌렸으니까 괴롭소? 그대가 살아서 지은 죄가 없어질 줄 아오? 죽어서도 심판받는 거요.

ㅇㅇ교주 : 저를 따랐던 도인들은 저를 찾지 말아주세요. 저는 더 큰 나락으로 떨어집니다. 제발 저를 찾지 말아주세요.

도법천존 : 내가 이 땅에 내려오지 않았다면 진실을 밝힐 방법이 없었는데 그대는 대기. ㅇㅇ도 세운 ㅇㅇ교주 데려오라!

ㅇㅇ교주 : 저는 지금 검은 피···를 마시고 있습니다. 검은 바다에서 허우적거리다 왔습니다. 살려주세요.

도법천존 : 검은 바다 지옥 흑해도에서 왔군요. 그대가 살아서 지은 죄가 얼만데 죄도 빌지 않고 살려줘요? 그대가 감히 하늘을 사칭해요? 그대가 하느님이 맞아요? 진짜 하느님이면 나한테 잡혀와서 심판받겠소? 인간들과 영혼들, 조상들과 신들을 다 속여요? 그곳 ㅇㅇ도가 바로 도교지옥이군요.

거기에 빠져서 나오지 못하게 교리로 세뇌시켜요? 그대가 죽으면 그대 죄상이 안 밝혀질 줄 알았죠? 어느 종교인이 밝혀요? 하늘께서만 밝혀요! 난 하늘의 아들이기 때문에 죄를 밝히는 거요. 그대들을 심판할 수 있는 자가 이 세상에는 없죠?

하늘만 심판하시지요. 난 미래의 하늘이기 때문에 그대들을 심판하는 거요. 천상에서 도망친 주제에 이 땅에 와서도 종교를 세워서 하늘로 돌아가지 못하게 죄다 발목을 잡고 있어요? 그대는 죽엇지만 ○○도 믿는 도인들에게 두들겨 맞아 앞으로 엄청 고통스러울 거요. 그 도인들이 죽어서 가만두겠소? 살아생전 호의호식했지만 죽어보니 어떠하오?

○○교주 : 검은 피를 계속 마시는 검은 바다에서 고통을 받고 있습니다···

도법천존 : 그대가 하느님이 맞아요? 틀려요?

○○교주 : 틀립니다. 아닙니다. 엉~엉~엉···

도법천존 : 왜 사칭했어요? 사칭한 이유가 있을 거 아니오?

○○교주 : 하늘이 되고 싶어서 그랬습니다.

도법천존 : 하늘? 그래? 허허··· 그렇게 하면 하늘이 되는 거요? 그래, 하늘이라고 해야 다들 모여들지요? 아~!, 그대도 그렇게 고통받는 지옥에 가 있는데 도인들은 어떻게 되는 거요?

○○교주 : 흑흑흑···

도법천존 : 그렇게 죄를 짓고서도 살려주세요, 라는 말이 나와요? 하늘을 사칭했잖소? 그대가 고통스럽다고, 살려달라는 말

이 그리 쉽게 나와요? 기가 막히네요. 책임지지 못할 일을 왜 했소? 종통을 이어받았잖소. 참 걱정이오. 도인들 엄청 많은데, 모두 가짜를 믿고 있었소. 이 진실을 가르쳐줘도 과연 바꾸겠냐고요? 교리에 완전히 세뇌되었소. 그대들 모두 심판하오.

판결주문 : 지금까지 추포된 자들 전원 무뇌아로 만들어 기억 삭제시키고 계시와 메시지, 기운을 도인들에게 전달하지 못하게 금지시킨다. 천상의 9대 지옥인 천옥도, 지옥도, 적화도, 한빙도, 도산도, 흑해도, 적해도, 백해도, 독사도로 압송해서 각각 9천해 년씩 고문형벌을 집행 후에 소멸을 명하노라.

구원과 도통을 부르짖고 있지만, 뜻을 이루지 못하고 이들 역시 모두가 죽어서 참혹한 9대 지옥의 고통을 면하지 못하고 있다. 운이 좋아서 글을 읽어보는 수많은 도인들은 절대로 그럴 리가 없을 것이라고 쌍심지 켜고 부정하며 오히려 나를 사이비로 몰고 비난 험담할 것이지만, 나의 현생과 사후세계 운명을 걸고 하늘이신 천상의 주인께 맹세하고 약속한다.

내가 하늘이 보내신 하나뿐인 외동아들이며 천자이자 황태사 노법천손이 아니고, 천상의 황태자를 사칭했거나 나의 말이 진실이 아닌 새빨간 거짓이라면 오늘 당장이라도 하늘을 능멸한 죄를 물어 나의 목숨을 거두어가시라고 청을 올리는 바이고, 나의 영혼과 직계 조상님들도 9대 지옥으로 압송하여서 영원히 고문형벌을 집행하시라고 말씀드리는 바이다.

나는 인류의 심판자이자 인류의 구원자로 황명을 받고 지구에 내려왔고, 또 다른 신흥종교를 세우려는 것이 아니라 천상에서 역모 반란을 일으키고 지구로 도망쳐서 종교를 세워 하늘과 이별시킨 대역죄인들을 추포하여 심판하러 내려온 하늘이 보내신 구세주, 구원자, 심판자의 신분이기에 여러분을 현혹하고 회유할 필요가 하나도 없고 진실만을 전할 뿐이다.

이런 나의 결의에도 믿지 못할 사람들은 강요하지 않으니 그냥 여러분이 받들어 섬기는 숭배자들처럼 죽어서든 살아서든 고통스럽고 참혹한 9대 지옥을 뒤따라가면 된다. 나는 현생과 내생의 목숨을 걸고 하늘의 경이로운 진실을 전하는 것이니, 하늘의 뜻에 이제라도 동참할 사람들은 모든 종교로부터 하루빨리 벗어나 하늘궁전 태상천궁으로 들어오기 바란다.

도교지옥에 들어가 있는 사람들과 가족들, 조상들이 상당히 많은 걸로 안다. 모두가 속았다는 것이 명명백백 밝혀졌으니 진정한 도통을 원하고 구원받기를 바라거든 소울음소리 나는 하늘궁전 태상천궁으로 들어와야 한다.

1999년부터 도통이 일어난다고 하였지만 일어나지 않자 지금까지 20년 동안을 계속해서 내년 내년 하면서 미루어 왔는데, 이제는 도교와 종교의 종말을 고하여야 할 때가 왔다. 그동안 도교에 내려졌던 모든 천지기운을 몽땅 거두어들인다.

도통은 도교에서 영원히 이루어지지 않는다. 영적인 도통의 주인은 천상의 도통천존 도솔천황 폐하아시고, 육적인 도통의 주인은 천상의 황태자인 도법천존이니 하늘궁전 태상천궁에 들어와서 직접 눈과 귀로 확인해보면 금방 알 수 있다.

제5부

산 사람들의 사후세계 미리 보기

○○ 교주 사후세계 미리 보기

도법천존 : ○○교주의 처 G○○와 조상들 모두 데려오라. 고개 들라! 그대는 하나님 어머니야? 남편인 하나님 아버지 ○○ 교주 모습 봤소? G○○~! 그대가 하나님 어머니라~! 그래서 교인들 피를 빨아 먹는 거요? 아직 육신이 죽지 않았지만, 그대 영혼도 남편 따라가시오. 하늘을 사칭한 그대를 죽어서만 심판하는 것이 아니라 살아서도 심판한다오.

뭐가 서러워서 그렇게 울어요? 그대 육신은 아직 안 죽고 남편 대신 교주로 부귀영화 누리고 있군요. 하늘을 팔아먹는 사기 행각 좀 그만하지요? ○○교 S○○이도 구원 못 받고, 신부도 구원 못 받고, 그대 남편 ○○교주도 구원 못 받고, 그런데 종교를 퍼뜨려서 사람들 재산 바치게 만들어요? 자, 지금부터 그대 영혼에게 죽음 이후의 세계를 낱낱이 미리 보여줄 것이니 보이는 대로 말하시오.

G○○교주 : 제가 죽음이라는 것을 · · · ! 눈을 감게 돼서 죽음을 맞이하는데, 누가 제 목에다 검은 줄을 감았습니다. 검은 줄을 여러 번 두른 후에 저를 어디론가 데려가는데, 제가 개 끌려가듯 질질 끌려갑니다.

검은색 옷을 입은 어떤 높으신 분 앞에서 그분이 여쭤보는 대로 대답하였고, 그다음에 가야 할 곳이 있는데, 왼쪽에는 빨간 나무, 앞에는 흰 나무, 오른쪽에는 검은 나무가 있는데 각 나무 앞에서 105배씩 하라고 해서 정중하게 절을 합니다.

검은 나무 앞에 앉게 되니 검은 나무인지 사람인지 제가 살아서 얼마나 큰 죄를 지었는지 상세히 알게 해주고, 제가 가야 될 세상을 잠시 얘기해 주고, 다시 검은 줄이 제 목을 44번 감아서 끌려가는데, 제가 들어간 곳이 교도소의 철창 같은 곳인데, 거기에 저를 철퍽 던져넣습니다.

철창 안에 있는 것이 개들입니다. 그 개들이 저를 사정없이 물어뜯습니다. 제 몸이 산 채로 뜯겨나가고, 눈도 뜯겨나가고, 저는 몸이 뜯기는 고통을 고스란히 느낍니다. 그렇게 빨간 개들에게 물리니 너무나 아파요. 제 몸을 뜯기고 먹힌 후에 다시 몸이 합쳐지는데 제 갓난아이 때의 모습으로 합쳐집니다.

다음 방은 반은 검고 반은 흰색인 방인데, 그곳에는 검고 흰색이 반반씩인 진돗개가 이빨을 드러내며 무슨 말인지 모르는 얘기를 하는데, 저는 잘못했다고 계속 빕니다. 저의 갓난아이 때의 모습 자체를 사정없이 물어뜯고 떨어집니다.

빨간 강입니다. 흰색 액체가 떠다닙니다. 전 갓난아기 모습 그 자체입니다. 거기에 저는 둥둥 떠다니는 모습인데 냄새가 너무 역겹고 눈, 코, 입으로 액체가 들어오니 숨을 쉴 수도 없고 미칠 것만 같습니다.

그렇게 제가 둥둥 떠다니는데, 제 몸이 떠다니는 와중에, 사람이 죽으면 곡을 하지 않습니까? 상여꾼 같은 사람들이 강물 위에서 아랑곳하지 않고 관에 든 시체처럼 저를 어깨 위에 이고 갑니다. 108걸음 걷고 저를 땅으로 내려놓습니다.

아까까지 갓난아이 모습이었는데, 10대의 어린 시절 몸으로 되어 있습니다. 10대가 되어도 눈, 코, 입과 성기가 땅에 떨어져 있고, 밑에는 검은 물인데 먹물같이 아주 까맣습니다. 제 양팔이 잡힙니다.

누군가가 와서 이마에 검은색의 못을 박고 양손, 팔, 가슴에도 못을 확 박고, 그렇게 마치 십자가 형태로 못이 박혀서 마치 예수님께서 못에 박힌 형태가 되었고, 저를 어느 분께서 드시더니 사람이 엄청 많은 광장 같은 곳에 갑니다.

수백 조가 넘는 사람들이 있습니다. 수많은 사람들이 저를 알몸 상태에서 보고 있습니다. 그 많은 사람들이 '너 때문이야!' 하면서 돌이나 활을 던집니다. 온몸에 맞아서 피범벅이 됩니다. 악!

너 때문에 이렇게 됐다고 별의별 욕을 하고, 살아서 저와 인연을 맺었던 자들이 저에게 저주를 퍼붓습니다. 저는 피범벅이 된 상태로 들려졌는데 검은 새들이 저를 들어서 어느 곳으로 이동합니다.

이마는 빨갛고 흰색이 섞인 구슬 같은 게 박힌 무서운 분께서 이상한 단어로 섞인 말(천상의 언어)을 하는데 알아듣지는 못하겠고 저는 그분한테 욕을 합니다. 그러자 옆의 어떤 새에게 뭐라고 얘기를 하시더니 저를 들어서 뜨거운 용암 쪽으로 떨어뜨립니다.

도법천존 : 앞줄에 있는 자들은 죄인이 고문받는 걸 봐라.

GOO교주 : 보지 마십시오! 왜 내가 벌을 받는 것을 당신들이 봅니까! 보지 마십시오! 이 사람들이 보면 도저히 말을 못 하겠습니다! 귀신들이 너무 많이 보여서 못 하겠습니다! 억울해~ 억울해-!

도법천존 : 그대가 하나님 어머니인데 왜 그러고 있냐고요?

GOO교주 : 그렇게 저는 용암 속으로 떨어지게 됩니다. 용암으로 떨어져 십자가에 박힌 상태에서 용암에 온몸이 녹아내리면 몸이 재생되고, 다시 녹아내리고, 제가 용암 속에서 뜨겁게 녹아내리는 와중에 저는 중년의 모습으로 변합니다. 너무 괴로워서 힘들어 누군가가 저를 십자가에 붙어 있는 상태에서 꺼내서 어딘가 던져넣습니다.

이번에 보이는 것이 교회 같은 곳입니다. 딱 들어가니 굉장히 크고 검은색입니다. 수천 명이 넘는 신도들로 보이는데 다 귀신들과 유령들의 모습입니다. 모두 무서운 모습으로 있다가 제가 목사님들이 예배 보시는 곳으로 올라가 십자가에 박혀 있는 상태에서 보니 그 신도들이 검은 화살을 저에게 쏩니다.

몸이 십자가에 박힌 상태에서 교인 귀신들한테 화살을 온몸으로 맞습니다. 너무너무 아픕니다. 고통을 이루 표현할 수 없습니다. 이번에는 어떤 할머니 귀신이 날아와서 입에 걸레를 물게 합니다.

너는 걸레 같은 입이라며 거기에 똥오줌이 묻은 걸레를 제 입에 마구 물립니다. 제 입이 걸레가 된 겁니다. 제가 저항하고 싶어도 저항을 할 수 없습니다. 네 걸레 같은 입으로 나불거려서 돈 잃었다고 네 입이 걸레라 합니다.

이번엔 저의 눈에 아이들 귀신이 와서 손으로 제 눈을 뜨게 해서 날카로운 손으로 눈알을 뽑고 있습니다. 오른쪽 왼쪽 하나씩! 눈을 뜰 자격도 없다는 그런 말을 합니다. 눈이 이제는 보이지 않습니다. 눈이 완전히 빠져나갔기에 피가 계속 흐르고 있고, 입에는 여전히 똥오줌 묻은 걸레가 물려 있는데, 몸이 십자가에 박혀 있으니 떼래야 뗄 수가 없습니다.

이번에는 남자 귀신이 날아와서 제 콧구멍을 들춥니다. 그리고 콧구멍 속에다 총 같은 것 같기도 한데 펑 하고 터지면서 제 코가 다 날아가 버렸습니다. 숨을 쉴 자격이 없으니 이렇게 눈도 없고, 코도 없는 상태가 됩니다.

이번에는 귀, 비실거리는 마른 남자 귀신인데 저를 따르던 교인인데, 죽어서 복수하러 온 것입니다. 몸이 허약한 안경 쓴 남자인데, 흐느적거리는 걸음으로 오더니 빨간색 가위로 저의 귀를 천천히 아주 천천히 자릅니다. 왼쪽 오른쪽 귀를 가위로 자른 상태이고 그 귀신이 제 비어있는 눈 쪽에 제 귀를 넣습니다. 이렇게 육체적인 고통을 그대로 느끼고 있고, 역겨운 걸레의 똥오줌 냄새가 그대로 진동하고 있습니다.

도법천존 : 그대가 살아생전에 얼마나 많은 죄를 지었냐 이 말이오. 그대와 남편이 지은 죄 용서할 수 없다는 것이오.

GOO교주 : 제가 살아서 들어보지도 못한 희한한 욕을 마구 들으며 책임지라는 원성이 들립니다. 몸이 십자가에 묶였으니 어떻게 할 수가 없습니다. 뼈가 드러날 정도입니다. 제가 살았을 때 잘못된 이런 종교를 전파하고, 회유하고 협박해서 제가 행했던 행동들이 앞의 큰 모니터를 통해서 실시간으로 다 보입니다.

저는 보고 싶지 않았지만 눈을 뜨지 않아도 보입니다. 사람들에게 잘못된 종교 이론을 펼치는 것을 보여줍니다. 그리고 빨갛고 누렇고 흰색 액체가 흐르는 방에 들어갑니다. 그곳에 들어가자 도깨비 형상의 뿔이 달린 무서운 괴물들이 제 이름을 물어보며, 너는 몇 시 몇 분에 어떤 방에 들어가게 될 거라고 하십니다.

저는 여전히 십자가에 박힌 중년 모습이었는데, 그 액체가 흐르는 방에 들어가니 할머니의 모습이 됩니다. 다음 방으로 들어가는데 제가 살았을 때 가까웠던 가족들, 친지들, 친척들이 저를 통해 느꼈던 상처, 강요, 협박 등등 복수하러 온 것입니다. 할머니를 시작으로 정육점에서 쓰는 네모난 칼로 제 목이 고기 자르듯 잘려지고 있습니다.

고통이 너무나 커서 시간을 되돌리고 싶습니다. 그다음에 그 할머니가 끝나자 다음 밀접한 관계에 있던 사람이 그 칼로 제 다리부터 잘게 자릅니다. 너한테 속았다고 내 돈 내놓으라고 욕을 합니다.

도법천존 : 거기까지! 그대가 살아서 행한 그대로 받는 거요.

G○○교주! 그대가 하나님 어머니라~! 하늘을 사칭했어요. 이제 그대 육신이 죽기 전에 미리 9대 지옥으로 미리 보내줄 것이니 가서 그대 조상과 남편 ○○교주와 함께 심판받으시오.

-이상-

정말 수천 년 동안 지구에 엄청난 큰일이 일어났다. 지금 전 세계는 온통 종교 천국이고 교회, 성당, 사찰, 도장, 보살, 도인, 도사, 점집, 철학원이 난무하고 있는데, 인류의 80~90%가 어느 곳이든 믿으며 살아가고 있다.

그런데 인류 자체가 천상에서 쫓겨난 하늘 아래 대역 죄인들의 신분이고, 사람 몸 안에 내려와 있는 신들도 정상적인 참 신들이 아니라 천상에서 역모 반란이란 무서운 대역죄를 짓고 지구로 도망친 대역죄인 역천자 신들이란 진실이 밝혀졌다.

종교인들과 신도들이 지성으로 받들어 섬기고 있는 여호와(야훼) 하나님, 하느님, 부처, 상제, 예수, 성모마리아, 마호메트, 공자, 노자, 천지신명, 열두대신, 무속계 신들 등 신앙적 숭배대상자들 모두가 지구에서 가장 큰 대역죄인들이라 추포되어 심판받고 9대 지옥으로 압송당하였는데 신도들이 영혼들의 고향인 천상궁전에 무슨 재주로 돌아가겠는가?

유명한 거대 종교의 교주, 추기경, 종정, 신부, 수녀, 목사, 도인들은 물론 도사, 법사, 보살, 무당들이 지옥에 가 있는데 일반 신도들의 사후세계 운명은 이들과 무엇이 다르겠는가?

○○ 목사 사후세계 미리 보기

도법천존 : ○○교회 교주 목사, 배우자와 양쪽 외가 조상들과 영혼들 전원 데려오라.

○○교주 : 아이 추워···

도법천존 : 그대가 ○○교주요? 아직 살아 있죠? 영혼에게 육신 죽음 이후 사후세계를 미리 보여줄 것이니 잘 보시오.

○○교주 : 지금 보이는 것을 말씀드리면 되는 것입니까? 제가 죽음을 맞이하고 심장이 멎었는데 바로 몇 초 흘렀을까요? 네 발로 마구 기어 다니는 괴물이 쿵쾅쿵쾅 오는 것이 들려 보니 제 앞에 와서 냄새를 맡는 것이 느껴집니다.

찾았다는 식으로 관을 확 들어 올리더니, 관 속을 바라보며 미묘한 미소를 짓더니 긴 창 같은 것으로 제 심장을 찌릅니다. 죽었는데도 너무 놀라서 눈을 뜨게 됩니다. 피와 장기들이 주위에 터져나갑니다.

입에서는 하나님이라고 계속 나오고 있습니다. 제가 성경을 읽고 찬송가를 불러도 주위에 아무도 없습니다. 분명히 제가 죽으면 하나님께서 보내신 천사들이 찾아 올 것이라 생각했는데, 아무도 보이지 않습니다. 저의 피와 장기들이 어지럽게 흩어진 모습을 보고 있습니다.

제가 안절부절못하는 와중에도 성경과 주기도문, 찬송가를 5분 동안 외우는데, 제 눈앞으로 바로 보이는 것이 집 같은 것이 보입니다. 가운데 작은 창문 하나가 빛을 내고 있어서 주저없이 거기 가서 도움을 청해야겠다 싶어 다친 몸으로 엉금엉금 기어서 갑니다.

도와달라고 하며 문을 여니 하얀 머리의 할머니가 손 뜨개질을 하고 있었는데, 도와달라고 말을 하자마자 갑자기 검은색 옷을 입은 남자로 변합니다. 저승사자의 모습인데 입이 옆으로 쫙 찢어졌고 눈이 굉장히 가늘었습니다.

일자로 확 찢어진 모습이고 코가 안 보입니다. 제 신상을 읊어주시는데 말씀을 듣자마자 밖에 누굴 부르는데 어마어마한 수의 부하들이 들어와서 죄가 너무나 크기 때문에 왔다고 하면 혹시나 악마에 붙들려 가는 건 아닌가 의심을 합니다.

삼각형 모양의 어느 공간으로 들어가는데, 벽면 자체가 빨갛고 들어갔을 때의 내부 면이 다 까맣습니다. 가운데는 붉은색의 구슬 같은 것이 보입니다.

도법천존 : 그대는 살아서 어떤 죄를 지었다고 하오?
○○교주 : 너무 많은 사람들이 얘기를 해서 알아들을 수는 없고, 제 느낌으로는 제가 가짜 하나님을 세상에 전파한 것이 제일 죄가 크다고 합니다.

도법천존 : 그대는 그걸 자랑이라고 목숨 바쳐 전파했잖아요. 그런데 그게 죄가 됐어요?

○○교주 : 그래서 제가 이상한 공간에 들어가 있지 않습니까? 저희 조상님들이 원망의 소리를 해댑니다. 살아서 하늘의 행세를 하는 게 얼마나 큰 죄가 되는지 상기시켜 주면서 저를 원망합니다. 너무너무 큰 벌을 받고 있다고 저를 이렇게 때립니다. 제가 눈물을 흘리며 잘못했다고 죄송하다며 입으로 얘기하게 됩니다. 이제 이게 현실이라고 실감이 나니까요.

그러니 조상님들이 다른 모습으로 변신을 합니다. 제 바로 앞에 있던 조상님이 아주 검은 칼을 들고 계신 백정의 모습으로 변합니다. 칼을 들고 의식을 하는 것처럼 춤을 춥니다. 해괴한 웃음을 짓다가 확 쳐내자 제 목이 데굴데굴 굴러서 어느 물속으로 떨어졌습니다.

검고 흰 강물에 목이 떨어졌고, 그 강물에 제가 받은 헌금에 피가 묻어 있는데 강에 수북이 쌓여 있습니다. 제가 아끼던 십자가와 성경책이 그 강에 쌓여 있습니다. 그거를 마치 뭉치듯이 둥굴둥굴 만들더니 제 입으로 먹어야 한다고 합니다.

제가 받은 헌금, 성경책, 찬송가 책 등을 입으로 먹어야 한납니다. 그리고 강이 얼마나 넓은데, 이걸 다 먹어야 한다니 기가 막힙니다. 그래야 다음 단계로 이동한다고 합니다. 저는 정신을 모두 잃었습니다. 그렇게 계속 고통을 받는데 정신 차리지 못한 자라고 하십니다.

강에 피가 묻혀 있던 모든 걸 먹은 다음에 간 곳이 있는데, 이번에는 성별이 바뀌었습니다. 3~4살 정도의 아이로 저는 그곳에 눕혀져 있는데. 단두대 같은 곳에서 눈을 떠보니 아주 날카로운 칼이 몇천 개가 다다닥 붙어 있는데, 거기서 이상한 휘파람 소리가 들려옵니다.

그렇게 세 번 정도 들리자 그 칼이 확 떨어지자 제 목이 데굴데굴 떨어집니다. 이번에는 다시 누워있게 됩니다. 또 다른 칼이 내려와 팔을 자릅니다. 다리도 잘라졌는데, 너무너무 아프고 핏물이 쏟아지고 있습니다.

그러고 나서 제 몸이 다 합쳐지지 않은 상태에서 다른 곳으로 이동하게 되는데 이번에는 고양이 시체들이 마구 쌓여 있는 어느 곳으로 가게 됐습니다. 도저히 못 보겠습니다. 저걸 제가 어떡해? 다시 팔이 붙여집니다.

고양이 시체를 한 마리씩 가져와서 먹어야 합니다. 우웩! 제 의지하고는 전혀 상관없이 고양이 시체들을 닭고기 뜯듯이 한 마리 먹고 있는 모습이 되어 있습니다.

도저히 못 하겠습니다. 살아서 지은 죄가 얼마나 크면 저의 이 더러운 입속으로도 고양이 시체를 먹어야 하는지 모르겠다 하십니다. 그 강을 나오게 되자, 성경책과 십자가들이 많은데, 온몸이 빨간 알몸 모습의 여자가 서서 저를 아래로 내려다보고 있습니다.

분명히 죽으면 하나님과 예수님께서 지켜주실 줄 알았는데 믿기지 않습니다. 그 여자가 뭐라고 합니다. 저를 성경과 십자가 쌓인 곳에 누우라고 하는데, 저것은 너를 따랐던 여자들이 들어있는 통이 보이고 피가 보이는데, 살아서 너를 따랐던 여자들의 피라고 합니다.

엄청나게 큰 통인데 거기서 저를 보며 목사님인데도 이성적으로 느낀 여자들의 피가 들어 있는데, 누워 있는 상태에서 그 통이 기울면서 입과 코로 쏟아지고 있습니다. 계속해서 저를 존경하며 따랐던 여자들이 저를 존경한다며 제 입과 코로 떨어지고 있습니다. 여자들의 음성이 들리고 원망과 울음 섞인 소리가 들어옵니다.

제가 가게 되는 곳이 있고, 허허벌판 시골 분위기이고, 한 걸음 내딛는 순간 비명을 지르게 되는데 붉은색의 가시밭입니다. 붉은 가시밭을 꾸준히 걸어야 한다고 하십니다. 마치 사막 같은 곳인데 계속 피가 난 상태입니다. 제가 멈추고 싶어도 멈출 수가 없습니다.

멀리서 동물들을 가둬넣는 우리가 보이는데, 돼지 수백 마리가 안에 있는 공간에 들어가는데, 돼지들이 나를 핥는 건지, 저를 쫓아오는데 돼지 좀 치워주세요~! 너무 더럽습니다.

도법천존 : 돼지 입보다 그대 입이 더 더러운 것이 아니오? 그대의 입이 더 더럽지, 돼지가 더럽소?

○○교주 : 얼마나 제가 더러우면 그런 형벌을 받는지, 제가 어느 순간 또 갑자기 위에서부터 밑으로 뚝 떨어지는 느낌이 납니다. 이곳은 화장실인데 재래식입니다. 재래식 변기에 제가 들어가야 한다고 합니다.

재래식 변기 밑으로 가니 주변에 똥오줌뿐이고, 거기서 제가 입을 아~ 하고 벌리고 있습니다. 입을 닫고 싶어도 닫지 못하고. 위에서 어떤 사람 형체가 보이더니 그 사람이 바지를 벗고 앉자 그 사람의 항문이 보입니다. 보기 싫어도 어쩔 수 없이 보입니다.

그 사람이 힘을 주자 제 입으로 그대로 떨어집니다. 우웩~! 그렇게 한 사람이 나가고 나면 또 다른 사람이 들어와서 변을 보고 소변도 봅니다. 제가 재래식 변기 자체가 된 겁니다. 제가 살아서 이 더러운 입으로 거짓말하고 사람들을 현혹하고 많은 금전을 갈취한 죄라고 합니다.

하나님! 예수님! 왜 저를 버리시나이까! 이게 뭡니까! 이게! 이렇게 입을 벌린 채 변기에 있으면서 수많은 사람들의 변과 소변을 받아먹는 벌을 받고, 그다음에는 아무것도 입지 않은 상태에서 나이 먹은 50대 중후반의 모습으로 있습니다. 치부가 다 드러난 상태에서 있습니다. 제가 손으로 가리자마자 손목이 뚝 떨어졌습니다.

팔이 잘린 상태로 터벅터벅 걸어간 곳이 교회 같은 곳에 가서 앞에 죽은 자들이 저에게 와서 깔깔거리며 약 올리고 네가 바로 사탄마귀라고 하며 저에게 돌 팔매질을 합니다. 제 몸에도 종기 같은 게 생기게 됩니다. 온몸에 종기들이 일어납니다. 계속 종기가 커져만 갑니다.

네가 사탄마귀야! 하며 '도둑놈아'라고 원망을 합니다. 고름을 다 모아 다시 제 입속으로 부어 넣습니다. 내가 너를 따랐던 만큼의 고통을 받고 있다며 저를 사탄마귀라며 저주하고 있습니다.

고름을 다 마신 후, 무게가 어마어마하게 보이는 100개의 십자가를 보게 됩니다. 제가 엎드린 상태에서 제 몸 위에 차곡차곡 쌓입니다. 제가 기어서 어디론가 갑니다. 무거워서 일어날 수 없으니 기어가게 됩니다.

도법천존 : 거기까지, 고개 들라! 그대가 ○○교회를 세워서 수많은 자들의 조상들을 하늘과 멀어지게 하고, 그 죄를 어쩔 것이오? 그대의 부인, 아들 등등의 신과 영, 혼과 정신, 조상들을 모두 추포해서 심판한다.

종교인들의 죄가 가장 큰데 100명 죽인 살인죄보다도 더 크고 이런 진실을 모르고 수많은 사람들이 죽어서 천국, 천당, 극락, 선경세계로 가려고 종교를 열심히 다니고 있으나 유토피아는 없고 악들의 세상으로 들어가니 정신들 차려야 한다.

○○ 교주 사후세계 미리 보기

도법천존 : ○○ 교주와 아들들과 딸의 영혼 그리고 직계 조상들 몽땅 데려오라!

○○교주 : 어지럽고 · · · .

도법천존 : ○○ 교주요?

○○교주 : 이곳이 어디인지요? 온몸이 아픕니다.

도법천존 : 아들에게 물려준 자리를 그대가 가로챘다면서요? 그대는 죽으면 천국에 간다고 믿소?

○○교주 : 예!

도법천존 : 여기는 천상대법정이오. 그대가 죽은 이후에 사후세계가 어떻게 열리는지 보여줄 테니 자세히 보시오!

○○교주 : 제가 영문도 모르고 이곳에 왔는데, 죽음을 맞이하게 되었고 황당하지만 하나님 곁으로 갈 것을 확신합니다. 제가 죽음을 맞이한 것이 느껴집니다. 눈이 저절로 떠진 상태에서 천사들이 데리러 오라는 것 같습니다. 제가 관에서 나와서 우측으로 발을 내딛게 되었는데 웬일입니까? 바닥에 동물과 사람들의 눈알이 섞여 있습니다.

빨간 피들이 흐르고, 온통 눈알 천지입니다. 소, 돼지 눈알도 보이고, 여러 눈알들이 혼합되어 흩어져 있습니다. 징그럽다고 느껴지는 순간 제 오른손이 집게 형태가 되어서 제 눈으로 가서 아~!

제 눈알을 강제로 빼내고 있습니다. 이렇게 확 빠지는 것이 아니라 천천히 빼서 피가 튀어나옵니다. 아~! 이제 제 눈이 다 빠졌습니다. 제 눈이 떨어졌고, 제 오른손이 눈알로 가서 저절로 제 입으로 넣습니다. 아~악! 우웩!

그렇게 바닥에 있는 눈알을 우적우적 씹어 먹는 벌을 받고 있습니다. 그리고 제가 눈을 다 먹지 못하고 몸부림치자 다른 곳으로 가게 되는데, 그곳은 바다로 보입니다. 검은색의 바닷물인데, 제가 그곳에 서서 입에서는 피가 줄줄 흘러내리면서 걷고 있습니다. 그러다가 물로 빠지게 되자, 무릎을 꿇은 상태로 떨어집니다. 떨어진 상태에서 앞에서 누군가가 보이는데, 너는 어떤 죄를 지었다고 얘기를 해주십니다.

도법천존 : 어떤 죄를 지었소?

○○교주 : 하나님의 뜻을 전하는 죄를 지었고, 검은 엘리베이터가 내려오고, 흰색의 긴 머리 모양이 밑으로 내려갑니다. 죽은 해골들이 유리통 안에서 살려달라고 애원합니다. 살려주세요!라고 외치는 자들이 살아서 저를 굳게 믿었던 자들이라고 합니다.

작은 유리통 안에서 터질 것 같은데, 저는 빨간색 유리통 안으로 들어갑니다. 저는 검은 해골의 모양으로 변화가 되었습니다. 너무 답답하고, 해골들이 너무 많아 꺼내달라고 비명을 지르고 있습니다.

그렇게 비명을 지르고, 유리통에서 저를 집게로 올려서 꺼내주는 줄 알았는데, 이제는 파란색 유리통으로 집어넣습니다. 모친의 양수로 가득 찬 곳이라고 합니다. 엄마가 사람 같지도 않은 것을 나아서, 모친이 저를 낳았을 때의 양수와 피를 마시고 있습니다.

그렇게 허우적대면서, 입과 코와 눈으로 들어가서 고통을 받다가 다시 다른 곳으로 이동을 하게 됩니다. 제가 던져져서 하얀 소금밭으로 보이는 중앙에 허수아비가 덩실덩실 춤을 추더니 웃고 있으며, 제가 누구한테 상처를 주었고 거짓말을 했다고 얘기합니다.

허수아비가 해골인 저를 집어서 죽기 직전의 여자 모습 허수아비로 변해서, 제가 누구한테 상처 주고, 가짜 사상을 뿌리고, 현혹시켰다는 소리가 계속 들립니다. 하늘에서 수천 마리의 검은 새가 날아와서 쪼고 있는데 나의 살도 뜯어 먹고 있습니다.

장기도 터져 나와 있고 알몸으로 있습니다. 새들이 무슨 소리를 하는데 알아듣지는 못하고 있는데 저는 옆으로 쓰러지게 됩니다. 누군가가 일으켜 세워서 알몸인 상태의 저를 엎드리게 한 다음 등에 엄청난 양의 성경책이 쌓아져 있습니다. 수만 권이 넘는 것 같고, 제가 등에 성경책을 업고 기어가고 있습니다.

내가 얼마나 열성적으로 하나님을 믿었는데, 이렇게 죽어서 험한 모습일까요? 목이 타서 물을 마시고 싶은데, 검은 물이 보이기는 하지만, 너무 더러워서 마실 수가 없습니다. 다시 저는 뱀처럼 성경책을 잔뜩 등 위에 이고 기어서 가고 있습니다.

제 앞에 흰색 고무신이 보입니다. 그것을 보는 순간 성경책이 없어졌습니다. 그다음 고무신을 신게 되고, 제 몸을 보았더니 살아서는 분명 여자였는데, 밑에는 남자의 성기가 다닥다닥 붙어 있습니다. 사람들이 저를 신성시하게 받들며 살았는데, 남자 성기가 달리고 털이 북실북실 나게 됩니다.

제가 걸어가는데 밀림 속에서 배고프고, 졸리고, 최악의 상태이면서, 맴돌다 보니까 저와 연관되었던 시체가 보입니다. 조상님들로 느껴집니다. 일렬로 늘어져 있는데, 저주하는 원망의 말을 내뱉습니다.

시체인데, 저의 이름을 대면서, 제가 잘못한 것을 합창하듯이 괴로워하며 욕을 하고 있습니다. 제가 잘못했다고 말을 하고 싶어도 말이 나오지 않습니다. 이번에는 누워 있던 시체들이 한꺼번에 일어나서 저의 목을 잡더니, 바닥에 눕히게 합니다. 저의 조상님들인 것 같은데, 저주를 내뱉습니다. 그리고 저의 조상님들이 오물을 붓습니다.

조상님들이 제 앞에서 성경책을 태워서 그 재를 제 입에 계속 넣고 있습니다. 아~! 그렇게 빨간색 성경책이 탄 것을 계속 입에 넣어 입에서 피가 나고, 저는 기절하고 맙니다.

그러자 누가 제 뺨을 세게 때립니다. 너무 힘들어서 눈이 감기는데, 감지 못하게 눈을 때립니다. 십자가를 잘게 썬 것들이 불 속에서 활활 타버립니다. 탄 재를 모아서 가마솥에 죽처럼 만들어 제 입속에 붓습니다.

저는 그만이라고 외치지만, 왜 네가 그토록 좋아한 하나님인데 어떠냐고 합니다. 저는 구역질이 나는 상태에서도, 제 배가 풍선처럼 커졌습니다. 아주 흉측한 모습입니다. 제가 천천히 일어서게 됩니다. 제가 생각한 사후세계는 이것이 아니었습니다.

도법천존 : 그렇게 무서운 종교를 왜 믿었어요?
○○교주 : 살아서 어떻게 알 수 있겠습니까?

도법천존 : 그대가 뿌리고 행한 대로 거두는 거요! ○○ 교주와 그 조상들 그리고 아들과 딸들의 영혼들 모두 검은 밧줄로 꽁꽁 묶어서 9대 지옥으로 압송해서 9,000해 년씩 고문형벌을 가하라! 뿌린 대로 거두리라!

지금 종교에 미쳐있는 수많은 교인들은 타산지석으로 삼고, 죽어서 ○○ 교주처럼 고문형벌을 받지 않으려면 하루바삐 종교를 떠나서 하늘이 주신 천재일우의 기회를 잡아야 한다.

○○ 목사 사후세계 미리 보기

도법천존 : 전국적으로 이름이 엄청 많이 알려졌소. '아멘, 할렐루야'라는 소리는 안 나와요?

G○○목사 : 여기에 들어오니까 그런 소리가 안 나옵니다.

도법천존 : 아주 골수분자네요. ○○교회 그거 그대가 세웠소? 하나님, 예수님 믿었는데 죽어서 어디로 갈 것 같소?

G○○목사 : 당연히 하나님 곁으로요.

도법천존 : 갈 수 있을까요? 그렇게 잘났소? 유명인사가 됐어. 그대가 믿는 하나님이 맞는지 틀리는지 그대 영혼에게 직접 보여줄 거요. 지금부터 그대의 육신이 죽은 이후 어떻게 되는지 그대의 영혼에게 생생히 보여주니 자세히 보시오.

G○○목사 : 제 육신이 이제 죽었나 봅니다. 죽었는데 아무 소리가 들리지 않고, 저를 찾아주는 이도 없습니다. 죽어 바로 눈을 떴을 때는 하얀 구름 위에 천사들이 있는 그런 곳으로 갈 줄 알았는데, 죽어보니 아주 고요하고 이상하다고 생각하고 있습니다. 그동안 환상 속에 그런 하늘, 천국에만 존재하는 천사들과 그리고 또 유니콘 같은 상상 속의 말이나 새가 보일 줄 알았는데 보이지 않습니다.

어느 정도 시간이 흐르자, 제가 스스로 몸을 일으켜 세워집니다. 제 가족들이 아무도 보이지 않습니다. 제 앞에 전체 거울이 하나 보입니다. 뒤로 보니까 빨간색, 검은색 거울이 쭉 보입니다. 거울 앞에 딱 서자 비친 제 모습이 말을 겁니다. 분명 제 모습인데, 살았을 때의 죄를 낱낱이 밝히고 제 신상을 물어봅니다. 저는 무서우니까 일단 대답은 했습니다.

거울 속의 제 모습이 발밑을 보라고 하자, 신발이 보이는데 빨간색 신발입니다. 그 빨간색 신발에서 오른발을 들어보라고 해서 제가 그 신발을 살짝 들어 올려서 보자 그 밑으로 검은색 구멍이 나기 시작하더니 그 틈으로 소인처럼 작아지더니 그 신발 밑으로 쭈욱 떨어집니다. 저는 빨간색 소인이 됐습니다.

요정처럼 작은 엄지손가락 만한 소인이 되었는데, 하나님을 믿고 살아서 위풍당당하게 살았지만, 죽어서는 아무 힘도 없고 목소리도 나오지 않는 빨간색 소인의 모습으로 벌을 받는다고 합니다.

소인이 되니까 걷는 것조차 힘이 드는데, 제 앞에 오두막집이 보입니다. 시골에서 보는 평범한 오두막집이 보이는데 거기서 도움을 청해야겠다 싶어 그곳으로 갑니다. 소인의 모습으로 가려니 너무나 힘듭니다. 겨우 가서 문을 두드리자 할머니가 나옵니다.

"할머니 저 좀 도와주세요. 먹을 것도 좀 주시고 도와주세요." 하니 저를 들어오라고 합니다. 할머니가 안방 문을 열어서 방으로 안내하려 하자 그 안에 보이는 것이 따뜻한 아랫목이 있는 것이 아니라, 제가 살아서 하나님을 전파할 때 따랐던 자들이 꽉 차 있습니다. 넓이와 높이가 자동으로 변합니다.

모두 검은색 쥐로 바뀌어서 저를 노려보고 있습니다. 저를 따랐던 자들이라 제 말이라면 하나님의 말이라며 헌금, 명절 때는 선물도 보내고 저에게 감사합니다, 하며 했던 자들인데, 너한테 속았다고 내가 사람으로 살았을 때 너를 만난 게 천추의 한이 된다며 복수하려고 기다렸다 합니다.

검은 쥐들이 저에게 돌진하는데, 쥐들이 얼마나 빠릅니까? 저를 뜯어 먹습니다. 자기들이 나를 믿었던 만큼 죽어서 천국으로 간다고 해서 굳게 믿었는데 저를 원망하고 욕하며 갉아먹기 시작합니다. 제 모습은 가뜩이나 작은 소인의 모습인데 제 몸은 피가 범벅이 되고 눈과 입과 혀를 갉아 먹고 있습니다.

이런 모습으로 너무나 끔찍한 모습이 되자 그들이 너 때문이라며, 너를 그렇게 믿었었는데, 너로 인해 귀신의 모습으로 윤회하며 살아가야 한다고 하면서 어떡할 거냐고 살려내라고 원망을 합니다. 잘못했다고 말하고 싶었지만 너무 힘들어서 말이 나오지 않습니다.

검은 쥐의 방으로 인도한 할머니를 찾으려 해도 온데간데없습니다. 너무 힘들어서 거기에 앉아 있으니 쥐들이 저를 쫓아냅니다. 도로 같은 곳으로 떨어졌는데, 어떻게든 도망가야 한다는 생각에 택시 같은 걸 잡아야 한다고 생각합니다. 너무나 아파서 병원에 가야 한다고 생각하는데, 차들이 엄청 쌩쌩 달리는데 어떤 차도 멈추지 않습니다. 그런데 저 멀리서 검은색 차 하나가 천천히 다가옵니다. 어디로 갈지는 몰라도 여기 있다간 죽게 될 것 같아서 그 검은 차를 타게 됐습니다. 여기 있으면 죽을 것 같다고 하니, 앞에 남자가 어디서도 들어본 적이 없는 언어로 말을 하며 어디론가 데려갑니다. 저는 그 사람을 믿고 가만히 있었습니다.

제가 도착한 곳은 병원이었고, 저를 내려줍니다. 그 병원은 마치 유령병원 같습니다. 안의 환자들이 유령의 모습으로 벽이나 창문에 붙어 있습니다. 다 저를 기다렸다는 듯이 지켜봅니다. 한 명이 저를 기다렸다고 합니다.

나를 기다렸냐고 하는 그들도 저의 교회에서 설교할 때 호응했던 자들이 죽어서 유령으로 산다고 하며 나를 끌고 들어가며 네가 기도하면 병도 낫게 해준다고 하지 않았냐고 합니다. 저를 수술실로 데려가 묶어놓습니다.

네가 한 말이 다 거짓말이고 너 때문에 돈 날린 거 억울하다면서, 메스 같은 것으로 제 작은 체구를 '내가 널 수술해서 낫게 해 줄게' 하며 놀리며 마구 찔러댑니다. 그들이 저를 약 올리며 수술해 준다며 난도질을 하는 것입니다.

눈에서도 피가 흐릅니다. 이렇게 제 몸을 난도질한 상태에서 그들은 이상한 비웃음을 지으면서 수술대의 방에서 천천히 나갑니다. 저는 눈에서 빨간 눈물을 흘리면서 후회하기 시작합니다. 죽어서 후회한들 뭐합니까? 죽고 나서야 참회의 눈물을 흘립니다.

침대에 그렇게 있다가도 다른 유령이 천천히 들어와서는 일어나라고 합니다. 네가 죽기 직전까지 있었던 그런 공간, 교회에 가자고 합니다. 아까 제가 분명히 검은색 차를 타고 왔는데, 이번엔 그 차가 빨간색으로 변했습니다.

그 빨간색 차를 타고 죽기 직전의 교회로 가게 됩니다. 제가 살아 있을 때, 신경 써주고 기도도 많이 해줬던 저의 신도들이 모두가 빨간 뱀의 모습으로 변해서 기다리고 있었습니다. 그리고 저를 십자가 앞에 세워놓고 그중에 뱀 한 마리가 저에게 오더니 제 혀를 길게 빼내자 100cm 정도 나오게 됩니다.

위에 있던 십자가 자체가 제 혀로 관통하게 됩니다. 그렇게 십자가가 못처럼 관통한 상태에서 혀가 잘라졌고, 뱀들이 저에게 복수하려는 모습을 보니 너무나 충격적이고, 혀가 이제는 잘려서 말도 제대로 나오지 않는 상태가 되었습니다.

그리고 그 뱀들에게 너무나 작은 소인의 모습인데도, 뱀 한 마리씩 와서 똬리 틀듯이 제 몸을 꽉 조입니다. 온몸이 터져나갈 지경입니다. 저 때문에 망했다고, 다 너 때문이라고 합니다. 그 수많은 뱀들이 한 마리씩 제 몸을 쪼이고, 저는 간신히 이렇게 일어나게 되었습니다.

이 혀가 십자가 모습으로 떨어져 나가서 피를 질질 흘리는 채로 있는데, 울고 있는 사이에 공간이 바뀌었습니다. 예수님이 십자가에 박힌 것이 수천 개도 넘게 벽면에 가득 채워져 있습니다. 합창하는 것처럼 예수님의 입이 움직입니다. 제가 지은 죄. 제가 귀를 막고 싶어도 귀를 막을 수 없습니다. 예수님이 합창하듯이 욕을 하는데, 네가 사이비였다고, 사이비 목사라고 하며 계속 심한 욕을 합창으로 하고 있습니다.

예수님이 한 명씩 십자가에서 떨어지더니 제 앞으로 오게 됩니다. 저를 제물로 바쳐야 한다고 합니다. 제물로 바치는 고통을 겪어야 한다고 합니다. 너로 인해서 너의 조상들도 그렇고 다 힘들게 되었으니 저를 제물로 바치기 위해 저를 어떤 공간으로 데려갑니다.

전 여전히 소인의 모습인데, 그 공간에 들어가니 조금 커졌습니다. 앞에는 커다란 제단 같은 곳이 있습니다. 제단 앞에 말 머리 2개가 보입니다. 가운데는 저를 제물로 바치기 위해서 제 목을 톱으로 자르기 시작합니다.

제 머리가 잘려졌습니다. 머리가 잘려져서 빨간 말머리 사이에 제물로 바쳐졌습니다. 흑흑흑~! 머리가 가운데에 놓여져 있고, 검은색 예수들이 이상한 알 수 없는 말로 제물로 바친다고 합니다. 제가 너무나 큰 죄를 지어서···!

고통을 그대로 느끼니 너무나 괴롭습니다. 검은색 예수가 제단 위쪽으로 올라오더니 날카로운 손으로 제 머리를 잡아서 입에다 넣고 씹어 먹습니다. 고통이 당연히 엄청나게 느껴집니다. 씹었던 목이 나옵니다.

제 머리를 이번에는 검은색 개가 와서 저를 먹기 시작합니다. 또 검은 소도 와서 제 머리를 씹어 먹습니다. 제 머리가 떨어져 있어도 제 상체가 고통을 느낄 수 있습니다. 살아서 예수님, 하나님 믿었던 것이 이렇게 죄가 되는 줄 몰랐습니다.

제 머리는 다시 제 몸통으로 와서 붙어집니다. 아까보다 더 흉측한 모습이 되었습니다. 저는 이렇게 말도 안 나올 정도로・・・ 악~! 누가 칼로 제 창자를 찢어놓습니다. 창자가 찢어진 상태로 찬송가를 부르라고 합니다.

부르기 싫어도 무언가에 이끌려서 찬송가를 부르게 됩니다. 붉은 피가 계속 흐르고 있고, 그때 잡령들이 마구마구 들어오기 시작합니다. 그렇게 좋아했던 찬송가를 계속 부르라 합니다. 듣기 싫어도 제 입에서는 계속 흘러나오고 있습니다.

예수님, 하나님! 왜 저를 이토록 버리시나이까? 이렇게 될 줄 누가 알았겠습니까? 정말 욕이 나올 정도가 되었습니다. 살았을 때 저의 이빨, 윗니, 아랫니가 떨어지는 걸 느낍니다. 이빨을 누가 하나씩 확 빼는 게 아니라 자연적으로 하나씩 떨어져 나가는 것이 느껴집니다.

이빨이 다 뽑아졌고 가짜 하나님의 뜻을 전한 죄. 이제는 입으로 말도 잘 못하게 검은색 관 속으로 다시 들어가야 합니다. 검은색 관 속에 다시 들어가면 뚜껑이 닫히게 됩니다. 답답해서 아무리 쳐도 안 됩니다.

살아 있는 상태로 관에 들어가 있으니 답답함, 두려움, 무서움이 몰려오고, 제가 그렇게 하나님 믿어야 천국 간다고 말했는데, 그렇게 믿어야 나 자신도 천국 가고, 자식도 천국 간다 했는데, 그렇게 무조건 전했던 거. 그들이 느꼈던 고통을 느껴보라고 하며 저는 관 속에 들어가 있습니다.

관의 뚜껑이 분명히 열리지 않았는데, 검은색 신명들이 마구마구 들어옵니다. 제 몸을 랩을 싸듯이 다 쌉니다. 이 상태로 검은 관 속에서 6,500년 동안 갇혀 있어야 한다고 합니다. 갑갑하고 너무나 답답합니다.

도법천존 : 거기까지. G○○목사, 그대가 살아서 하나님을 찾았는데 죽어보니 어디에도 없지요?

G○○목사 : 도저히 믿어지지 않습니다.

도법천존 : 그럼 이제 그대를 믿고 따르는 성도들은 어떻게 할 거요? 다 지옥으로 보냈는데요?

G○○목사 : 모르겠습니다. 이곳에서 나가고 싶습니다.

도법천존 : 누구 맘대로 어딜 나가요? 그대는 돌아가지 못하고 오늘부터 즉시 지옥으로 가는 거요. 그대 마누라, 자식들, 조상들 다 같이 가는 거요. 그대 육신은 아직 살았지만 그대 영혼은 오늘 모두가 심판받아 9대 지옥으로 압송하는 거요.

여러분 몸 안에 있는 영혼, 조상들은 육신이 이곳에 들어오지 않아도, 내가 명을 하달하면 즉시 잡혀와서 심판을 받아야 한다. 아수라, 악신, 악령, 악마, 요괴, 축생령, 만생만물의 모든 영들도 마찬가지로 명을 하달하면 신(용)들이 즉시 추포하여 이곳에서 심판하기 때문에 질병들이 치유되는 이적과 기적이 무수히 일어난다.

산 자와 죽은 자의 영(생사령)들은 명을 내리면 수초 이내에 즉시 잡혀와서 심판을 받게 된다. 천상에서 도망치고 쫓겨난 역천자들인 아수라, 악신, 악령, 악마, 요괴들은 하루빨리 추포되어 심판받아 9대 지옥으로 압송되기를 바라고 있다.

자신들의 주군인 하누와 표경이 9대 지옥으로 압송되었기 때문이다. 인류가 숭배 대상으로 삼고 있는 여호와 하느님, 하나님, 석가, 예수, 성모 마리아, 상제, 공자, 노자, 유명한 종교교주들, 종교지도자들도 9대 지옥으로 압송되었다.

이미 죽은 자들은 물론 아직 육신이 죽지 않고 살아 있는 자들도 몸 안에 있는 신과 영, 혼과 정신, 조상들을 추포하여 심판해서 9대 지옥으로 압송시키고 있는데, 그러면 이들 육신은 껍데기에 지나지 않고, 정상적이지 않은 몽롱한 상태로 살거나, 혼이 빠진 멍한 상태로 살다가 죽는다.

종교백화점이 되어버린 대한민국!

종교에 안 다니는 사람들이 시대에 뒤떨어진 것처럼 느껴질 정도로 건물에도 교회가 2개가 있는 곳도 있으니 정말 말세가 눈앞으로 다가온 것 같다. 종교가 악들이 세웠다는 나의 주장에 말도 안 된다고 부정하고 무시할 사람들이 전부일 것이다.

그래서 결국 종교 심판의 그날이 도래하였다. 지구상에 있는 모든 종교가 가짜라고 주장하는 나의 말에 믿지 못하겠다는 사람들이 쌍심지 켜고 반론을 제기할 것이지만, 그것은 하늘의 천상법도를 모르기 때문이다. 여러분 자신들이 천상에서 죄를 짓고 지구로 도망치고 쫓겨난 대역죄인의 신분들이란 진실을 모르기에 그런 말을 하는 것이다.

○○ 종정 사후세계 미리 보기

도법천존 : 현재 ○○종에서 종정을 하며. 부처를 그렇게 열심히 받들고 섬겼는데, 그대 죽음 이후의 사후세계는 어떤지 그대 영혼에게 직접 자세히 보여주니 보시오.

○○종정 : 보이는 대로 말하라고요?

도법천존 : 그래요, 그대가 믿던 부처 세계로 갈 것인지, 어디로 가는지 자세히 보라고요.

○○종정 : 제가 기침을 많이 하다가 죽은 것 같습니다. 빨간 노을 같은 게 보입니다. 구슬이나 돌 같은 것도 보이는데 이제 갈 때가 됐구나가 느껴집니다. 빨간 노을이 무섭기도 하고 편안하기도 합니다. 그걸 보고 있자 그 붉은색 노을 속에서 까만 새들이 까마귀 같은데 수천 마리가 나옵니다.

저는 어찌 된 건지 깜짝 놀라서 일어난 상태입니다. 제 밑을 바라보는데 옷이 하나도 없습니다. 완전 알몸입니다. 너무 놀라서 머리를 만져보니 머리도 없습니다.

이거 어떡하지?

순간 느껴지는 게 치아 이빨들이 우수수 떨어지는 게 느껴집니다. 이빨이 이제 다 떨어졌습니다. 알몸에 이빨도 다 떨어진 상태로 있는데, 저에게 날아온 까마귀들이 저를 물고 어디론가 데려갑니다.

다른 곳에 있는 관으로 들어갔습니다. 관의 문이 닫히기 전에 제가 지은 죄에 대해 말해 주겠노라고 하면서 까마귀가 사람처럼 말합니다. 진짜 하늘을 찾으려 하지 않고, 가짜 하늘 부처를 섬기고, 때론 네가 하늘을 하려 했고, 그런 말을 하면서 울음소리를 섞으며 얘기를 합니다. 공포스럽고 오싹합니다. 그러더니 까마귀가 말을 다 하고 관 뚜껑을 닫기 시작합니다. 관이 완전히 닫혔습니다.

그 관 안에서 제가 의식은 깨어 있는데, 몸이 옴짝달싹도 할 수 없고. 검은 관 안에서 177년 동안 고통을 받아야 한다고 합니다. 너무 좁은 곳이라 답답하고 숨도 쉬기 어렵습니다.

177년 동안 머릿속에 글씨처럼 죄에 대해서 빠르게 지나갑니다. 이 앞에 계신 분(황태자이신 도법천존) 앞에 와서 죄를 빌지 못한 거, 제가 어려서부터 죽기 직전까지 했던 생각들, 알게 모르게 지었던 죄들, 내가 하늘이 되려고 했던 것들이 머릿속으로 계속 지나갑니다.

도법천존 : 살아서 평생 동안 부처를 믿었잖소? 부처 없소?
○○종정 : 모릅니다-! 안 보여요.

도법천존 : 사람들에게 말한 것이 얼마나 죄가 됐는지. 그대는 부처 열심히 믿었으니 죽어서 극락세계에 올라갔어야 하잖소? 부처의 세계가 안 보여요?
○○종정 : 안 보여요.

도법천존 : 그럼 그대가 불교로 끌어들인 불자들은 어떻게 되는 거요? 그대가 믿는 부처가 없으니 잘못된 거 아니오? 이 세상에 불교를 믿고 있는 자들이 다 어디로 가는 것이오?

○○종정 : 제가 죽자마자 다시 관 속으로 들어가 177년 동안 고통받을 줄은 몰랐습니다.

도법천존 : 그대가 불교계에서 큰 인물이라고 소문이 났을 텐데 그대도 못 가는 극락세계를 누가 갈 수 있단 말이오?

○○종정 : 저 좀 꺼내주세요.

도법천존 : ○○ 종정도 극락 못 가고 지옥에 갔소. 그대도 마찬가지요. 이곳으로 오지 못하게 수많은 불자들에게 세뇌 교육을 시켰소.

○○종정 : 죽어서 이렇게 되기 싫어요. 나 좀 꺼내주세요.

도법천존 : 불자들을 지옥으로 보낸 죄 그대가 받아야죠. 그대가 뿌리고 행한 대로 거두게 하는 것이오. 그대는 살아서 수많은 자들이 찾아오니 종정이란 높은 권좌에 앉아 있지만 그대는 죽어서 그렇게 되는 것이오.

○○종정 : 꺼내주세요! 아이고, 부처님!

도법천존 : 그래요, 부처? 부처가 어디 있는지 찾아봐요!

○○종정 : 안 보여요!

도법천존 : 보이지도 않는 부처는 왜 믿어요? 그럼 그대가 일평생 동안 천도재해 준 수많은 불자들과 그의 조상들 그리고 그대의 조상들이 어디에 있는지 보여줄 테니 자세히 보시오,

○○종정 : 그들도 벌을 받는 게 보입니다. 벌을 받고 있는 것이 보이는데. 앞에 계신 분이 그러시네요. 벌떡 일어나서 벌 떼처럼 날아오고 있습니다. 제가 관에 들어 있었는데 그들이 몰려오자 관의 문이 열리고 제 흉측한 몰골을 보면서 저를 사찰 같은 곳에 데려가 묶어놓고 칼을 던집니다.

제 눈, 입 등 다 막고 있습니다. 저를 저주하고 있습니다. 저한테 속았다고 계속 원망합니다. 너무나 많은 자들이 창칼을 던지고 있습니다.

도법천존 : 극락왕생하도록 좋은 세계로 인도한 것이 아니라 모두 지옥세계로 보낸 것이군요.

○○종정 : 아파요. 제 입을 강제로 엽니다. 제 목구멍 쪽으로 칼을 막 꽂습니다.

도법천존 : 사후세계가 안 보이니까 극락세계 보내준다고 현혹해서 돈받고 다 지옥세계로 집어 처넣었소.

○○종정 : 저를 가짜, 사이비, 그 더러운 입을 놀린 죄로 제 목이 잘린 거라 하십니다.

도법천존 : 그대 수많은 조상과 영혼들을 하늘께 가지 못하게 석가모니 사상을 주입한 그 죄를 빌어야 해요.

○○종정 : 입에도 칼을 계속 넣고, 눈에도 계속 넣습니다. 저를 계속 원망합니다. 저보고 사이비라고 합니다.

도법천존 : 그대가 하늘을 가로막은 사이비죠. 그대의 조상이나 그대가 가르친 승려나 똑같이 그 벌을 같이 받아야지요.

○○종정 : 귀에다가도 칼을 꽂습니다.

도법천존 : 그러니 왜 중이 됐소? 왜 중이 됐냐고요! 그대는 성스러운 일을 한다고 그런 자부심을 갖고 ○○종의 종정으로 취임했지요. 죽어보니 앞날이 깜깜하지요? 그대가 죄인이란 걸 인정하오? 인정하기 싫어요?

○○종정 : 모르겠습니다.

도법천존 : 지금 꿈을 꾸는 것 같소? 그대 사후세계 미리 보여주는 거요. 현실이죠! 여기 있는 자들을 공부시키려고 너의 사후세계를 미리 보여주는 거요. 거기서 영원히 살게 될 거요. 육신이 이곳을 모르니 참으로 답답하지요. 육신이야 죽어서 화장하고 뿌리면 되지만, 그대 영혼은 이렇게 고통을 받아요.

○○종정 : 난 사이비가 아니야.

도법천존 : 그대가 죽어서 극락세계를 못 가고 부처를 못 만났는데 그대가 사이비지 누가 사이비요. 그대가 전한 부처 세계가 다 가짜요. 진짜 하늘을 찾아야죠. 부처라는 자는 존재하지도 않죠. 없소! 아수라, 악신들이 세운 허상의 세상이야.

○○종정 : 아니야~!

도법천존 : 그대들이 거기에 놀아났고, 종교를 세운 것이 악신, 악마, 아수라, 요괴들이요.

○○종정 : 엉~엉~엉~ 난 사이비가 아니야.

도법천존 : 그대가 믿었던 것이 진짜라면 왜 그 세계에 갔소? 싫다고 하면 어쩔 건데요? 그대는 수많은 불자들을 장님, 귀머

거리로 만들었소. 그래서 하늘의 증오를 샀소. 잘못을 빌어야지 사이비가 아니라고 변명을 해요?

○○종정 : 아니야, 아니야~!

도법천존 : 천도재한 자들의 조상 영가들 서방정토 극락세계로 하나도 못 올라갔소. 극락세계에 부처와 아미타불도 없다니까요. 부처 있으면 그대 앞에 나타나야지요. 부처와 서방정토 아미타불부처가 악신, 악령들이 만든 허상의 가짜세계요.

○○종정 : 아니야!

도법천존 : 그럼 그대가 일평생을 믿었던 부처라는 자 만나게 해줄 테니까 보시오. 어떻게 생겼소.

○○종정 : 탔어 · · · 타서 보여 · · · 아니야!

도법천존 : 어떤 모습이요. 보이는 대로 얘기해요.

○○종정 : 다 탔어. 사람이 불에 탔을 때 그런 모습?

도법천존 : 그럼 등신불이요?

○○종정 : 귀신 같아.

도법천존 : 매우 중요하니까 귀신인지 부처인지 확인해요!

○○종정 : 싫어! 안 믿을 거야!

도법천존 : 그대가 믿든 안 믿든 지금 석가모니 부처 모습을 보여주니 자세히 보시오.

○○종정 : 목이 떨어졌어. 눈도 파이고, 다리도 잘렸어.

도법천존 : 석가모니 부처인지 확인해 봐요.
○○종정 : 맞아요, 그렇지만 난 안 믿을 거야.

도법천존 : 가르쳐줘도 진실을 거부하는구려. 그래서 종교를 믿으면 진실을 가르쳐줘도 거부하는 거군요. 종교인들은 하나같이 진짜 하늘을 만날 수가 없어요. 모든 종교인들은 하늘을 알현할 수 없는 것이오.

진실을 가르쳐줘도 부정해요? 그대가 안 믿는다고 해서 그것이 바뀌더이까? 그대는 이 땅에 있는 수많은 불자들을 지옥으로 인도했소이다. 그 죄를 물어서 그대와 함께 그대를 따르는 제자들과 그대 조상들의 영혼들을 몽땅 추포하여 심판하고, 9대 지옥으로 압송을 명하는 바이외다.

이것이 바로 종교심판이오. 정말 하늘의 심판은 무서운 것이요, 이렇게 종교인들은 진실을 보여줘도 인정을 안 해요. 석가모니 부처, 여호와(야훼) 하나님, 하느님, 성모 마리아, 예수, 상제 모습 다 보여줘도 인정하지 않는데, 그래서 살인을 할지언정 종교만은 믿지 말라고 말씀한 것이 바로 이 말이요.

정말 이 땅에 불교가 생긴 지가 남방불기와 북방불기가 있는데, 지금 현재 불교 역사가 북방불기로 3,046년이고, 기독교는 2,019년의 역사가 있고, 그 수천 년의 세월 동안 좋은 세상 보내준다고 금전 갈취만 하고 있도다.

하늘께서 나(황태자 도법천존)를 이 땅으로 내려보내셨도다. 말하는 대로 바로 이루어지는 기운을 내려주셨죠. 심판하는데 기도해서 심판해요? 난 기도 안 해요. 기도하면 온갖 악귀잡귀가 들어와요. 종교가 인류를 바보로 만들었어요. 종교인들은 다 하늘을 배신한 역천자들이니 종교에서 하루속히 빠져나와 하늘궁전 태상천궁에 들어와야 사후세계를 보장받아요.

명망과 덕망을 두루 갖추고 연륜 또한 깊어서 많은 불자들에게 존경의 대상이 되는 종정의 자리에 앉았으니 승려로서 최고로 성공하고 출세한 것이고, 불교 종단이 무수히 많으니까 어느 종단의 종정이라고는 말하지 않겠소이다.

나는 이 나라뿐만이 아니라 전 세계의 왕, 대통령, 고위공직자, 재벌, 유명인사들의 산 자와 죽은 자들에 대한 사후세계를 살펴보며 심판하고 있는 중이오. 살아 있는 자든, 죽은 자든 모두가 하늘의 가슴을 후벼 파는 역모 반란에 직간접으로 가담한 대역죄인들이기에 잡아들여 심판하고 있는 것이오. 나는 하늘의 천자이자 황태자이고 미래의 하늘이며, 인류의 심판자이자 구원자 신분으로 지구에 내려온 북극성의 성주로서 하늘의 명을 대행하는 도법천존이외다. -이상-

내가 하늘의 기운을 갖고 지구에 태어났기에 대한민국이 고도로 급성장하였다는 천계의 비밀을 전한다. 개인발전과 기업발전과 국가발전은 나에게 내려주신 하늘의 기운에 의해서 이루어진 것인데, 사람들은 자신들의 노력 덕분인 줄 알고 살아가고 있다. 개인, 기업, 국가발전도 하늘이 내려주신 기운에 따라 흥망성쇠가 좌우되며 만물이 생멸을 반복한다.

유○○ 사후세계 미리 보기

도법천존 : 절에 30년 이상 다녔다고 하는데 죽어서 정말 극락세계를 갈 것인지 아니면 다른 곳으로 갈 것인지 지금부터 유○○ 영혼에게 사후세계를 보여줄 것이니 그대로 말하시오.

유○○의 영혼 : 이제 제 심장이 멈춘 것 같습니다. 죽고 나서 혀가 돌아갔습니다. 장애인 귀신이 된 것 같습니다. 머리가 다 굳고 미라가 됐습니다. 그 와중에 이렇게 돼서 미라처럼 삐쩍 말랐습니다.

도법천존 : 왜 뇌성마비가 됐어요?

유○○의 영혼 : 벌을 받은 것 같습니다. 하늘을 몰라본 죄.

도법천존 : 부처가 최고인데 하늘을 몰라본 게 왜 죄가 돼요?

유○○의 영혼 : 진짜 하늘을 몰라본 죄. 제가 여기 들어오지 않았을 때의 모습이 이런 것 같습니다.

도법천존 : 부처는 없어요. 석가는 이미 귀신이고, 절에 30년을 다녔다는데, 하늘을 바꾼 그 벌로 인해 죽어서 뇌성마비 장애인이 됐어요? 지금부터 말을 똑바로 할 수 있게 윤허하오,라고 말하자 자연스럽게 말하기 시작하였다.

유○○의 영혼 : 지금 제가 말을 또렷이 계속할 수 있게 해주셨는데, 이곳에 들어오지 않고 폐하를 알아보지 못해 하늘의 명을 받들지 못하고 죽으면 장애인 귀신으로 살아갑니다. 머리는 다 빠지고 몸은 해골처럼 앙상한 채로 이곳저곳 떠돌아다닙니다. 산에 가는데 사찰이 보입니다. 사찰 앞에 지키는 무슨 무섭게 생긴 남자(사천왕)를 뭐라고 합니까? 그런 분들이 보입니다. 저는 귀신의 모습이니까.

그분들이 노려보는 게 보이는데, 너무 배고파 거기 가면 먹을 게 있을까 해서 들어갑니다. 그 안에 수많은 승려들과 사람들이 보이는데 무슨 재사를 지내는 것 같습니다. 천도재를 지내는지, 저는 귀신이라 사람들한테는 보이지 않습니다만, 저와 비슷한 처지의 귀신들이 많이 보입니다.

배가 고파 먹으려 떡을 잡으려 해도 안 됩니다. 손만 왔다 갔다 하는 겁니다. 쌀 과자 같은 거. 그런 것도 잡으려 해도 손이 그냥 빠집니다. 약과를 먹고 싶은데 약과도 안 잡히고 그렇게 아무것도 못 하고 배가 고픈데 주위를 둘러보니 사람들이 승려에게 인사를 하고, 얘기도 듣고 어떤 이는 울고, 절도 올리고 합니다.

제가 사람들한테 가까이 가서 쳐다봐도 못 봐요. 귀신이니까요. 저와 비슷한 처지의 귀신들이 다 저처럼 혀가 돌아간 게 아니라 입이 귀까지 찢어진 귀신도 보이고, 머리가 다 터진 귀신도 돌아다니고, 옷이 완전 누더기로 해진 옷을 입고 다니는 귀신들도 보입니다. 아무리 먹으려 해도 먹을 수가 없으니까 그냥 나옵니다.

도법천존 : 그대가 살아서 다녔던 절에 가서 부처의 모습을

봐요. 불상 앞에서 절을 했는데, 그 실체를 볼 수 있어요.

유○○의 영혼 : 불상을 지금 보게 되는데, 부처의 눈이 귀신이 장난치는 것처럼 눈이 빠르게 떴다가 감겼다가 마치 우스꽝스런 만화처럼 빠르게 움직이고 있습니다. 머리서부터 몸 전체가 온전하지 못하고 망치로 부수어버린 것처럼 뜯어져 있고, 코에서는 피가 흐르고 입이 이상하게 움직입니다.

무슨 말을 하는데, 이건 부처님 형상이 아니라 귀신이 장난치는 것 같습니다. 귀신이 입 쪽으로 들어가서 장난치는 것으로 보이고, 입이 '아' 하고 벌릴 때 밀가루를 뒤집어쓴 듯한 하얀 몸에 검은 털이 난 귀신이 입에서 튀어나오고, 이상한 요괴 같은 것이 튀어나옵니다.

귀에는 이곳에 와서 절한 사람들의 몸에 있던 조상령이라고 해야 하나? 영가들이 귀 쪽에 다닥다닥 붙어 있습니다. 이곳에 오면 사는 줄 알고. 마치 벌레와 같습니다. 늘어진 귓불에 다닥다닥 붙어 있습니다.

그리고 지금 보이는 것은 뒤통수 쪽에 빨갛게 원 같은 것이 확 열리더니 거기서 머리가 긴 여자들이 나오고 있는데, 아마도 처녀 귀신 영가들 같습니다. 수천 명이 살고 있는데 깔깔깔대며 웃습니다. 부처에게 절을 하면 그들 조상령들, 악귀잡귀들, 아기 귀신들, 처녀 귀신들에게 절을 하는 것입니다.

도법천존 : 그러면 거기 불상에는 석가부처는 없소?

유○○의 영혼 : 안 보입니다. 그리고, 두더지인지 뭔지 가시가 많이 난 짐승이 눈은 초록색이고 입은 하얗고 그런 것이 부처 형상 바로 앞에 누워 있는 형태로 있습니다. 그도 사람들이 와서 절을 하면 자신이 받고서 즐기고 있습니다.

도법천존 : 천도재했ㅅ? 몇 번 했나요?(서너 번 했어요. 다른 분들 천도재하는 거 많이 도와주었어요.) 천도했는데 조상들 어디 가 있는지 봐요.(스님한테 여쭤보면 벌떼 형상도 있고, 자전거 타는 평범한 위치?) 평범하던 좋은 세상 갔던 그대 조상이니 어떻게 되는지 봐요.

유○○의 영혼 : 상자가 보입니다. 네모난 상자 안에 조상님들이 작은 상태로 들어가 있는 게 보입니다. 그 안에 답답해하면서 울고 있습니다. 못 나옵니다. 상자가 큰 게 아니라 굉장히 작고, 그 안에 조상님으로 보이는 사람들이 답답해하고 힘들어하는 것이 보입니다. 상자 안에서 갑갑해서 두드려도 아무도 도와주지 않고 갑갑해서 미칠 지경입니다.

도법천존 : 다음 그대의 사후세계 모습 계속 봐요.

유○○의 영혼 : 아까 말씀드린 대로 부처 형상에는 귀신들이 튀어나오고 장난치고 하는데, 그런 모습을 제가 보고 기겁을 해서 그곳을 나오게 됩니다. 절을 뒤로하고 나오자 앞에 보이는 곳은 안개가 뿌옇고 가운데는 강이 보입니다.

뿌연 안개 속을 헤치면서 가는데, 저 앞에서 누가 이리 오라고 천천히 손짓합니다. 조상님이신가 가보니 사라졌습니다. 그렇게 계속 안개 속을 걸어가는데, 저쪽에 누더기 옷을 입은 자가 손짓합니다. 그럼 저 사람한테 가야 하나? 하면서 한 발 내딛는 순간 강물 속으로 쑥 빠지게 되었습니다. 그 강물에 빠지는 순간 귀신의 차원에서는 101년이 지난 것이라 합니다.

어떻게 된 건지 뒤를 둘러보니, 옛날 오래된 공포스러운 건물도 보이고. 조선시대? 그런 식으로 보이고, 장터에서 사람들이 뭔가를 팔고 시끌벅적한데, 아무도 저를 알아보지 못합니다.

혀는 돌아서 몸은 삐쩍 마르고 국밥집에 가서 아줌마에게 밥 좀 달라고 두드려도 알아채지 못합니다. 검은 도복을 입은 남자 두 분이 제 앞에 딱 서는데 저승사자님처럼 보이고 굉장히 찬 기운이 느껴집니다.

그중에 한 분께서 책 한 권을 꺼내시더니 살았을 때의 제 이름과 주소, 했던 일들을 읊습니다. 저도 모르게 '예'라는 대답이 튀어나왔고 저보고 따라오라고 손짓합니다. 그분들을 따라서 직진하고 있는데, 옆에서 소리가 나서 보니 빨간 소가 한 마리 지나갑니다. 그 소 등 위에 부처의 형상이 망치로 부서진 조각난 형태로 가고 있는 것이 보입니다.

그 소 뒤로 누더기 옷을 걸친 남자 승려 2명이 굉장히 괴로운 표정으로 따라가는 게 보입니다. 왜 저에게 보여주시는지 모르겠지만, 그걸 지나치고 앞으로 직진하는데 앞의 저승사자님 한 분께서 어떤 말씀을 하시는데 잘 못 알아듣겠습니다. 말이 끝나는 동시에 검은 모래가 보입니다.

사막 같지는 않은데 검은 모래에 발을 내딛습니다. 푹 발이 빠져들었습니다. 그 모래 밑이 검은 바다입니다. 상체는 까만 모래에 묻혀 있고, 다리는 검은 바다에 있습니다. 어떤 사람이 검은 바다에서 헤엄을 쳐서 옵니다. 제가 인간으로 살 때, 친한 건 아닌데 먼저 죽은 지인이 찾아온 것 같습니다.

그런데 그자가 저에게 욕을 합니다. 엄청 화가 난 상태로 욕을 합니다. 나한테 그런 욕 하지 말라고 하니까 저한테 원망하는 듯한 상태로 휙 돌아서 갑니다. 제가 둥둥 떠다니고 도착한 곳이 위에는 검은색, 밑에는 하얀색 문을 열고 들어가게 되었습니다. 어떤 높은 분이 계시는데, 누구신지는 모르겠고, 살아서 어떤 죄를 지었고, 폐하(도법천존)를 못 만난 죄에 대해 굉장히 오래 설명하십니다.

저는 '네네'하며 인정을 합니다. 배가 고파 허기집니다. 그런데 어느 분께서 칼로 반쪽으로 가릅니다. 저에게 가짜 하늘(석가부처)을 섬긴 죄가 너무나 크다고 하시면서 저의 떨어진 얼굴의 반쪽을 손으로 드시더니 이것만 다른 귀신으로 다시 태어나서 어느 곳에서 윤회한다고 합니다.

저는 죽으면 하나의 상태로 윤회를 한다고 생각했는데, 저의 경우만 얼굴의 1/4이 윤회해야 한다고 합니다. 이만큼의 얼굴이 변신하게 되는데, 개구리 귀신입니다. 개구리의 모습인데 귀신입니다. 그런 모습으로 어느 분에게 끌려갑니다. 얼굴은 개구리고, 밑으로는 빨간 소복인데 염색이 아니라 피입니다. 그런 소복을 입고 제가 개구리 귀신이 돼서 어디론가 가게 됩니다.

보니까 앞에 승려들이 엄청나게 보입니다. 광장 같은 곳인데, 그들이 데모하듯이 원망하는 소리, 별의별 욕하는 모습이 보입니다. 누구한테 하는지 앞을 보자 돌로 만들어진 돌부처가 밧줄로 꽉 묶여 있습니다. 그 앞에 수천 명이 넘는 승려들이 돌부처에게 삿대질도 하고 뭘 또 던지는 모습이 보입니다.

저는 보고 있었는데 옆에 있던 승려가 따라하라고 합니다. 저도 따라하는데 누군가가 저를 잡고 그 돌부처 앞으로 휙 던집니다. 그러더니 저를 돌부처와 같이 묶어버립니다. 저는 돌부처에게 안기듯이 있고, 밧줄로 꽁꽁 묶습니다. 그런 상태에서 저에게도 돌을 던지고, 침도 뱉고 오물도 던지고 하는 벌을 받고 있습니다.

도법천존 : 살아서 30년 동안 절을 다녔는데, 극락세계가 있는지 보여줄 테니 확인해봐요.

유○○의 영혼 : 지금 보이는 것은 검푸른 색의 동굴 같은 것이 보이는데, 극락세계 그런 거는 안 보입니다.

도법천존 : 살아생전 부처를 믿었는데, 극락세계를 못 가고 왜 어두운 세계를 가느냐고요?

유○○의 영혼 : 제가 속은 것 같습니다.

도법천존 : 30년의 세월을 승려들에게 굴복하고 종살이를 했잖소. 법명도 그대를 종으로 시키려고 지어주었고요. 그렇게 30년 동안 부처를 열심히 믿었는데 그대 사후세계 모습 적나라하게 보여줬잖아요.

그동안 믿었던 불교뿐 아니라 천주교, 기독교, 무속, 도교, 유교 다 가짜였다고, 말로 아무리 교화를 해봐도 내가 하는 말은 종교에서 하는 말과 너무 달라서 이해가 안 돼요. 여기는 각본 없이 라이브로 진행하는 곳이요. 그럼 30년 동안 희생 봉사한 것이 죽어서 좋은 세계 가려고, 조상님들도 좋은 곳에 보내주려고 한 것이잖아요. 그렇다고 절에 가서 하소연해 봐야 소용없어요. 그들은 죄인들이오.

지구상에 모든 종교는 하늘, 신, 영혼, 조상 팔아 장사하는 곳이오. 사후세계가 안 보이니까 조상들 천도재하면 극락세계 갔다고 그러는데 확인이 안되잖아요? 인류의 마음 생각까지도 다 천상의 컴퓨터에 자동으로 입력되고 있기에 그래서 죽은 뒤에 사후세계에서도 심판받지요.

하늘께서 가장 크게 중죄인으로 심판하는 자들이 종교숭배자, 종교창시자, 종교교주, 종교지도자, 종교종사자, 종교 믿는 신도들이지요. 종교를 믿는 것이 진짜 하늘께 죄가 된다는 사실을 알고 있는 사람들이 아무도 없을 것이오.

그래도 운 좋게 여기 들어왔어요. 살아서 사후세계 보는 건 아무도 못 해요. 승려, 법사, 무당, 신부, 목사, 수녀, 도인, 도사도 못 하는데 ○○ 종정도 지옥세계에 가 있어요. 사후세계 미리 보기는 여기까지 마치니 유○○의 영혼은 육신으로 돌아가시오.

-이상-

이곳에 들어와서 나를 만났어도, 하늘이 내리시는 명을 받들지 않으면 아무 소용이 없다. 하늘께서도 약속이나 맹세를 싫어하시고, 행만을 강조하시기에 나 역시 마찬가지이다. 인류 자체가 하늘을 배신하고 역모 반란에 가담하였다가 실패하여 지옥 행성 지구로 도망치고 쫓겨 내려온 죄인들의 신분이기 때문에 언약 맹세, 충성 맹세는 일절 받지 않는다. 죗값을 가져와서 행하지 않으면 하늘의 명을 받을 수 없다.

박○○ 사후세계 미리 보기

도법천존 : 하늘을 찾아다니려고 절에서 엄청 지극정성도 열심히 드리고 모든 것을 바쳐서 했는데 결국 아니란 것을 알고, 하늘을 찾으려는 그 마음이 아주 열렬했어요. 그래서 오늘 이곳 도의 종주국 하늘궁전 태상천궁 천상도법주문회에 처음 참석했는데, 하늘의 명을 받지 못하고 죽으면 사후세계가 어찌 될 것인지 미리 보여줄 것이오.

특히 종교를 다니는 사람들은 자신이 종교를 다녔다는 것으로 죽어서 천국, 천당, 극락, 선경으로 갈 수 있는지 무척 궁금할 것인데 그것을 확인시켜 주는 곳은 지구상에 그 어느 곳도 없소. 그대는 아직 여기 정식 백성도 아니지만, 특별히 사후세계 미리 보기를 해줄 것이오. 박○○의 영혼(생령)을 데려오라. 그대 육신이 이 땅에서 얼마나 살지는 모르지만 육신이 죽은 후의 세상을 보이는 대로 말하오.

박○○ 영혼 : 제가 죽었는데 저의 죽은 육신을 보고 있습니다. 그런데 갑자기 까마귀 수백 마리가 저를 향해 날아옵니다. 가장 큰 까마귀 한 마리가 와서 사람처럼 말을 합니다. 저의 이름과 생년월일을 물어보니 저는 맞다고 답하게 됩니다. 몸은 까만색인데 눈은 붉은색입니다. 그 까마귀들이 저를 이쪽으로 오라고 해서 가봤더니 까만 모래 위에 누우라고 합니다.

거기에 누운 채로 모래가 저절로 움직여서 어디론가 가고 있습니다. 까마귀들이 조용히 까만 모래 위에 태우고, 가장 큰 까마귀는 제 앞쪽에 있고 다른 까마귀들이 에워싼 채, 제가 간 곳은 검푸른 물속입니다. 죽은 영혼이라 그런지 물속으로 들어가게 됩니다. 육신적인 고통이 느껴지진 않고 저절로 들어가게 돼서 가보니, 맨 처음에는 하얀 문이 보입니다. 그 문을 열기 전에 세 번의 노크를 하라고 합니다.

저는 까마귀가 말하는 대로 손을 들어서 세 번 노크합니다. 똑똑똑···! 그러자 그 문이 열립니다. 그 문을 열고 들어가자 어떤 다른 세계가 펼쳐집니다. 중처럼 머리를 민 남자, 여자도 보이는데, 옷이 모두 벗겨져 있습니다. 붉은 커다란 천이 그들을 감싸고 있다가 확 벗겨지면서 은빛 칼이 위에서 내려옵니다. 머리 위에서 다리로 뚫고 지나가면 몸이 반으로 갈립니다.

또 다른 쪽을 보니 남자, 여자 청소년으로 보이는데, 그들도 옷이 벗겨진 채로 파란색 천으로 감싸였다가 확 벗겨지고, 밑의 바닥이 갈라지며 뚝 떨어집니다. 밑에 보니 용암 같은 곳이 보입니다. 용암 속에서 고통의 비명 소리를 들으면서 뭐라고 외칩니다.

큰 까마귀가 저에게 앞으로 나오라고 합니다. 제가 인간으로 살았을 때 지은 죄, 하늘을 몰라보고 진짜 하늘이 어떤 분인지 몰라본 것을 설명해 주신 다음에 제 얼굴의 오른쪽이 떨어져 나가고, 혀가 밖으로 확 튀어나오고, 코가 칼에 베인 듯한 고통이 느껴지는데, 눈도 떨어지고, 이빨이 하나하나 다 유리창 깨지듯 깨지고 있습니다.

몸 전체가 미라처럼 변했습니다. 그런 흉측한 모습으로 저의 조상님들이라고 하는 분들을 보게 된다고 합니다. 진짜 하늘께 찾아와서 구원하지 못한 것을 조상님들이 원망하는 모습입니다. 눈이 없는 상태에서도 조상님들께서 오시면 어렴풋이 보입니다. 조상님들이 종교에 간 것에 대해 엄청 많이 원망하고 있습니다.

한 분마다 오셔서 조상 천상입천식을 살아생전 못한 것을 나무라고 꾸짖으십니다. 다 모습이 다르십니다. 개구리, 개, 사람, 소, 컵, 돼지, 지렁이, 뱀, 쥐의 모습으로 윤회를 하는 것을 보여주십니다. 그렇게 조상님들께서 진짜 하늘을 찾지 못한 것에 대해 원망을 마구 뿜어내십니다.

저 역시 용암으로 떨어졌고, 저는 3번과 4번 사이의 1자가 보이는데 버튼처럼 보입니다. 그걸 2번을 누릅니다. 하라는 대로 누르니 큰 굉음이 나면서 발밑으로 땅이 갈라지면서 시뻘건 용암이 흐르는데 많은 사람들이 그 안에서 비명을 지르면서 몸이 다 녹아 내려가는 모습이 보입니다.

다 타버려서 흉측한 모습입니다. 죽어도 다시 살아나는 그런 모습도 보입니다. 저 역시 그쪽으로 떨어져서 제 얼굴부터 발, 몸 전체가 뜨거운 용암 속에 끓고 있습니다. 목소리가 나지 않을 정도로 너무나 고통스럽습니다.

그곳에서 꽤 오랜 시간 동안 용암 속에서 죽었다 살았다를 반복하는데 105일 동안 형벌을 받는 거라고 하십니다. 그 후에는 알몸으로 나오게 되는데, 발에는 파란색 고무신이 신겨 있는데, 파란색 고무신을 신고 윤회를 해야 한다고 하십니다.

아주 오래전의 고려시대, 조선시대부터 시작하는데 그 시대 자체도 지옥의 하나라고 하십니다. 현재 시대에 살았던 기억을 그대로 가져가서 과거 시대에서 업보를 풀기 위해 시작한다고 합니다. 그곳에서 윤회를 시작하기 전에 들러야 할 곳이 있다고 합니다.

진짜 하늘께서 이 땅으로 강림하신 것을 몰랐던 죄를 비는 방에 가서 98일 동안 폐하(황태자이신 도법천존)를 알아보지 못하고, 알현 드리지 못한 것에 대해 석고대죄를 해야 한다고 합니다. 온 방 안에는 가시와 동물시체가 쌓여 있습니다. 그러고 나서 윤회를 수백 년 동안 해야 한다고 합니다. 축생으로 윤회를 하는데 첫 번째가 '소'라고 합니다.

소로 계속 살았다가 죽었다 59년 반복하고, 들고양이로 3년 윤회하는데 다 의미가 있다고 합니다. 그리고 바위가 됩니다. 답답한 채로 바위로만 10년을 꼼짝없이 있어야 합니다. 그다음에 안경이 되었는데, 18년 동안 안경으로 윤회하고, 그 후에는 쥐로 1년 동안 윤회한다고 하십니다. 안경으로만 윤회가 18년이라고 하십니다. 쥐로는 1년 윤회하고, 이번에 보이는 것은 빨간색 피처럼 붉은 모래 위에 누우라고 하십니다.

빨간 모래가 천천히 어디론가 이동을 하고 있습니다. 제가 가게 되는 곳은 마치 어렸을 때 전설의 고향에서 보던 지옥세계 명부전으로 보입니다. 검은색 옷을 입으신 남자분들이 도열하여 있고, 거기의 크신 분으로 보이시는 분이 이리 오라 하셔서 이름과 생년월일을 물어보십니다.

제 머리가 순식간에 중처럼 깎입니다. 알몸 상태로 있는데, 점점 추위가 느껴지기 시작하고 이빨이 부딪치고 아까 검은색 옷을 입고 계신 남자분들이 흑룡으로 변하셨습니다. 저에게 이쪽으로 오라 해서 가봤더니 검은색 문이 보입니다.

하늘께서 황태자님이신 도법천존 육신으로 이 땅에 오셨어도 찾아보지 못하고, 알아보지 못한 죄를 270년 동안 그 방 안에서 빌라고 하십니다. 그 안에 들어갔더니 온통 다 까만데, 지옥의 감옥처럼 느껴집니다. 석고대죄하는 형식으로 죄를 빌고 있습니다. 그것이 다 끝나고 나면 그다음에 가게 될 곳은 머리가 아주 긴 여자들이 있는 곳입니다.

그 여자들을 보는 순간 머리가 산발이 되더니 귀신의 모습으로 변합니다. 산, 강, 바다에 가서 벌을 받아야 한다고 하십니다. 제가 이렇게 귀신의 모습으로 변해서 그곳에 다시 가게 되는데, 진짜 하늘을 찾지 못한 것이 얼마나 큰 죄인지 가슴 아프게 후회하고 있습니다.

너무나도 춥고 배고픈 것이 느껴집니다. 저도 산이나 강, 바다에서 그곳에 오는 사람들을 보기도 하는데, 저는 일단 바다쪽으로 가게 되고, 바닷물에 들어가자마자 물고기에 의해 다리가 잘려집니다. 그 다리를 바라보며 울고 있는데 몸이 동그란 공처럼 뭉쳐집니다.

뭉쳐진 상태로 바닷물 속에서 낚싯배들이 오면 밤에 제가 귀신의 모습으로 변해서 그들의 몸으로 들어가서 해코지하고 그러는데 그것이 굉장히 고통스럽습니다. 잠시 추위와 배고픔을 모면하고자 하는 것이 아니라 잠시 인간의 몸으로 피신하는 것조차도 정신적으로 굉장히 괴롭고, 몸도 너무 많이 아프다고 하는데 형벌의 일종이라고 합니다. 그렇게 42년 동안 해야 한다고 합니다.

그런 형벌이 끝나면 이번엔 산으로 가야 하는데, 무덤 앞에서 통곡하게 됩니다. 저희 조상님인지는 모르겠지만, 귀신의 모습으로 통곡합니다. 그 상태에서 제 몸이 자연적으로 분리가 됩니다. 머리, 팔, 다리, 내장들이 다 밖으로 확 튀어나오는 게 보이는데 너무 괴롭습니다. 내 자신을 잃어버린 것도 고통스럽고, 폐하께서 강림하신 것을 알지 못하여 찾아가지 못한 것을 후회하게 됩니다.

그만, 거기까지!

사후세계 미리 보기는 3박 4일 해도 끝이 없어요. 한도 끝도 없다오. 이렇게 하늘의 명을 받지 못하고 이 세상을 떠나면 사후세계 미리 본 대로 된다오. 이제 이 진실을 알았으니까 하늘의 명을 받드는 행만 하면 될 것이오.

그동안 절에 지극정성하고 모든 것을 바쳤는데 자신의 사후세계 모습이 어때요? 조상도 구원 못 받고, 자신도 구원 못 받고, 이 땅의 종교는 하늘이 보이지 않으니까 인간과 정신, 돈을 다 갈취하고 종살이, 노예살이를 시켰던 것이오.

그런데 누굴 믿고 있어요? 요새는 자기가 하늘이라며 수많은 사람들을 끌어들이고 있어요. 하나님, 하느님, 상제, 천자, 미륵불, 재림예수, 정도령, 신이라고 하는 자들은 살아서도 죽어서도 도망갈 곳도 숨어서 피할 곳도 없소. 그 몸에 악신, 악령들이 들어가서 천자와 하늘, 신을 사칭하고 있는 거요.

지구에 550만 개의 종교세계가 있는데 천상의 진짜 신들은 종교인 육신으로는 절대로 안 내려간다오. 내려가는 즉시 하늘의 역천자가 되기 때문에 내려갈 수 없으니 가짜 신들이 내려가는 것이오.

목사, 신부, 수녀, 승려, 보살, 무당, 도인, 도사, 법사 몸에 아수라, 악신, 악령, 악마, 요괴들이 다 들어가서 자칭 하나님, 하느님, 천자, 신, 부처, 미륵, 재림예수, 정도령이라고 그러고 있어요. 하늘의 신들은 절대로 안 내려온다오. 하늘의 명을 받지 않고서는 마음대로 내려오지 않소. 신이 추포돼서 온 자는 없고 아수라, 악신, 악령, 악마, 요괴, 귀신들만이 잡혀온다오.

하늘께 대적하려고 하누와 표경이 뿌린 씨가 종교요. 그들이 하늘에서는 신들이었기 때문에 어떤 힘은 있소. 하지만 구원은 있을 수 없소. 그들 대역죄인들이 보낸 자들을 하늘께서 받아주시겠소? 오늘도 박○○ 사후세계 미리 보기 했지만, 자신이 종교에 바친 돈과 세월 어디 가서 돌려달라 할 것이오?

내가 이 땅에 내려오지 않았다면 종교가 계속 번창하고 완전한 범죄가 될 뻔했소. 책을 보내도 오지 않소. 종교에 얼마나 세뇌가 됐으면 진짜에게 오지 않고 가짜에 인생 바쳐서 죽어서도 구원 못 받고 이게 무슨 일이냐고요?

하늘께서는 기운으로 오시는 것이오. 내 목소리를 들어도 하늘의 기운, 떨림이 느껴진다는 사람도 엄청 많소. 내가 잘나서 하는 게 아니라 천상에서 기운을 주시기 때문이오. 하늘의 말씀, 메시지, 계시, 기운은 오직 황태자만이 받을 수 있소이다. 종교에서 계시, 메시지, 기운받는 것은 아수라, 악신, 악령, 악마, 요괴, 귀신들이 하늘을 사칭해서 주는 것이었소.

아까 조상들 심판받는 것을 보면 천상의 3천궁(태상천궁, 도솔천궁, 옥황천궁)의 언어가 다 틀려요. 아수라도 천상언어(방언)로 하잖소? 인류를 심판하고 구원하려 북극성에서 내려온 미래의 하늘 도법천존이오.

말이나 글은 상대를 얼마든지 속일 수 있지만, 기운은 속일 수가 없소. 각자가 나를 만나서 느낀 기운은 아무도 속일 수가 없소이다. 자신 안의 조상과 영혼, 신들, 귀신들까지 모두가 다 체험했지 않았소?

아무나 이곳에 들어올 수 없소이다. 죄를 용서받을 수 있는 사람들만 들어올 수 있소. 죄가 크면 이곳에 와도 남아 있지 못하오. 그대들은 이곳에서 하늘이 내리시는 명을 받으면 모든 것을 다 준 것이고, 사람으로 태어난 사명을 완수한 것이오.

천상으로 돌아가는 방법은 천인합체식이 유일한 길이요. 조상들은 천상입천식이 유일한 길이오! 박○○는 조상부터 구원해야 할 것이오. 그다음에 천인합체식을 행해야 할 것이오. 지구상에서 산 사람의 사후세계를 미리 알 수 있는 유일한 곳이 도의 종주국인 하늘궁전 태상천궁이오.

재벌가 안주인 사후세계 미리 보기

도법천존 : 재벌가의 안 주인 K○○ 영혼을 데려오라

KOO 영혼 : 머리가 아파요.

도법천존 : K○○는 내가 몇 번 불러주고 기회를 주기도 했는데 결국은 그대 육신을 데려오지 못했구려. 그래서 이 세상 사람들에게 사후세계 모습을 공개하려 하오. 지금부터 그대 육신이 죽은 이후의 세계를 보여주니 지금부터 보시오.

KOO 영혼 : 이제 내가 죽었나 봐요. 눈을 뜨고 이렇게 몸을 일으켜 세웠는데 주위에 제가 다녔던 절이 보여요. 절에서 안면이 있었던 분들의 얼굴이 보이고, 스님 몇 분도 보이고, 다 저를 못 보시는 것 같아요. 저는 그분들께 다가가는데 다가갈수록 멀어지는 것 같아요.

그 순간에 하늘에서 까마귀들이 수백 마리가 저를 향해서 날아와요. 제 주위에 감싸고 있어요. 제가 죽었다는 것을 실감하는데, 큰 까마귀가 저를 노려보면서 알아들을 수 없는 말을 합니다. 마음으로는 저에 대해서 얘기하는 거 같아요. 여기 앞에서 계신 분께서 저에게 기회를 많이 주셨다는데 맞습니까?

도법천존 : 그래요.

KOO 영혼 : 그런데 기회를 많이 놓쳤고, 제가 기회를 많이

받았는데 부정했던 것 같습니다. 저의 죄를 밝힌 까마귀가 부리로 제 이마 가운데를 딱 치니까 제 몸이 그 자리에서 반 토막이 됩니다. 반 토막이 난 사이에서 뭔가 싹 올라오는데 제 엄마가 보입니다. 엄마가 제 몸 안에서 울고 계셨나 봐요.

제가 슬프고 가슴이 답답하고 했던 것이 제 엄마가 제 안에 계셔서 그런 것이란 것을 죽고 나니 알겠어요. 엄마의 감정을 스스로 느꼈었나 봐요. 엄마도 ○○교에 아주 열성이셨기 때문에 이제 제가 어떻게 해야 하나 짧게나마 생각하는데, 누가 뒤에서 망치 같은 걸로 탁, 치는데 제가 떨어져서 산산조각이 났습니다.

엄마가 어딨는지 봤는데 어떤 사람이 '이년아, 못된 년아, 가자'라며 끌고 갑니다. 엄마는 어디 갔는지 알 수 없습니다. 저를 끌고 가는 여자가 누군지 잘 보이지 않습니다. 절 끌고 가서 팽개치는데 시어머니 묘지 같은 곳이 보입니다.

거기에 시어머님이 보이는 게 아니라 귀신인데, 어떤 사람은 머리가 뒤로 틀어져 있고, 어떤 이는 머리가 갈색으로 염색된 귀신이 뛰어다니고, 칼로 찌르고 있습니다. 거기 앞에 갖다 놓은 꽃이며 모두 다 난장판으로 만듭니다.

도법천존 : 시아버지를 만나봤소?

KOO **영혼** : 아니요. 귀신들이 거기서 뛰고, 염색한 귀신들이 침을 마구 뱉습니다. 제가 그 모습을 보고 놀라서 아버님 어떻게 해야 하나 생각하니 누가 뒤통수를 칩니다. 저를 끌고 온 할머니입니다. 귀에서 소리가 들리는데, 저를 원망하는 소리. 제가 엉뚱한 절에 가서 많은 시줏돈을 올리고 한 것을 조상들이 대성통곡하며 원망하는 소리가 들립니다.

귀에 저를 원망하는 소리가 마구 들립니다. 질질 끌려가서 저를 내팽개치는데, 앞에 보이는 게 바닷물입니다. 저에 대한 원성을 쏟아내던 분들이 저의 조상님들입니다. 제가 엉뚱한 절에 그렇게 큰돈을 바쳐 시주하고, 아무리 여기 앞에 계신 분이 어떤 분이신지 몰라도 종교에 빠져서 배척한 걸 제 귀가 떨어질 정도로 들려옵니다.

제가 죽긴 죽었는데 마치 꿈처럼 느껴집니다. 죽어서 이런 일을 겪을 줄은 생각지도 못했습니다. 당연히 부처님이 와서 도와주실 줄 알았는데 그것이 아니었습니다.

또 저를 네모난 방으로 끌고 가더니, 아주 시커멓고 긴 칼이 있는데, 제 입을 벌리고 그걸 마구 쑤셔 넣습니다. 당연히 저는 숨을 쉴 수가 없고, 칼로 쑤시는데 계속 원망의 소리가 들립니다. 엉뚱한 곳에 큰돈 바치고, 스님들이 하라는 대로 하고, 그 칼을 쑤시면서 전 피를 토하면서 혀도 나오고 이빨도 다 나왔습니다.

도법천존 : K○○ 영혼! 머리 들어요! 그대가 지금은 ○○종 다니지요? 아~!, ○○종 거대한 불상에 뭐가 있나 봐요.

K○○ 영혼 : 지금 눈에 보이는 것은 그 안에 동자들하고 큰 남자 어른, 그 안에 갇혀서 두드리는 게 보입니다. 도와달라는 외침으로 보입니다.

도법천존 : 불상 바깥에 귀신들이 얼마나 붙어 있는지 봐요.

KOO 영혼 : 밖에는 발 없는 귀신들이 허공으로 돌아다니는 게 보입니다. 어떤 귀신은 옷이 없고. 발 없이 돌아다니고 있습니다. 특히 여자들이 많습니다.

도법천존 : 금빛 찬란한 불상에 아수라, 악신, 악령, 악마, 축생령, 일반 잡귀신들이 얼마나 붙어 있는지 보라고요!

KOO 영혼 : 갇혀 있는 귀신이 괴로워하는 것도 보이지만, 사방팔방에 눈이 붙은 요괴들도 보이고요. 또 산신 같은 분은 가짜 같습니다. 모자를 쓰고 있는데 피도 묻어 있고, 눈은 초록색 빛이 나고 입에 질질 흘리고 있네요. 검은색 옷을 입은 키가 큰 남자가 보이네요. 얼굴이 하얗기도 하고 파랗기도 한데 뭔지는 잘 모르겠습니다.

어떤 사람은 눈썹도 빨갛습니다. 악신인데 눈동자가 없고 발이 하나인데 콩콩 뛰며 돌아다닙니다. 바깥에 있는 불자들은 이런 상황이 안 보여서 돈을 내고 절을 하고 그럽니다.

도법천존 : 그대도 절을 많이 했잖아요?

KOO 영혼 : 지금 이 상태에서 보면 경악할 정도이지만, 그걸 전에는 본 적이 없습니다. 도깨비 형상을 가진 자가 굉장히 많이 들어 있습니다. 뱀이 수백 마리가 머리에서 올라오고 있습니다. 마치 악령이 키운 모습 같습니다. 이빨이 코에서부터 날카롭게 난 모습입니다. 그런 자들이 그 안에도 있고, 안에서 살려달라는 자들도 있고. 사람들은 전혀 못 알아보고 있습니다. 악령 맞아요?

도법천존 : 그래 맞아요.

KOO **영혼** : 이제 저는 그 모습을 다 보고, 저를 끌고 온 할머니가 제 왼손을 잡고서 끌고 갑니다. 저를 들어서 장난감이 쌓인 곳 같은데 내려놓아, 냄새가 심하여 보니까 돼지우리입니다. 제 몸이 사람의 다리가 아니라 언제 변했는지 돼지가 되었습니다. 왜 제가 돼지가 된 겁니까?

도법천존 : 지은 죄가 많으니까 돼지가 되었지요.

KOO **영혼** : 돼지가 돼서 냄새 맡고 바닥에 떨어진 더러운 걸 핥아먹고 있습니다. 우리에 계속 있다가 또 저를 집어서 어디로 확 던집니다. 쥐약이 보입니다. 눈을 다시 자세히 떠보니, 제가 쥐약을 마시고 있습니다. 분명히 아까는 돼지였는데, 지금은 스스로 자살하는 것입니다.

그런데 귀에서 들리는 게 원망하는 소리인데, 여기 앞에 계신 남자 선생님께 진즉 찾아왔어야 하는데, 결과가 이렇게 됐으니 가문이 몰락하는 게 느껴집니다. 쥐약을 먹고 나서 제가 쓰러졌는데, 제가 죽은 상태에서 다시 또 죽은 상태를 맞아보니 또 다른 지옥이 펼쳐집니다. 누가 저를 잡고 확 던졌는데 알파벳 'R' 자가 보입니다.

거길 열고 들어가니까 재래식 변기가 있고, 안에는 피도 보이고 똥오줌하고 사람 손도 둥둥 떠다닙니다. 누가 발길질로 차서 저는 거기에 확 빠졌습니다. 거기서 오물이 코에도 들어가고 입에도 들어가 똥 냄새가 진동하는 모진 고문형벌을 받고 있는데 정말 환장하고 미치겠습니다. 그리고 제 앞에 계신 분은 성함이 어떻게 되십니까?

책을 읽지 않은 것에 대한 대가를 치를 거라고 말씀하십니다. 또 확 어디에 팽개쳐지는데 닭입니다. 아파 보이는 닭이 보이는데 그 아픈 닭 몸으로 들어가 제가 닭이 되었습니다. 이 아픈 닭으로 살아갈 줄은 생각지도 못했습니다.

살아서는 재벌의 안주인이었는데 죽어서 이렇게 됐습니다. 제가 병에 걸려서 저와 같이 병든 닭들을 불러 모아서 닭들을 땅에 묻어야 한다고 합니다. 이렇게 팽개쳐진 상태에서 저와 같이 있던 닭들도 모두가 생매장당합니다.

도법천존 : 나는 천자이자 황태자 도법천존이고 여긴 하늘궁전 태상천궁이란 곳이오. 그대 친정엄마는 모태신앙이라고 했지요? 그대도 오래 다녔고, 지금은 ○○종 다니는데. 둘 다 부처를 받들어 섬겼잖아요? 그대가 믿는 석가모니 부처가 어떻게 생겼는지 지금 보여줄 것인데 어떤 모습이오?

KOO 영혼 : 믿어지지 않습니다.

도법천존 : 보이는 대로 말해요.

KOO 영혼 : 사람의 몸을 잘게 다져서 뭉쳐놓은 그런 모습으로 보입니다. 저분이 석가모니 부처님이라고요?

도법천존 : 그대가 믿던 석가부처죠.

KOO 영혼 : 아니야, 아니야!

도법천존 : 믿기 싫지요? 아무리 그대가 아니라고 해도 무슨 소용이 있어요? 그대 영혼이 직접 보는 거요. 그대가 죽어서 극락세계 간다고 시주도 엄청 많이 했지요. 그래요, 그대가 간

다는 극락세계가 어디 있는지 보여줄 것이니 보시오.

KOO 영혼 : 지금 앞에 보이는데 전체가 진한 회색빛이 보이고, 무서운 분들께서 노려보시는 모습이 보입니다. 그리고는 저를 어디론가 데려가서 보이는 게 있는데요. 머리를 빡빡 밀었고, 어떤 자는 시체처럼 되어 그렇게 누워 있는 상태인데, 사자 같은 짐승들이 사람들을 물어뜯고 비명 소리가 들리고, 머리도 다 뜯고 그 자리에서 먹어버립니다. 남은 시체들을 입에 하나씩 물고서 뜨거운 불 속에 집어넣습니다.

도법천존 : 그게 절에서 말하는 극락세계의 모습이오? 그 세계를 가려고 그렇게 시주를 많이 했어요? 미쳤어요~! 종교인들이 인간, 조상, 영혼, 신들을 속이기가 이렇게 편하다니까요! 안 보이고 안 들리니까요! K○○, 천도재, 수륙재 많이 했는데 시아버지 모습이 어떤지 보여줄 것이니 지금부터 보시오.

KOO 영혼 : 저희 아버님이요? 아~아. 엉~엉~엉~

도법천존 : 울지만 말고 보이는 대로 말해요!

KOO 영혼 : 옷은 하나도 못 입으시고 애기가 되어버리셨어요. 배고프다고 삐쩍 마르셨는데 한쪽 눈이 없어요. 입에는 하얀 게 붙어 있는데 뭔진 모르겠고, 배고픈 아기가 돼서 힘들어하세요. 엉~엉~엉~ 아기처럼 울어요.

도법천존 : 그래서 조상 구원하라고 기회를 줬잖아요.

KOO 영혼 : '아~아~' 거리며 먹을 거 넣어달라고 입을 벌리고 있네요. 엉~엉~엉~! 잘못했어요, 살려주세요!

도법천존 : 살아생전 돈 많은 재벌이면 뭘해요? 죽어서 이렇

게 고통스러운데요!

KOO 영혼 : 얼굴이 다 말라서 애기가 됐어요.

도법천존 : 그대가 살아 있을 때 구원하라고 메시지도 보내고, 그대 영혼을 불러 교화도 시키고 했잖아요? 그대에게도 죽음 이후의 사후세계를 미리 보여줬는데 그대도 똑같잖아요! 그 많은 재산 죽어서 한 푼도 못 갖고 가요. 살아서 여기 와서 하늘이 내리시는 명을 받아야 하는데, 절에 다 갖다 바치고 죽어서는 고통받고, 이게 종교세계의 진실이오.

K○○, 아직 기회는 있어요. 그대가 살아서 여기 들어오면 그대도 살고, 조상도 살릴 수 있어요. 절에서 빠져나와야 해요. 살아서는 세계적 재벌이라도 하늘을 못 만나면 죽어서 그렇게 된다고요! 믿어 지지가 않지요? 그대 육신이 이곳에 들어와야 그대와 조상이 구원을 받는데 육신이 돈이 너무 많아 자만, 거만, 교만, 오만으로 못 오고 있으니 그것도 그대 팔자겠지요!

그대도 죽어서 그렇게 되지만 그대의 자식들도 죽으면 그대와 똑같이 그렇게 비참하게 돼요. 시아버지처럼 그렇게 된다고요! 절에 시주 많이 한 거 아무 소용없어요. 시주한 만큼 더 고통스러운 악들의 세계로 들어간다오. 그래서 그대가 사명자가 돼서 들어와야 하는데, 큰절에는 가고 여긴 소문이 안 났다고 안 들어와요?

내가 56권의 책을 썼는데 나를 알아보지 못한 죄는 죽어서 받아요. 종교인들은 아무도 조상과 영혼을 구원하지 못해요. 오직 내가 살아 있을 때 여길 들어와야 구원받아요. 그렇게도 서럽게 대성통곡하며 울 것을 왜 못 들어오냐고요? 하늘 이외에는 어떤 누구도 구원이라는 걸 할 수 없어요. 승려들이 가장 큰 죄인인데 무슨 구원의 권한이 있어요? 무슨 능력이 있어서 구원하냐고요? 서방정토 극락세계도 악들의 세계인데 말이오.

KOO 영혼 : 우리 엄마는 어딨어요~?

도법천존 : 엄마의 모습도 똑같지요. 일평생 부처를 섬겼는데 어떤 모습인지 보여줄 것이니 보시오.

KOO 영혼 : 지금 보이는 모습은 해골이에요. 해골이 돼서 기어 다녀요··· 엉~엉~엉~! 엄마~! 엄마~! 엄마~!

도법천존 : 그대 엄마나 그대나 절에 가서 많이 갖다 바쳤을 거요. 그런데 엄마의 사후세계 모습이 어떠냐고요? 종교에 다니는 자들은 다 헛다닌 거요. 모두가 종교에 속았다고요!

KOO 영혼 : 엄마~ 엄마~! 엉~엉~엉~!

도법천존 : 엄마가 뭐라 그러는지 엄마 목소리 들어봐요.

KOO 영혼 : 엄마가 말을 못 해요! 너무 고통스러워해요.

도법천존 : 해골이 되어 말을 못 하는 엄마한테 말할 수 있게 윤허하니 모친은 딸에게 하고 싶은 말이 있으면 하시오.

KOO 영혼 : 해골의 모습으로 기어 다니시다가 여기 앞에 계신 분께서 윤허하시니 입술이 보이는데, 제가 죽기 전에 여기 앞에 계신 분께 와서 빌어야 한다고 말하십니다.

도법천존 : 그래요. 여기 와서 빌어야 구원을 받아요.

KOO 영혼 : 죽기 전에 하늘 앞에 와서 빌어야 하고 육신이 죽어서는 아무 소용이 없다고 합니다.

도법천존 : 그대 엄마가 ○○교를 믿었잖아요. 도대체 뭐 하는 거냐고요? 종교인들은 진짜 정말 너무 나쁜 자들이오. 저렇게 만들어 놓고도 천도해서 구원되어 아미타불이 있는 서방정토로 극락왕생했다고 그러잖아요? 종교인들이 가장 큰 죄인들이오. 하늘로 가지 못하게 조상도 붙잡고 영혼도 붙잡고요!

K○○ 영혼 : 엄마~엄마~엄마~ 엉~엉~엉~!

제가 죽기 전에 제발 빨리 찾아와서 하늘께 빌어서 구원해 달라고 눈물로 대성통곡하시며 신신당부하십니다!

(52분 동안 사후세계 미리 보기를 하는 중에 K○○ 영혼이 엄마를 애절히 외치며 15분 동안 대성통곡하고 눈물바다를 이루며 울었다.)

도법천존 : 그래서 그대 엄마 말 듣고 여기로 올 거요?

K○○ 영혼 : 오고 싶어도 어떻게 올지 모르겠어요.

도법천존 : 신문광고로 15년을 광고하고 있는데, 얼마나 죄가 크면 56권의 책이 신문광고로 나가는 동안 한 번도 못 봤어요? 나를 무시했지요? 큰절에 큰돈 시주하면 구원받아요?

K○○ 영혼 : 엉~엉~엉~! 우리 엄마 불쌍해서 어떡해!

도법천존 : 하늘의 가슴을 쥐어짜고 하늘의 가슴에 비수를 꽂을 때는 어쩌고요! K○○, 그대가 울어봐야 소용없고 그대 육신이 여기 들어와서 죗값을 바치기 전엔 아무 소용없어요.

K○○ 영혼 : 우리 엄마 너무 불쌍해서 어떡해!

도법천존 : 불쌍하면 구원을 해야지요. 절에다 그렇게 갖다 바친 게 얼마인데요? 그대가 그동안 시주하고 49재, 천도재, 수륙재, 지장재 지낸 것이 다 가짜 아니냐고요? 그런데 왜 정신을 못 차려요! 지금까지 그대 시아버지와 친정엄마의 사후세계가 어떤지 모르기에 더 이상 승려에게 속지 말라고 오늘 자세히 보여주잖아요?

그런데도 절에 계속 다닐 거요? 승려들은 다 죄인들이오! 하늘의 명 없이 조상들이 구원받아서 극락세계로 올라갔다고요? 극락세계도 없고요, 제일 무서운 곳이 종교세계라고요!

재벌 사모님이라고 승려들이 대우하니까 거기에 넘어가고 이게 뭔 일이요? 그대 조상들은 저렇게 고문형벌을 받고 있고요! 그대가 절이나 승려에게 돈 많이 바친 만큼 엄마는 고통스러운 세상으로 더 깊이 들어가게 되어 있어요.

그대가 다니며 믿고 있는 불교가 맞다면 가문이 편안하겠죠? 그런데 절에 열심히 다니면서 불공을 드리고 시주를 크게 하면 할수록 더 많은 악들의 기운을 받아 집 안에 온갖 우환이 오래도록 이어지고 있잖아요?

오랜 세월 동안 절에서 종정이나 승려들이 시키는 대로 49재, 천도재, 지장재, 수륙재, 산신제, 용왕제, 칠성제를 지극정성으로 행했지만 아무 소용이 없고, 그럴수록 그대의 조상들은 더 깊은 고통을 받고 있을 뿐이오. 수많은 불자들이 자신의 조상들을 악들이 세운 지옥으로 인도하고 있었다는 경천동지할 진실을 불자들이 얼마나 그대로 받아들일지 모르겠소.

그래도 인정하지 못하겠어요? 그대뿐만이 아니라 인류 모두가 수천 년 동안 종교인들에게 속아서 돈 바치고, 인생 바치고 있지만, 그대가 사후세계를 직접 보면서 속은 것을 확인했잖아요? 자, 그만하겠소. 여기까지!

그대가 조상 구원하고 싶고, 그대 사후세계 보장받고 싶으면 육신 데리고 들어오고 못 들어와도 그대 팔자요. 나는 회유, 현혹, 강요, 협박은 절대 안 하오. 죽어서도 고통받고 싶으면 계속 절에 다녀요. K○○ 영혼은 육신으로 돌아가시오. -이상-

본 대목은 K○○가 이곳에 들어오기를 바라기보다는 불교를 믿는 모든 불자들에게 사후세계 진실을 전하여 불교에서 하루바삐 벗어나야 한다고 전하는 글이다. 불교뿐만이 아니라 지구상에 있는 550만 개의 기독교, 천주교, 도교, 무속교, 통일교, 여호와의 증인, 이슬람교, 유대교, 힌두교 등등 모든 종교가 악들이 운영하는 종교라는 진실이 밝혀졌다.

죽어서 간다는 천국, 천당, 극락, 선경세상은 악들이 인간, 영혼, 조상, 신들을 현혹시키기 위해서 만든 허구의 세상이란 진실이 하늘이 내리시는 명에 의하여 2019년 9월 21일 낱낱이 밝혀냈으니 종교 다니는 사람들은 빨리 떠나야 한다.

종교인들이 가장 큰 죄를 지은 중죄인들이다. 100명을 죽인 살인죄를 저지른 자들보다도 더 무거운 대역죄를 지었다는 진실을 이 세상 사람들은 아무도 모르고 있다. 하늘 앞에 가장 크고 무거운 죄를 지은 종교인들이 성직자라며 자랑스러워하고 방송에 나오는 것을 보면 역천자 행성, 지옥별이 맞다.

하늘을 배신하고 역모 반란을 일으켰던 아수라, 악신, 악령, 악마, 요괴들이 반란에 실패하여 지구로 도망쳐와서 세운 것이 종교세계란 진실을 모르고 열심히 종교를 다니고 있는데, 이들이 바로 구원받지 못할 중죄인들이다. 종교 경전 역시 악들이 쓴 것이기에 악들의 씨앗들은 종교를 결사적으로 믿고 따를 수밖에 없는 것이 현실이다.

지구에 생존하고 있는 인류는 77억 3,600만 명인데, 이미 이 땅에 다녀간 죽은 자들은 그 얼마나 많겠는가? 지구인들 중에서 하늘 앞에 죄인 아닌 자들은 심판자, 구원자로 내려온 나(황태자 도법천존)를 제외하고는 단 한 명도 없다는 진실을 전하는데 여러분 눈높이에서는 받아들이기 어려운 말이다.

나는 여러분을 악들이 세운 종교세계에서 하루빨리 해방시켜서 구해 주어 영혼의 고향으로 보내주려고 하지만 구원을 원하지 않는 사람들은 그대로 종교세계의 교리와 이론을 믿고 다니면 된다. 천상에서 지은 죄를 용서받을 자들만 이곳으로 들어올 수 있으므로 종교처럼 아무나 들어올 수 없다.

육신적으로는 나 하나와 77억 3,600만 명의 인류와 대결이고, 영적으로는 그레이엄 수를 넘는 아수라, 악신, 악령, 악마, 요괴, 잡귀신들에 대한 대대적인 심판 천지대공사가 연일 이루어지고 있다. 그 어떤 종교든지 자신이 맞는다고 생각되면 사후세계 사례처럼 지옥세상으로 가더라도 그대로 다니는 수밖에 없다. 이 책을 읽고 그동안 종교에 감쪽같이 속았다고 인정되는 사람들만 전화로 예약하고 방문하면 된다. 이 책은 소설도 아니고, 꾸며서 쓴 가상세계 책도 아닌 실제 상황이다.

법조인의 사후세계 미리 보기

도법천존 : 신명은 법조인 ○○○의 영혼 데려와라.
법조인 : 아이고! 누구십니까?

도법천존 : 내가 불렀어요.
법조인 : 예?

도법천존 : 성당에 다니면서 거기가 마음에 들어요? 성모 마리아 믿으면 천당 갈 거 같아요?
법조인 : 그래도 마음에 평온함과 안정을 느꼈기 때문에 제가 나쁜 행동을 하며 산 것도 아니기에 성모 마리아님에게도 의지하면서 마음의 평온과 안정을 얻습니다.

도법천존 : 천당 간다고 믿었는데, 못 가면 어떡할 거예요?
법조인 : 그런 건 생각하고 싶지도 않습니다. 반드시 좋은 곳으로 갈 것이라 믿습니다.

도법천존 : 그래요? 그럼 그대가 죽어서 천당이라는 좋은 세계로 가는지 아직 모르잖아요? 그렇게 믿을 뿐인데, 그럼 그대의 죽음 이후 사후세계를 지금부터 보여 줄 것이니 과연 천당인지, 천국인지 올라가게 되는지 자세히 직접 보시오.
법조인 : 제 육신이 정말 죽은 겁니까? 깜깜하고 어두컴컴한

공간에서 어떤 사람인지 유령인지 모르겠는데, 흰색의 길쭉한 모양들이 보이고, 저 멀리 떨어진 곳에서는 보랏빛의 색들이 보이며. 반짝반짝 거리기도 합니다. 그 중간에는 흰색과 보라색 중간에는 검은색 큰 체격을 지닌 남자분이 서 계시네요. 제가 죽고 나서 보이는 것들입니다.

그 체격이 크신 남자분이 제 이름이나 나이는 다 아시는 것 같습니다. 보랏빛 연기라고 할까요? 궁금하긴 한데, 남자분이 하라는 대로 할 수밖에 없고, 제 양손을 뒤로 묶으셨습니다. 전 죄인처럼 무릎을 꿇고 양손이 포승줄에 묶인 채 알아들을 수 없는 언어로 말씀하시기에 조용히 듣고만 있습니다.

포승줄에 묶인 채 앉아 있는데 저 앞에 외계 생명체 같은 게 보이기도 하고 되게 독특합니다. 그들이 두뇌가 명석한 느낌인데. 제 어렸을 때의 모습도 스쳐 가고, 할아버지의 모습, 저의 조상님, 저의 전생이랄까요? 그런 것들도 보입니다. 물고기도 스쳐 가고 그런 것들이 계속 지나갑니다.

노크 소리가 들려서 가만히 있자 어떤 여자가 들어오는 게 느껴집니다. 아까 그 남성분과 어떤 얘기를 하고 전 가만히 있는데 몸이 붕 떠서 마치 떠도는 유령처럼 어디로 가는데 집이고, 창문이 보이는데 거기를 그대로 뚫고 들어가서 자고 있는 사람을 바라봅니다.

젊은 남자인데 바라보다가 거기로 쑥 들어가자 그 남자는 제게 빙의가 됐습니다. 저는 귀신이기에 들어가서 뭔가 하는 것 같습니다. 제가 사후세계에서 뭔가 풀어야 하는 게 있는 것으로 느껴지고, 남자는 머리가 어지럽다든지 힘든 걸 느낍니다.

그러다가 그 남자가 공부를 열심히 해서 시험을 봐야 하는데 저로 인해 고통스러워하며 약도 먹어보고 기도를 해도 효과가 없고, 저랑 예전에 아득한 시절에 인연이 있었던 자였고, 그렇게 그 남자의 몸에서 3년을 있어야 한다고 합니다.

그러고 나서 나오자 아까 봤던 큰 남자분 앞에 무릎 꿇고 양손은 뒤에 묶인 채 앉아 있습니다. 전 그때부터 추위를 막 느끼기 시작하며 허기가 지고 머리가 어지럽습니다. 어지럽고 춥고, 허기지고 이렇게 해서 사람 몸 안에 들어가는지 알았는데 산속을 헤매며 저의 조상님을 찾고 있습니다.

제가 살아 있을 때 뭔가 해야 할 일을 하지 못해서 벌을 받고 산으로 와서 조상님을 찾고 있는데, 귀신들이 너무 많아서 조상들이 보이지 않습니다. 귀신들이 통곡하고 우는데 이유를 모르겠고, 조상님을 찾아서 어떤 얘기를 들어야 하는데 찾을 수 없고 어디 계신지도 몰라서 떠돌아다니고 있습니다.

그렇게 방황하다 어떤 흰색 동굴 하나가 보였습니다. 흰색 동굴이 무엇인지 궁금해서 들여다보자 그 안에 큰 거미가 나와서 확 물어버렸습니다. 그러고는 다시 몸이 바닥으로 떨어졌습니다. 다시 정신을 차리자 저 역시 곤충 중의 하나가 되었습니다. 그렇지만 제가 누구였고 뭐였는지는 기억이 살짝 납니다. 윤회를 시작하는 거라는 느낌이 듭니다.

저는 잠자리인지 뭔지 날개가 있는 곤충이 되었습니다. 사람들 손에 잡혀서 죽는 게 제일 두렵기 때문에 도망 다니고 떠돌아다닙니다. 많이 힘이 듭니다. 차라리 사람 손에 잡혀서 죽는 게 낫겠다는 생각이 드는데, 그 생각이 드는 순간 코끼리가 보입니다. 외국인도 주변에 많이 보이고요.

제가 코끼리 다리 쪽으로 들어가서 거기 갇히게 됐고, 코끼리에 빙의된 모습이고 들어가자 답답합니다. 그다음에 그 안에서 계속 사람들이 저를 보고 웃으며 사진도 찍고 그러는데 스스로가 창피하고 부끄러운 심적 고통을 느낍니다. 그 안에서만 18년 동안 있어야 합니다.

그다음은 그렇게 세월이 18년이 있다가 나왔는데, 아까 그 검은 남자분이 와서 뭐라고 말씀하시는데, 저를 어떤 공간에 넣는데, 보이는 것은 온통 얼음만 보입니다. 이곳이 어딥니까? 큰 얼음 같은 게 있고, 얼음 빛에 흰색의 불이 활활 타오르는 게 보입니다. 그런 곳에서 추워서 덜덜 떨고 고통을 받으며 제 몸이 얼어가고 있습니다.

제가 사람으로 살았을 때, 조상님을 구해 드리지 못한 거? 여기 앞에 계신 분께 사정해서 조상을 위하지 못한 거, 그다음 그렇게 엄청난 추위의 고통을 느끼면서 벌을 받게 됩니다. 몇 년이라는 시간이 흘렀는데 계속 이렇게 벌을 받고 있습니다.

거기서 다시 나오게 되자, 제사 지내는 곳으로 와 있는데 음식 냄새도 나고, 전 배고파서 집어 봐도 집어지지 않습니다. 사람들이 와서 절을 올리는 것이 보입니다. 그 사람들한테 가서 뭔가 말을 하려고 하지만 전혀 통하지 않습니다.

그 사람들도 표정이 이상합니다. 그 사람들 몸 안에도 귀신이 있는 게 보입니다. 자세히 보니 며느리 같은 여자의 몸에 귀신이 잔뜩 들어가 있고, 제사상에는 할아버지 귀신이 보입니다. 저를 보더니 나가라면서 뺨을 칩니다. 아마 그들은 그쪽 조상인지 귀신인지 모르겠지만, 뺨을 때리니 아파서 나옵니다.

저희 조상님을 찾았으면 좋겠는데 찾을 수가 없고 가족도 보이지 않고 외로운 신세가 됐습니다. 제가 살았을 때 앞에 계신 분이 해 주신 말씀이 떠오르면서 거기가 진짜였나 생각하게 됩니다. 그러다가 저는 어떤 물컵 안으로 쑥 들어가게 됩니다.

손잡이 쪽으로 들어가 있자 사람들이 와서 컵에 물을 따라서 마시는 게 보이는데 제가 컵이 되었습니다. 믿고 싶진 않지만. 사람들이 저를 마시는 겁니다. 사람들의 소리도 들립니다. 컵으로 몇 년 동안 있다가 나오게 됐습니다.

누가 제 목에 검은색 줄을 감고 있는데 제가 가짜 하느님, 성모 마리아에게 굴복해서 다닌 것에 대해 들리고, 앞에 계신 높으신 분께서 기회를 주셨을 때 잡지 못한 게 큰 죄라고 느끼게 되고, 온몸을 검은 실로 감고 있습니다.

그리고 제가 너무 아파서 앞으로 쓰러지자 큰 도끼 같은 것이 보입니다. 쓰러진 저를 향해서 도끼가 돌진해 옵니다. 아! 저의 어깨를 검은색 도끼가 찍습니다. 그리고 배와 제 허리가 치자 완전히 떨어져 나갔습니다. 눈에 보이는 건 광활한 우주와 별들이 보이고 북극성이 보이기도 합니다.

제가 맞고 있을 때, 저희 조상들이 끌려와서 그걸 보고 있다고 합니다. 왜 기회를 놓쳤냐는 원망의 소리가 귓가에 들려옵니다. 후회의 눈물을 처절히 흘리고 있습니다. 그럼 제가 뵈었던 분이 북극성이십니까?

도법천존 : 그래요, 맞아요.

법조인 : 왜 죽어보니 저런 것들이 이제야 보이는지. 아~ 원망의 소리를 듣고 후회의 눈물을 흘리다 제 몸이 굳은 상태에서 어디론가 밑으로 떨어지는데, 어떤 할아버지 몸 안으로 쏙 들어가게 됐습니다. 그 할아버지의 왼쪽 귀에 정착하자 힘들어하고 가위눌리고 고통스러워합니다.

그렇게만 할아버지 몸 안에서 3년 있어야 한답니다. 그 후에는 검은색 물이 넘실거리며 보이는데, 물 중앙에서 검은색 빛이 올라오고 남자분께서 제 이름을 부르십니다. 저는 그 상태에서 그분 앞에 고개를 숙인 채 앉아 있습니다. 저의 죄를 말씀하시는데, 살아생전 여기 오지 않고, 앞에 계신 분의 말씀을 따르지 않은 죄가 크고 조상님의 마지막 구원을 하지 못했다는 말씀이 계속 들립니다.

눈물이 계속 쏟아지고, 팔다리와 목이 분리됩니다. 목 부분만 어느 분께서 드시더니 어딘가 두시는데, 중간 크기의 네모난 상자에 집어넣는 순간 살아왔던 지난날이 확 스쳐 가는데 제가 개의 몸속으로 들어가 개가 되어서 끔찍한 고통의 세월을 보내게 됩니다.

도법천존 : 살아생전에 하느님, 성모 마리아 열심히 믿었는

데 보여요? 빛도 안 보여요?

법조인 : 아니요. 아무것도 안 보여요.

도법천존 : 그럼 그동안 믿은 게 가짜 아니오? 그대가 가고자 하는 천당 천국 보여 줄 테니 어떻게 생겼는지 직접 자세히 보고 보이는 그대로 말해 봐요.

법조인 : 가짜입니까? 이상한 게 기어 다니고. 안 보입니다.

도법천존 : 그럼 믿었던 성모 마리아가 어떤 모습인지 보여 줄 테니 자세히 보시오.

법조인 : 성모 마리아님이요? 네? 피가 보이고. 머리도 헝클어져 있고. 상처가 굉장히 많이 보입니다. 아닌 것 같습니다.

도법천존 : 맞아. 지옥에 가 있다고요. 어느 지옥에 가 있는지 확인하고 말해 봐요.

법조인 : 전 못 하겠어요. 무서워!

도법천존 : 그런 자를 믿고 있었던 거요? 지금 속았다고요! 죽어서 속은 것을 알았잖아요?

법조인 : 몰라요. 나도 몰라! 환상인지 뭔지!

도법천존 : 환상이 아니고 현실이라고요. 어느 지옥인지 성모 마리아가 말할 거요.

법조인 : 불이 타오르는 뜨거운 그런 곳에 있어요.

도법천존 : 뜨거우면 불지옥 적화도네요.

법조인 : 뜨겁고 더러워요.

도법천존 : 그것이 종교세계의 실상이에요. 천당이라고 말한 곳인데 못 보겠지요?

법조인 : 예, 아닌 것 같아요.

도법천존 : 아닌 게 아니라 현실이라니까요. 그대가 믿던 여호와 하느님의 모습을 보여 줄 것이니 자세히 보시오.

법조인 : 눈이 빠져있습니다. 자신의 눈을 붙이려고 해도 잘 안 되고, 귀가 없고, 맞아서 멍들고 입도 터진 상태로 발이 묶여있습니다.

도법천존 : 확인해 봐요. 여호와 하나님이 맞냐고 물어봐요.

법조인 : 그런 것 같습니다. 예, 맞다고 합니다.

도법천존 : 진짜 하느님이라면 그런 모습으로 있겠어요?

법조인 : 제가 실제로 죽지 않는 이상 모르겠습니다.

도법천존 : 인정하기 싫지요? 예수의 모습을 보여 줄 거요.

법조인 : 냄새가 너무 심합니다. 고약한 냄새가 올라옵니다. 어딘가 들어갔다 나온 듯한 오물 냄새가 진동합니다.

도법천존 : 예수가 맞는지 확인해봐요.

법조인 : 제 눈에 보여도 진짜인지 가짜인지 모르겠습니다.

도법천존 : 그럼 물어봐요.

법조인 : 얘기도 하기 싫습니다. 냄새가 너무 심합니다.

도법천존 : 그런 자들을 믿고 있는 거예요.

법조인 : 똥통에 들어갔다 나온 그런 모습입니다.

도법천존 : 그런 예수를 인류가 다 믿고 있잖아요?

법조인 : 그것은 죽어봐야 알지 않겠습니까? 환상이라고 느껴집니다. 믿어지지 않습니다.

도법천존 : 그럼 이제 석가모니 부처의 모습을 보시오?

법조인 : 코도 떨어지고 귀, 입, 눈이 다 없습니다. 머리도 반쪽이 떨어져 나가 피를 흘리며 괴로워 울고 있는 모습입니다.

도법천존 : 마호메트의 모습을 보시오. 이슬람교의 창시자.

법조인 : 뭔가 쥐처럼 얼굴이 변해서 고통을 받고 있습니다. 애처로운 모습입니다. 믿고 싶지 않습니다.

도법천존 : 알라신의 모습을 보시오.

법조인 : 돼지의 모습으로 불에 탄 모습입니다.

도법천존 : 그렇게 알라신도 고문형벌을 받고 있잖아요.

법조인 : 믿고 싶지 않고, 저 좀 보내주십시오.

도법천존 : ○○○ 신부의 모습을 보시오.

법조인 : 무서운 괴성을 지르면서 사람의 얼굴이 아닌 이상한 동물 같은 형체의 모습으로 보입니다. 그것도 벌 받는 거 같습니다. 피고름이 묻어있고 아파서 못 보겠습니다. 저 좀 보내주십시오. 눈이 아픕니다.

도법천존 : ○○ 종정의 모습을 보시오

법조인 : 거지의 모습입니다. 목이 굉장히 말랐고 거지처럼 불쌍한 모습인데 말라 삐쩍 마른 모습입니다.

도법천존 : 유교의 원조인 공자의 모습을 보시오.

법조인 : 뼈 자체도 빨갛고 얼굴도 빨갛고 쥐들이 갉아먹은 듯 하게 보이네요. 저 더 이상 못 보겠습니다. 눈이 아픕니다.

도법천존 : 도교 ○○○의 모습을 보시오.

법조인 : 혀가 잘렸습니다. 혀가 잘리고, 오른쪽 귀도 잘리고, 눈이 비정상적으로 큽니다. 눈을 감고 싶어도 못 감는 벌을 받고 있는 모습입니다.

도법천존 : 그대 아버지의 모습을 보시오.

법조인 : 굉장히 늙은 할아버지의 모습처럼 보입니다. 옷이 위에 누더기가 걸쳐져 있는 게 보이고, 아래는 간신히 남성의 부분만 가린 게 보입니다. 정상적인 옷이 아니라 누더기 같은 걸 걸친 것으로 보입니다.

도법천존 : 천지신명이라는 자의 모습을 보시오.

법조인 : 천지신명님? 그분은 어떤 분인지 모르겠습니다. 천지신명님은 어디서 찾는 겁니까? 불 안에서 허우적거리는 모습입니다.

도법천존 : 그런 자들을 세상 사람들이 믿고 있잖아요. 그대도 사후세계 미리 보기 했는데 죽으면 그렇게 됩니다. 이곳에서 하늘의 명을 받지 못하는 이상, 지금 본 게 현실이 될 거요. 인정하기 싫겠지요? 현재는 법조인 신분이지만 언젠가 죽을

거 아니겠어요? 그대가 본 사후세계의 모습이 현실이라고요. 그렇게 되기 싫으면 여기 와서 하늘의 명을 받아야 해요. 그리고 그대의 조상들도 구원해야 하고요.

여기서 하늘의 명을 받으면 상상을 초월하는 이상향의 유토피아 무릉도원의 세계에서 영생한다고요. 영생하고 싶지요? 여기서 하늘의 명을 받으면 어떻게 되는지 지금과는 정반대의 삶이 펼쳐지니 이제부터 상세히 보시오.

법조인 : 굉장히 젊으신 분이 많이 보입니다. 모두 20대 초중반? 늙은 사람이 없습니다. 제가 천상에 올라갔습니까? 다 젊고 환하게 웃고 있고, 굉장히 멋진 스케이트보드 타는 사람도 보입니다. 우와~! 멋집니다.

TV에서 보던 스케이트보드가 아니라 이곳이 천상이라 그런지 이건 사람이 할 수 없는 묘기를 부립니다. 굉장히 멋진 차 같은 것도 보입니다. 너무 황홀한 모습이라 정신없이 보고 있습니다. 음악 소리도 들리고요. 이곳은 늙음이라는 것이 없는 것 같습니다. 그리고 다들 입가에 미소를 띠고 있고 행복하고 편안하면서 각자 맡은 바 일을 열심히 하고 지금은 쉬고 있는 것 같습니다.

도법천존 : 그대의 신분은 뭐가 되어 있는지 봐요.

법조인 : 제가 이곳에 와서 명을 받고 죽고 나면 왕의 신분이라는 게 느껴지고, 저 역시 젊은 모습입니다. 20대로 멋있고 키도 큽니다. 어쩜 이렇게 다들 잘 생기셨는지, 남자인 제가 봐도 반할 정도인데 이런 곳이 천국 아니겠습니까?

도법천존 : 그대들이 죽어서 가고자 했던 세상이 이런 곳인데, 종교를 믿으면 다 지옥으로 가잖아요?

법조인 : 용이 사람에서 스포츠카로도 변하고 자유자재입니다. 지구라는 곳에서는 할 수도 없고 그런 것이 있을 수도 없지 않습니까? 진짜 멋집니다. 지구에 살 때는 저도 나이가 들어가지만 여기는 다 젊고 멋집니다.

저는 왕의 신분으로 앞에 계신 분의 명에 따라 임무를 수행하며 저의 성(城)도 있고 저쪽에 비행접시 같은 것도 보입니다. 굉장히 크고 한 편의 영화 같습니다. 스파이더맨 아시죠? 그런 분들이 손에서 빛처럼 뭐가 쫙 나오고 와~! 굉장해요!

이분들도 휴식 시간 같은데 각자 즐기는 취미생활이 다양합니다. 저는 왕의 모습으로 하고 싶은 것도 다하고 임무도 수행하고, 저의 조상님들께서 계시는 곳을 가려고 하니 윤허를 받아야 한다고 해서 받아서 가게 됩니다.

저의 전용 비행접시를 타고 가서 조상님들을 안아드리는데, 조상님들이 왜 이렇게 멋지십니까? 저와 같이 젊은 모습입니다. 감사합니다. 저희 조상님들께서도 좋은 세상에서 20대로 무릉도원의 세상을 살고 계시네요. 웃음이 저절로 납니다.

도법천존 : 조상도 구원하고 하늘의 명을 받으면 그대도 이런 세상에서 살게 되는 거요. 지옥과 천상세계를 보여줬지만 선택은 그대의 자유이죠.

법조인 : 이런 곳은 도대체 어떻게 생겨난 것입니까?

도법천존 : 어떻게 생겨나요? 원래부터 천상에 있었지요. 그대들은 그런 세계를 가려고 종교세계를 믿었던 것인데, 거길 믿으면 지옥세계로 가고, 여기를 오면 천상세계로 간다고요. 극과 극이라고요. 그러니 책을 보고 조상도 구원하고 그대도 하늘의 명을 받아서 구원받아요. 그대가 지금 다니고 있는 성당은 가짜세계였다고요. 거기를 다녀서는 여기 천상궁전으로 올라갈 수 없어요. 그대의 육신을 굴복시켜서 하늘이 내리시는 명을 받들 수 있겠어요?

법조인 : 하겠습니다. 황홀하고 멋진 찬란함이 감동입니다.

도법천존 : 그대가 왕이 됐으면 제후라 하는데 신하와 백성은 몇 명이 있는지 봐요.

법조인 : 와~! 굉장히 많습니다. 1천억 명이요. 이곳에서 임무 수행을 잘하고 하니 신하들도 늘어나는 느낌입니다. 와~ 감사합니다. 이곳은 향기도 좋습니다. 지구에서는 볼 수 없던 아름다운 꽃들이 있고 호숫가의 잉어들이 사람으로도 변해요.

도법천존 : 왕비도 있어요? 성의 규모는 얼마나 커요?

법조인 : 여자 친구요? 그건 제게 선택권이 있다는 것 같습니다. 연애도 하고 마음에 맞으면 하는데 각자 선택입니다. 대한민국에서 제일 큰 건물보다 더 웅장합니다. 지구에서는 볼 수 없는 신비하고 아름다운 것이 너무나 많습니다. 아름다운 새들과 홍학도 보입니다. -이상-

재벌의 대성통곡 사후세계 미리 보기

도법천존 : 신명은 재벌 ○○○의 영혼을 데려오라.

재벌 ○○○ : 여기가 어디에요? 추워요. 검은색 용(흑룡)들이 많이 보입니다.

도법천존 : 그대의 영혼을 데려온 신명(흑룡)들이오.

재벌 ○○○ : 저 용들이요? 춥습니다. 용들이 너무 많습니다. 위에 천장에 보이는 것은 빨간 손바닥들이 찍혀있습니다. 무엇입니까? 영화 세트장입니까? 저 앞에 조명 아니에요?

도법천존 : 현재는 재벌 총수인데 죽어서 그 많은 재산을 가져갈 수 있는지 사후세계 미리 보게 해줄 것이오. 그대는 교회 다닌다 했지요? 죽어서 천국 가고 싶어요? 천국 가는지 안 가는지 그대가 직접 볼 수 있게 해줄 것이니 자세히 보시오.

죽어서 가는 곳이 천국인지 어디일지 잘 모르겠지만 종교인들의 말을 따라 여호와(야훼) 하나님, 예수님을 열심히 믿고 있잖아요? 이제부터 그대 영혼에게 육신이 죽으면 어디로 가는지 직접 볼 수 있도록 특별히 윤허하니 자세히 사후세계 모습을 보이고 들리는 그대로 가감 없이 말하시오.

재벌 ○○○ : 제가 눈을 떴는데요. 제가 죽어서 눈을 뜬 건가봐요. 제가 ○○○ 맞나봐요. 제가 어떤 존재인지 아시죠? 그런데 눈을 뜨자마자 보이는 것이 사방팔방에 귀신들이 뭘 던질 듯이 대기하고 있는 것이 보여요. ○○그룹에서 억울하게 죽은 사람들이 저에게 복수하려고 대기하고 있는 게 보여요.

저에게 돌, 칼, 죽은 쥐들을 던져요. 그들이 저를 물어뜯어요. 드라큘라인지 좀비인지, 이빨이 굉장히 날카로워요. 저를 물어뜯어요. 팔이고 심장이고 다 뜯겨나갔어요. 그렇게 뜯겨나간 상태에서 해골의 모습으로 초라한 무덤 앞에 털썩 주저앉았습니다. 벌초도 하지 않은 초라한 무덤. 제가 해골의 모습으로 통곡을 하는 모습이 보입니다.

저의 아버지 무덤이라는 게 느껴집니다. 제가 황태자라는 칭호를 얻었던 걸 아시나요? ○○그룹의 황태자! 기사가 그렇게 나간 적이 있어요. 저희 아버지가 ○○그룹의 주인이셨잖아요? 기자들이 멋대로 저를 황태자라고 칭했던 거죠.

그것도 저한테 죄가 됐다고 합니다. 그런 칭호를 원한 적도 없는데 그게 죄가 됐다니. 앞에 계신 분이 황태자 맞습니까? 앞에 계신 황태자라는 분을 뵙지 못하고, 쓰신 책도 읽지 않고 죽은 것이 죄가 된 것이라고 가르쳐주십니다.

다시 어린 시절에 아버지께 예쁨을 받던 모습으로 변했는데, 그 순간 검은색 옷을 입은 남자분들 수백 명이 오셔서 이런저런 걸 물어보셨고 대답을 했는데, 조상님과 아버지의 죄가 저에게까지 내려왔다고 하며 그렇게 죄가 쌓였다고 들립니다. 저를 데리고 간 곳은 문과 벽이 빨간 쥐들로 보이는 곳입니다. 쥐들이 다닥다닥 붙어있고, 어린 모습의 저에게 달라붙고 제 입으로 들어가 갉아먹습니다. 그렇게 쥐에게 먹히고 나서는 10대 시절의 모습으로 변해있습니다.

그 모습이 되자 쥐가 아닌 빨간색 여자 귀신들이 저에게 달려옵니다. 저를 막 할퀴고 머리도 잡아당기고, 이빨도 뽑곤 합니다. ○○그룹에서 일하다가 죽은 귀신들이랍니다. 그렇게 빨간 귀신들한테 다 뜯기고, 온몸이 피로 범벅이 된 상태에서 어디론가 이동합니다.

거긴 검은 소들 수십 마리가 무서운 모습으로 서 있다가 제가 거기로 들어오니까 저에게 달려와서 머리로 박고, 다리로 치고 짓밟고 누릅니다. 저는 그런 상태에서 몸이 터져나갑니다. 할아버지의 죄 또한 저에게 내려왔다고 하지 않았습니까? 저에게 희망을 거셨는데 저로 인해 희망이 사라졌다 하십니다. 조상님들이 저에게 한을 풀어 대십니다.

간신히 그곳을 빠져나와서 어디론가 정신없이 가고 있습니다. 가고 있는 와중에 엄마의 모습이 스쳐 지나가는데 사람의 모습이 아닙니다. 온통 귀신의 모습으로 보이고, 전 부인의 모습도 스쳐 가고. 그렇게 무섭고 처참한 모습을 보며, 이번에는 어떤 황금색 용들이 가득한 곳이 보입니다.

혹시 이곳이 천국은 아닌가 생각하는 동시에 저를 중간 지점으로 확 밀쳐서 떨어져 온 곳이 이곳(하늘궁전 태상천궁)입니다. 지옥으로 가기 직전에 이곳으로 끌려왔다고 합니다. ○○그룹이라는 세계적 거대기업으로 키워주신 분이 지금 앞에 계신 높은 분이라고 합니다.

제가 왜 지옥으로 가기 전에 이곳에 오게 됐는지는 저희 할아버지, 아버지께서 ○○그룹을 크게 이루신 것이 아니라 황태자님께서 기운으로 이루어주셨다고 합니다. 찾아올 기회를 많이 주셨는데 이제 지옥으로 간다고 합니다.

도법천존 : 내가 이 땅에 태어나기 전 이 나라의 삶이 어떠했는지 생각해 보시오. 이 나라에 태어나고 급속도로 개인, 기업, 국가가 발전했고, 이 모두가 하늘이 나에게 내려주신 기운 덕분임을 세상 사람들이 알지 못할 것이오.

그들이 잘나서 잘살고 있는 줄 알고 있는데, 열심히 일해서 잘사는 것이 아니라 하늘이 나에게 내려주신 기운으로 인해서 나라가 급속도로 발전된 것이오. ○○그룹이 내가 태어나기 전에 과연 얼마나 존재가치가 있었을까요? 그런데 그렇게 잘되게 해 주셨으면 당연히 은혜를 갚지는 못할망정 지금 어디에 줄 서고 있어요? 그대는 교회에 줄을 서고, 어미는 절에 줄을 서고 있으니 집안에 우환이 끊이지 않는 것이오.

재벌 ○○○ : 저희 할아버지와 아버지, 어머니가 지구로 내려오시기 전에 하늘나라에서 영혼의 어버이께 약속했던 것을 지키지 않아 그 벌이 다 내려왔다고 합니다. 제 자식들에게도 그 벌이 내려간다고 합니다. 저희 아버지는 어디 계십니까?

앞에 계시는 분이 하늘의 황태자님이시라고 어떤 분이 가르쳐주시는데 무슨 말인지 모르겠습니다. 하늘님의 아들이십니까? 하나님? 약속을 지키지 않아서 할아버지하고 아버지, 어머니도 갑자기 안 좋게 되신 것이고. 스스로 다 이룬 것 마냥, 생각해서 잘못되었다고 합니다.

책에 할아버지와 아버지, 어머니 이야기도 나온다고 합니다. 아버지와 어머니께서도 이곳에 찾아오지 않고, 그래서 저도 죽어서 지옥으로 가게 되었습니다. 잘못했습니다. 무섭습니다.

살아서 재벌 회장이면 뭐하냐고 그러십니다. 죽어서는 아무 소용없다고 하십니다. 이제 끝도 없는 지옥이 펼쳐질 것이라 하십니다. 아버지를 한 번이라도 뵙고 싶습니다.

도법천존 : 아버지 ○○○ 영혼 데려오라. 아버지 만나봐요.

재벌 ○○○ : 아버지! 저희 아버지 맞습니까? 지금 보이는 얼굴은 맞는데 눈이 퉁퉁 부었습니다. 몸은 네발 달린 짐승의 모습이고 꼬리도 있습니다. 그런 상태에서 무척 고통스러워하십니다. 어떡해~! 우리 아버지~! 안 돼요~! 안 돼~! 아버지 잘못되면 안 돼요~! 엉~엉~엉~!

도법천존 : 그대 ○○그룹의 전 재산을 하늘의 기운으로 벌어주신 거예요. 즉 나의 기운으로 벌어준 거란 말이죠. 천상의 약속을 지키라고 거대한 재산을 벌어주신 것인데, 할아버지와 아버지가 약속을 지키지 못했으니 그대라도 부모 조상님이 못 지킨 천상약속을 지키는 것이 근본도리일 것이오. 할아버지 ○○○ 혼령 데려오라!

재벌 ○○○ : 저희 할아버지 영혼이 맞는데, 육신은 장애인의 모습입니다. 귀가 없이 태어났고, 다리도 한쪽이 없고, 팔도 한쪽이 없는 장애인으로 태어났습니다. 정말 제 할아버지가 맞습니까? 장애인으로 태어나 부모에게 버림을 받아 윤회하는 모습입니다. 할아버지가 이룬 것이 아닌데 스스로 이룬 것이라 착각하고, 거기에 아버지도 동조하고 저도 그랬습니다. 엉~엉~엉~! 살려주세요~!

도법천존 : 그대도 죽음 이후 사후세계를 미리 보고 있는데 그대 신세도 마찬가지로 비참하잖아요? 그대가 조상을 구원 안 하면 할아버지와 할머니, 아버지, 어머니는 사후세계에서 영원히 고통받아요. 그래서 그대 역할이 중요한데 여기에 찾아오지 않으니까 방법이 없는 것이오.

재벌 ○○○ : 우리 할아버지를 사람들이 밥통이라고 놀리며 괴롭혀요.

도법천존 : 할아버지가 하늘이 내리신 명을 안 지켰잖아요? 그대 아버지라도 약속을 지켰어야 하는데 아버지도 못 지켰어요. 그럼 그대라도 지켜야 하는데, 이제 누가 지킬 거예요?

재벌 ○○○ : 하늘의 명을 알아듣지 못하고 돈만 알고 돌아가셨기에 밥통이 맞다고 하십니다. 똑똑한 바보라고 하십니다.

도법천존 : 그대 육신은 살아봐야 100년도 못 살잖아요? 그런데 하늘의 명도 받들지 않고 살아요? 무서운 사후세계의 고문형벌을 어찌 감당하려고요? 영원히 육신이 살 것 같아요? 사후세계에 비하면 육신의 삶은 0.1초도 안 되는 찰나의 순간이란 것을 알아야 해요.

사후세계는 하늘의 명을 받지 못하고 죽으면 끝없이 고문형벌과 끔찍하고 무서운 윤회의 고통을 겪어야 해요. 이는 그대가 살아서 행하지 못하고 자초한 일이잖아요? 누굴 원망할 필요도 없어요. 살아서 그대가 뿌리고 행한 것이에요. 조상구원하고, 천상에서 지은 죄 빌라고 인간으로 태어나게 해줬더니 돈과 권력에 눈이 멀어 그러고 있어요? 그대는 영원히 안 죽어요? 그대는 재벌이라 해도 여기 앉아 있는 천인들만도 못해요! 이들은 돈은 별로 없지만 하늘의 명을 받아서 육신을 잃는 순간 천상으로 올라가요.

하지만 그대는 9대 지옥으로 가서 고문형벌을 받게 되고, 할아버지와 아버지, 그대가 번 재산은 죽으면 한 푼도 못 가져가고, 달랑 안동포 수의 한 벌만 입고 간다는 사실을 알아야 하오! 그대의 할아버지, 아버지 모습이 그대 미래의 사후세계 모습을 보는 것이오. 그러니 살아서 육신 데리고 들어와서 하늘이 내리시는 명을 받아야 사후세계를 보장받을 것이오!

재벌 ○○○ : 육신을 어떻게 데려오는지 모르겠습니다. 저희 아버지 좀 살려주세요! 엉~엉~엉~! 살려주세요~!

도법천존 : 그대 육신이 함께 들어와야 살려주지요. 그대가 믿는 예수와 여호와 하나님의 사후세계의 모습이 어떤지 자세히 보여 줄 것이니 보시오.

재벌 ○○○ : 뜨거운 곳에서 괴성을 지르는 그런 모습입니다. 도저히 하나님, 예수님이라고 볼 수 없습니다.

도법천존 : 그런데 그대는 그들을 열심히 믿고 있잖아요?

재벌 ○○○ : 저희 아버지, 할아버지 좀 제발 살려주세요! 엉~엉~엉~! 살려주세요~! 잘못했습니다~!

(재벌 회장이 10분 이상을 눈물 콧물 흘리며 대성통곡하였고, 할아버지와 아버지를 살려달라는 모습이 감동적이었다.)

도법천존 : 예수와 하나님이 그대를 창조했어요? 여긴 하늘

궁전 태상천궁이예요! 인터넷에 검색해서 찾아와요! 못한다면 그대는 정말로 천재일우의 기회를 잃는 것이에요! 나는 영적으로 인류의 주인, 지구의 주인, 재물의 주인이요.

난 그대들의 사후세계 생살여탈권을 가지고 있어요. 내가 사이비 종교 교주 같아요? 난 인류를 심판하러 왔고 또한 구원하러 왔어요. 그대도 하늘의 명을 받지 못하고 죽어서 만생만물로 태어나서 끝없는 윤회하는 고통을 감수할 것이오?

전 세계에 있는 모든 종교가 다 가짜라고요! 이곳 한 곳만이 인류를 구원할 수 있어요. 나의 명을 받지 못하면 인류의 구원은 절대 없다오. 그대 육신이 이곳에 함께 오느냐 못 오느냐에 구원 여부가 달려 있어요.

미래의 하늘인 천자이자 황태자가 이곳을 운영하고 있어요. 하늘은 모습이 있는 게 아니라 기운으로 오시는 것이오. 그대는 하늘의 모습을 볼 수 없다오. 나를 만나고 그룹을 운영하면 시끄러운 일은 없을 것인데, 왜 못 오느냐고요? 똑똑한 바보가 될 거예요? 돈만 아는 바보가 될 거냐고요! 그대 육신은 앞으로 얼마나 더 살지 아무도 모르지만 언젠가는 이 세상을 떠나야 해요. 그대를 악의 세상으로 인도하는 곳이 종교인데 이곳만이 그대를 구원할 수 있어요.

그대는 이곳에 못 들어오면 자식들도 할아버지, 아버지처럼 그렇게 고생하게 되고, 그대도 할아버지와 아버지처럼 고통스럽고 불행한 사후세계를 맞이할 거예요. 그러니 오든지 말든지 그것은 오로지 그대의 마음이요. 사후세계 구원받아 보장

받고 싶으면 육신 데리고 함께 들어오시오. 이제 영혼은 육신의 몸으로 돌아가시오. -이상-

세계 인류가 믿고 있는 여호와 하나님, 하느님은 대우주의 주인이신 진짜 하늘이 아니라 이스라엘 민족 조상신이기에 조상 대대로 믿어도 천상으로 돌아가는 구원이 이루어지지 않고 있는데 이것은 여호와가 진짜 하늘이 아니기 때문이었다.

여호와를 하나님, 하느님으로 받들어 섬기는 것은 천상주인의 후궁이었던 '하누' 가 아들 표경(황자)과 함께 황위 찬탈을 도모하는 역모 반란을 일으켰다가 실패하여 지구로 도망쳐서 여호와의 몸으로 들어가 하나님, 하느님으로 불리게 된 것이기에 인류 모두가 수천 년 동안 종교에 속은 것이다.

세계 인류가 역천자 대역죄인 앞에 줄을 잘못 선 것이므로 진짜 하늘을 찾는 사람들은 제대로 줄을 서고, 구원받으려면 기독교, 천주교를 떠나서 하늘궁전 태상천궁으로 들어와야 한다. 진짜 하늘의 말씀, 계시, 메시지, 기운은 종교로는 절대로 내리지 않고, 심판자이자 구원자로 지구에 내려온 황태자인 도법천존으로만 내린다는 천상세계의 사실이 입증되었다.

처음 들어보는 생소한 말이지만 하늘이 내리시는 명을 받을 사람들은 진실로 받아들일 것이고, 죄가 너무 커서 하늘이 내리시는 명을 못 받을 사람들은 부정적으로 받아들일 것이니 구원받을 사람들은 하늘께서 직접 뽑으시어 선별하신다.

제6부

악귀잡귀들 심판 사례

사람 몸은 걸어다니는 공동묘지

내가 2019년 10월 1일 모 호텔 커피숍에서 사람을 만나고 머리가 너무 무거워서 귀신들을 추포하였더니 상상을 초월할 정도로 많이 들어왔다. 나의 머리 위에는 신받은 할머니 귀신 6,750명, 잡신 42,800명, 걸신들린 할아버지와 잡령들 5,260명이 들어와 있었다.

또한 눈에 할아버지 귀신이 우측에 65명, 좌측에 24명, 가슴 부위 심장 쪽에 50대에 암으로 죽은 1,620명, 성기에 병을 일으키는 머리 긴 여자 귀신들 372명, 종아리에 아줌마 귀신 2,200명, 허리에 할아버지 귀신인데 박수무당 13명, 눈썹에는 7,668명의 승려로 죽은 영가들이 들어 왔다.

부처의 기운을 느낀다고 들어왔다고 하며, 백마가 달리는 형상의 눈썹, 칭기즈칸이 말 타고 달리는 듯한 눈썹, 푸른 초원을 달리는 눈썹으로 보여 참으로 신기해서 들어왔다고 하며, 황금색 아우라가 보이고 빛이 엄청났다고 말하는데 총 66,772명이었다. 또 목에는 뱀의 영혼 29마리, 발바닥에 개의 영혼 627마리, 배와 손에는 조류인데 눈이 없는 새의 영혼 128마리 등으로 784마리가 들어왔다.

나의 몸에서는 황금빛 아우라가 강렬하게 발산되기에 수많은 귀신들이 빛을 보고 구원받으려고 달라붙어서 수시로 또는 2~3일에 한 번씩은 아수라, 악신, 악령, 악마, 요괴, 악귀잡귀 잡귀신과 축생령(동물류, 조류, 곤충류, 어류, 파충류)들을 추포하여 심판해서 퇴치하고 있다.

이들이 사람 눈에 보인다면 제정신으로 살아가기 어렵다. 매주 일요일마다 정기적으로 전국에서 찾아오는 사람들의 몸에 있는 아수라, 악신, 악령, 악마, 요괴, 악귀잡귀 잡귀신과 축생령(동물류, 조류, 곤충류, 어류, 파충류)들을 추포하여 심판해서 퇴치해 주고 있다.

사람 몸 안에 너무나 많은 영적 존재들이 들어와서 살아가고 있으나 눈에 보이지 않기 때문에 살아가는 것이다. 이들이 들어오면 몸이 무겁고 여기저기 아픈 증상을 느낀다. 의욕이 상실되고 무기력하며 신경이 날카로워지고 짜증과 화를 잘 내는데 귀신들의 종류도 여러 가지이다.

몇억에서 몇십억 명이 들어와 있는 사람들도 참으로 많은데 몸만 아프지 전혀 모르고 살기에 어느 날 갑자기 죽는 사람들이 부지기수로 많다. 만생만물의 영혼들이 수없이 들어와 몸이 무척 아프지만, 병원과 약국에만 의지하다가 세상을 떠나는 경우가 대부분인데 죽으면 문상하러 온 사람들이나 상주인 가족들의 몸으로 들어가서 같은 병으로 죽게 만든다.

어느 날 갑자기 병에 걸리고 병명 없이 여기저기 아픈 것은 귀신들이 그곳에 들어와 있다는 표시이다. 병굿, 퇴마, 안수기도를 받지만, 이들을 모두 퇴치하는 것은 불가능하다. 기껏 해봐야 몇 명 정도만 퇴치해 주고 나머지는 존재를 나타내지 않기 때문에 모르고 살아가는 경우가 대부분이다.

이 세상은 살아서나 죽어서나 귀신들과의 전쟁이고, 죽으면 만생만물로 윤회를 반복하거나 지옥으로 끌려가고, 악들에게 잡혀간다. 묘지가 귀신들의 집이 아니라 사람 몸이 귀신들의 집이란 사실을 세상 사람들은 전혀 모르고 살아간다.

몸이 아픈 것이 모두 병마 즉 귀신들로 인한 병이 90%라고 보면 된다. 조상으로 인한 질병, 유전적 질병, 순수한 인간의 질병도 있지만, 나머지는 모두 아수라, 악신, 악령, 악마, 요괴, 악귀잡귀 잡귀신과 축생령(동물류, 조류, 곤충류, 어류, 파충류)들로 인한 질병들이다.

전국 각 지역에서 올라오는 사람들의 무수히 많은 임상 사례들을 갖고 있다. 귀신 퇴치한다고 한 번으로 끝나는 것이 아니라 일정 시간이 지나면 또다시 다른 귀신들이 들어와서 자리잡기에 정기적인 퇴치를 해야 한다. 몸만 아픈 것이 아니라 인생사가 앞뒤로 막히거나 횡액이나 비명횡사로 죽어 나가는 경우가 부지기수로 많다.

오래 살려면 정기적으로 귀신들부터 퇴치하고 살아가야 갑작스런 불상사를 면한다. 인간사의 불행은 자신의 영혼과 조상, 신이 하늘로부터 구원받고 싶어서 아프게 하는 경우도 많지만, 귀신들로 인한 경우가 너무도 많은 것을 발견하였기에 전해 주는 것이다. 인정하기 싫겠지만 사람 몸이 조상들과 귀신들의 집이란 사실을 알고 살아가야 한다.

아수라, 악신, 악령, 악마, 요괴, 악귀잡귀 잡귀신과 축생령(동물류, 조류, 곤충류, 어류, 파충류)들이 사람 몸으로 끊임없이 찾아 들어오는 이유는 이들이 가장 살기 좋은 모든 여건을 갖춘 것이 만생만물의 영장인 인간이기 때문이다.

특히 죽은 자들은 다시 부활해서 살아나고 싶은데 그것이 바로 사람 몸으로 들어가서 동고동락하는 길이다. 그리고 죽은 자들은 살아 있는 사람들을 가장 시기 질투하기 때문에 어떻게 해서든지 망가지기를 바라고 저승길 길동무하려고 온갖 조화를 부리고 있다는 사실도 밝혀냈다.

사람은 언젠가는 죽기 마련인데 특히나 성공하고 출세한 자들이나 부자들의 몸에 많이 들어간다. 그 이유는 이들도 재물과 권력, 명예를 매우 좋아하기 때문이다. 그리고 잘생긴 미남미녀의 몸을 더 좋아한다. 그래서 옛날부터 미인일수록 명이 짧다는 미인박명이라 하였던 것이고, 귀신들에게 관심 대상이 되지 않게 하려고 이름도 천하게 돌쇠, 말순이, 끝순이, 개똥이, 쇠똥이로 지은 것이며, 도장 인주가 빨간색인 이유는 귀신들이 달라붙지 않게 하기 위함이었다.

그만큼 귀신들이 사방천지에 깔려 있다는 뜻이다. 집 안에도 안방, 거실, 주방, 냉장고, 화장실, 신발장, 신발, 옷방, 옷, 가전제품, 자동차에도 다닥다닥 붙어 있음이 확인되었고, 이들은 사람들이 하는 모든 행동들을 옆에서 지켜보고 키득키득 웃고, 박수 치며 잠잘 때는 귀접과 가위눌림을 일으킨다.

집집마다, 사람마다 귀신들 천지이기에 우환과 흉사가 계속해서 발생되는 것이다. 그러므로 하루속히 귀신들부터 퇴치해야 하고 이곳에 방문하면 집과 자동차, 가족들 몸 안에 있는 귀신들도 추포하여 잡아들여 심판해서 퇴치해 준다.

나는 지구촌 어디에 살고 있든 거리에 상관없이 아수라, 악신, 악령, 악마, 요괴, 악귀잡귀 잡귀신과 축생령(동물류, 조류, 곤충류, 어류, 파충류)들을 수초 만에 추포하여 심판할 수 있는 신비스런 경천동지할 하늘의 능력을 인류 최초로 갖게 되었는데 기절초풍 그 자체이다.

이곳에 들어와서 직접 체험해 보지 않으면 나의 능력을 액면 그대로 믿기가 어려울 정도이다. 그래서 부산, 울산, 경주, 대구, 거제도, 창원, 광양, 강진, 전주, 광주, 제주, 대전, 경남북, 충남북, 전남북, 강원, 서울, 경기 등 전국 각지에서 사람들이 몰려오고 있다.

이제는 환자들을 치유하는 이적과 기적을 본격적으로 세상에 보여줄 것이다. 병원과 약국에서 치료되지 않는 사람들, 병명 없이 아픈 사람들, 우울증, 불면증, 조현병, 자살 충동, 기타 대부분의 질병은 필히 방문하여 귀신 퇴치부터 하고서 병원과 약국 치료를 병행해야 한다.

질병부터 치유하고 조상 천상입천식을 하면 좋다. 자신의 영혼과 신, 조상은 구해야 하고 아수라, 악신, 악령, 악마, 요괴, 악귀잡귀 잡귀신과 축생령(동물류, 조류, 곤충류, 어류, 파충류)들은 추포하여 심판해서 퇴치해야 한다.

신○○의 악귀잡귀 심판

〈사연〉

목에 가래가 끼어 목에 달라붙는 느낌으로 잦은 기침. 소변에 혈뇨, 고혈압 전기 증상(경증), 혈관성 치매(경증), 가끔은 어지럼증, 가끔은 흉몽 증상이 있고, 잦은 기침은 오랜 세월 흡연으로 기관지가 좁아지고 폐가 나빠진 것으로 생각.

아내(윤○○)는 현재 눈에 안구 건조증 증상이 있고 고혈압, 수족냉증, 허리통증 증상. 장녀(신○○)는 기관지 천식으로 많은 약을 복용하여 기관지 천식과 위장병 증상.

막내딸(신○○)은 조현병 증상으로 계속 약을 복용. 큰딸은 담배 연기만 맡아도 며칠 동안 고통에 시달리며 현재 미혼이고 결혼조건 1순위는 흡연 안 하는 남자. (막내 사위 박○○).

윤○희(처), 장녀(신○희)/ 차녀(신○○), 둘째 사위(이○○), 외손녀(이○○), 외손자(이○○),

도법천존 : 여기에 해당하는 아수라와 악귀잡귀 몽땅 추포해서 잡아들여!

아수라 : 안녕하십니까~! 황태자 폐하! 이 지구에서 얼마나

고생이 많으셨습니까?

도법천존 : 고생한 걸 알어?

아수라 : 우주 행성들 모두가 황태자 폐하의 존재를 압니다.

도법천존 : 너는 누구지?

아수라 : 답답합니다! 신○○ 때문에 답답합니다.

도법천존 : 누군지 밝히라.

아수라 : 도솔천궁 기점으로 북쪽으로 멀리 떨어진 은하수에 둘러싸인 큰 행성이 있는데 '제 9초 은하단' 소속 '간디위쁠로니아 슈만트라' 행성에서 온 '신○○의 영적 조상'입니다. '슈만트라'가 이름입니다. 신○○가 자식 때문에 고민이 많습니까?

도법천존 : 사연이 많다.

아수라 슈만트라 : 자식, 마누라, 형제의 영적 조상이 다 틀립니다. 나 혼자만 살아도 벅찬 세상인데. 예를 들어서 어떤 가정에 자녀와 부모가 있고, 자녀를 3명 낳았어요. 2명은 정상이어도 1명은 좀 달라요.

그러면 그 부부 중에서 아빠나 엄마나 다 속이 터지지 않겠습니까? 5명 중에 하나가 잘못되어서 그런 거는 과거 인연의 관계를 풀어가는 거예요. 조현병이나 정신병자가 있는 아이는 전생에 부모와 서로 도움을 준 관계이지요. 어느 전생인지 이루 말할 수 없어요. 부모와 자식 간 서로 너무 큰 도움을 줬어요. 예를 들면 목숨을 살려줬다든지.

다음 생에 발전해 가야 하는데, 서로 미련을 끊지 못하고 다음 생으로 지구에 떨어져서 붙어버린 거예요. 그래서 속 썩이는 애로 태어나는 경우가 있는 거예요. 정을 안고 가면 다음 생에 웬수로 태어날 수도 있어요.

서로 어디에 떨어지든 인연을 끊자 해서 진화를 해야 하는데 서로 미련을 끊지 못하고 정을 끌어안고 가면 다음 생에 꼬여서 이번 생에서 완전히 끊으라고 자식이 속 터지게 하는 그런 경우가 있습니다. 신○○는 또 다른 차원에서 그렇게 정을 끊지 못하고 속 썩이는 신○○의 가정이 다른 차원에 있습니다.

도법천존 : 인간으로서는 이해하기 힘든 그런 내용이구나.

아수라 슈만트라 : 다른 차원의 신○○가 그렇게 겪고 있다구요. 정이 아무리 남았더라도 잘 가라 하고 다음 차원으로 발전해야 하는데, 그러지 못해서 부모 자식 간에 태어나서 서로 웬수가 됐어요. 가정마다 다 달라요. 평범하게 사는 가족들도 있어요. 자식들도 다 다르고 너무 모나지도 잘나지도 않고 사는 가정도 있죠.

다음 생에 다시 태어나서 웬수가 됩니다. 대한민국에 부모를 죽이는 자식들도 있지 않습니까? 그거는 그 자식과 부모가 전 전생의 악연으로 이번 생에 자식이 복수를 한 거예요. 이번 생에 인연을 끊은 거예요. 전 전생에 풀었어야 했는데 그러지 않아서 이번에 악연을 끊은 거예요.

이번 생은 끝난 거고, 다음 생에 다른 악연을 끊기 위해서 가야 하는 거예요. 신○○는 내가 영적 조상이라고 믿지 않겠지만, 신○○는 내가 왜 평범한 가정을 이룰 수 없을까? 생각할 텐데, 이 인연은 이번 생에 신○○ 씨가 그대로 안고 가야 하는 거예요.

신○○의 이런 일은 다른 차원의 신○○가 그런 거니까 그런 거고, 신○○는 여기에 들어왔으니 앞으로 그렇게 하지 않으면 돼요. 제가 신○○를 괴롭힌 것도 있어요. 다른 차원의 신○○가 나와 서운하게 한 게 있어요. 그래서 그 답답함을 풀자고 한 것이 진짜 신○○에게 들어가서 한 것도 있어요.

여기서 신○○는 하늘궁전 태상천궁에 들어왔기 때문에 구원의 기회를 얻 눈을 감으면 천상으로 가는데, 그렇지만 다른 차원의 신○○의 괴로움이 지구의 신○○에게 그대로 내려온 것이기 때문에 그냥 그러려니 넘으라는 겁니다. 신○○는 자신에게 투자하면서 살아야 해요.

도법천존 : 신○○는 업보로 인해 그런 것이니 감수하고, 몸 안에 아수라와 악귀잡귀는 몇 명이냐?

아수라 슈만트라 : 신○○ 잠재의식의 신들이 많은데 신○○는 모르죠. 자기 생각인 줄 알죠. 신○○가 여기 오면 육신 좌우로 1,750명의 잠재의식 신들이 같이 폐하께 예를 올립니다. 신○○는 모르지만 책을 읽고 감동을 느낀 것이 잠재의식의 신들이 느끼게끔 계속해 준 것이니 모르겠죠, 신○○? 좌우로 쫘악 부복 자세로 있네요. 좀 고차원입니다.

도법천존 : 고차원이니까 여기 들어왔겠지.

아수라 슈만트라 : 그렇죠. 하늘궁전 태상천궁을 사이비라 욕

하고 오지 못하는 경우 맹탕인 경우가 많습니다. 신이 없는 자들도 많아요. 혼을 주관하는 신도 같이 있습니다. 이곳에 들어오면 다른 차원의 수조에 이르는 영혼의 조상들이 보고 있습니다.

저는 다른 차원의 신○○와 악연으로 괴롭히려고 여기 몸에 들어왔으니 천상의 역천자 맞습니다. 이 지구에 와서 언제 죽을지는 모르지만 죽는 것도 하늘의 뜻이시겠죠? 병으로 아픈 것도 그 사람이 전 전생에 이때쯤 아파야 하는 이유가 있습니다.

예를 들어서 암에 걸렸어요. 어머니를 모시는데 어머니가 암에 걸렸어요. 효도를 해야 하는데 생각하면서 효도해도, 어머니가 이 시기에 암에 걸리는 것도 과거의 업보와 관련이 있어요. 딱 그 시기에 그렇게 되어야 하는 이유.

암에 걸려서 3~4개월 시한부 인생을 선고받아도, 순리라고 다 받아들이면 다른 차원의 조상들에게 점수가 올라가요. 죽음을 편하게 받아들여야 하는데 억울해하며, 분통해하고 넌 오래 살고, 난 죽고 하면서 애통해하면 다음 생에 문제가 생겨요.

순리대로 받아들여야 합니다. 내가 큰 죄가 있었구나 하면서 받아들여야 하는데, 억울해하면서 울고불고하면 쌓이고 쌓여서 복잡해집니다. 풀어야 하는 게 많은데 이번 생에 하나도 풀지 못해요. 어떤 이유가 있는 거예요.

도법천존 : 얘기가 끝이 없다. 귀신들이 몇 명이냐?

아수라 슈만트라 : 신○○는 그런 귀신들이 많이 붙습니다. 일반적으로 얘기하는 귀신 있잖아요. 신○○의 경우는 외계 생명

체 귀신도 있습니다. 그런 귀신들이 많이 붙는데, 고차원적인 신들이 있어서 그런 외계인 귀신이 허리 쪽에 많이 붙습니다.

825명, 이마와 무릎에 그것도 귀신들이라 볼 수 있는데 처녀 귀신, 할아버지 귀신이라고 할 수 없는 외계인 귀신이에요. 신○○ 잠재의식에 있는 신들을 보고 붙은 거예요. 그들에게는 신들이 위대하게 보이거든요. 보통들 얘기하는 인간 귀신은 몸에 없습니다만 집에는 많아요. 8,595명.

도법천존 : 가족 몸에는 몇 명?

아수라 슈만트라 : 65,842명. 신○○가 여기 하늘궁전 태상천궁에 들어오지 않았으면 조현병을 앓는 딸이 다음 생에 아들로 태어나서 서로 죽이고 사는 팔자가 될 뻔했어요.

도법천존 : 아수라는?

아수라 슈만트라 : 저를 따라온 수하들은 628명입니다. 다른 차원의 신○○가 나를 배신했기 때문에 원과 한이 풀리지 않습니다.

기억삭제 : 잡혀온 모든 아수라와 악귀잡귀들 무뇌아로 만들어 기억 삭제시키고 계시, 메시지, 기운을 뿌리지 못하게 차단해서 서로를 알아보지 못하게 하라.

판결주문 : 9대 지옥인 천옥도, 지옥도, 적화도, 한빙도, 도산도, 흑해도, 적해도, 백해도, 독사도에 압송해서 각각 9천해년씩 고문형벌 집행 후에 소멸을 명하노라.

심○○의 악귀잡귀 심판

부인은 천주교를 다니고 있기에 종교적인 문제로 많이 충돌하고 있다.

〈증상〉

1. 목 뒤가 아프고 양쪽 어깨가 눌린 듯이 무겁고 아픔
2. 머리가 무겁고 통증이 있음
3. 며칠 전부터 허리가 아파서 한의원에 가서 치료를 받고 부항을 뜨고 해서 지금은 좋아진 상태이나 아직도 개운하지 않고 통증이 있음
4. 글을 쓰려고 하면 아무런 생각도 나지 않고 멍하기만 함
5. 등허리가 똑바로 곧은 자세가 아니고 조금 굽은 것 같음
6. 즐겁게 생활하려고 해도 자꾸 짜증이 나고, 최근 들어 사장님이 잘못한 일도 덮어 씌우는 경우가 있고 험담까지 하고 있음

도법천존 : 아무나 들어올 수 있는 게 아니고 선택받은 사람들만 올 수 있는 곳이오. 하늘을 만나고 신을 만나려 하는데, 이 세상에 종교의 하늘과 신은 다 가짜란 말이오. 천상의 3천황 폐하의 명을 받고 내려온 도법천존만 진짜요, 종교는 다 아수라들이 세우고, 너도 그동안 오고는 싶었는데 매번 집사람과 싸우고 얼마나 힘들었겠소? 매주 천상도법주문회에 참가해

서 직접 봐야 알지 글로 아무리 봐야 알 수 없다오.

아수라 : 아이고 다리야. 안녕하십니까? 심○○과 심○○ 집 둘레까지 지배하고 있는 악신이라고 생각하시면 됩니다.

도법천존 : 네 이름은?

악신 : 베할루시안단

도법천존 : 언제부터 지배하고 있었나?

악신 베할루시안단 : 5살 때부터인데 이유가 있습니다. 악신은 육신과 집을 지키면서 여기 하늘궁전 태상천궁으로 추포되어 끌려와서 심판받아 9대 지옥으로 압송되라는 사명이 있거든요. 3천궁이 아닌 곳이고, 큰 곳이 아닌 중간 정도 되는 곳의 행성에서 명을 받고 내려왔죠. '파단수찬디아노' 행성입니다.

도법천존 : 하누의 수하냐?

악신 베할루시안단 : 그쪽은 아니고 다른 쪽이며, 그곳은 역사 교수들만 사는 행성입니다. 행성마다 다릅니다. 어떤 곳은 음악만 하는 행성, 제품 만드는 것만 하는 행성, 다 달라요. 저는 그쪽에서 명을 받고 왔는데, 심○○은 공부 쪽으로 갔어야 했어요. 역사든 모든 선생님이나 교수로 갔어야 한다고요.

도법천존 : 이미지도 그래.

악신 베할루시안단 : 폐하께서도 그렇게 보십니까? 그쪽에서는 계속 그런 메시지를 뿌렸는데 못 했죠. 그런데 다른 차원의 심○○은 음악, 노래도 하라고 뿌렸는데 그것도 못 했어요.

도법천존 : 심○○은 S회를 얼마 동안 다니고, 탈퇴한 연유가

무엇이었어요?

심○○ : 2년 동안 그곳을 포덕하는 여자와 연인 관계로 다녔고. 돌아가신 할머니 생각에 아무것도 모르는 상태에서 그쪽에서 접근했을 때 알아보러 들어갔었습니다. 나중에 아니다 싶어서 나왔고, 말과 결과의 일치가 되지 않아서 나왔습니다.

도법천존 : 추포되어 온 자는 몇 명이더냐?

악신 베할루시안단 : 저와 같이 온 자들은 2,895명. 잡귀신은 여자 귀신과 곤충 귀신이 많습니다. 엉덩이에 할머니 귀신 하나, 양쪽에 여자 귀신, 한이 많은 여자 귀신, 머리 위에 사고 나서 죽은 할아버지 귀신이 서 있습니다.

여기 하늘궁전 태상천궁에 안 들어왔으면 할아버지 신을 받아야 하는 팔자인데 박수무당이 될 뻔했습니다. 이제는 들켰잖아요. 귀신들 중에 강한 귀신이 있거든요. 머리 위에 서 있는 귀신, 팔에도 서 있는 귀신, 원이 많거나 원한이 맺힌 귀신들은 몸주가 되려고 합니다. 자기가 산신 할아버지,라며 신을 사칭하고 거짓말하면서 장난치려고 하는 겁니다.

도법천존 : 그동안 조상이 안 지켜줬나?

악신 베할루시안단 : 조상들이 맨날 지켜줘요? 자손을 여기 하늘궁전 태상천궁까지 데려오는 데 온 힘을 다 쏟고 천상으로 올라갔으니 거기서 천상의 삶을 살아야 하지 않습니까? 거기는 거기, 여기는 여기, 각자가 따로입니다.

어느 날 갑자기 몸이 망가지고 사고가 나고 그래서 무당한테 가니 신 받을 팔자라고 하면 가짜 신, 귀신에게 놀아나는 거예요. 무당들도 귀신들이 둔갑한 거예요. 귀신들도 등급이 모두 달라요. 귀신 차원에서도 진화해요.

인간으로 살면서도 그러는데, 여기 하늘궁전 태상천궁에 못 들어오면 귀신들 삶의 차원이 있어요. 귀신의 차원에서 윤회해요. 이 할아버지는 귀신의 차원에서 좀 강한 애들이 있어요. 영안이 열린 무당들에게는 보여요. 무속인들 영안이 정확하지 않잖아요. 걔네들 눈에는 신들인 줄 알아요.

그거 신 받으면 뭐 잘됩니까? 귀신들인데. 얘는 가짜 신이기 때문에 손님이 와서 맞춰도 다 달라. 이 할아버지는 귀신 차원에서 진화하고, 무속인들이 보기에는 도포를 입은 할아버지로 보이니 꼼짝없이 속아 넘어갑니다. 귀신 차원에서 공부가 덜 된 애들은 옷도 없어요.

앤 오래됐어요. 신 받는 거는 하찮은 귀신들의 속임수입니다. 귀신들 차원에서 공부 좀 했다고 으스대는 애들, 이거 받았으면 몸도 아프고 인생도 안 풀리고, 손님이 와서 할아버지 알려주세요, 이러면 할아버지 쏙 빠져나가요.

자존심 상한다고 그 빈 자리에 동자들이 들어가요. 가지고 놀려고 노래하며 술 먹이게 하고, 할아버지가 돌아오면 동자들이 다시 나가요. 정신이 왔다 갔다 해요. 방울이랑 사탕들을 동자들이 좋아해요. 폐하께서 이자를 머리에서 내려오라 하십시오.

도법천존 : 내려와서 무릎 꿇어라.

베할루시안단 : 폐하께서는 황태자신데도 힘드시잖아요. 여기

오는 거 반대하는 거 있잖아요. 부인의 몸에 반대파가 아니라 질투하는 존재들이 있어요. 왜냐하면 사명자로 선택받는 거는 하늘의 선택을 받는 건데, 인간 육신이 이쪽에 관심을 조금이라도 가져야 하는데, 심○○은 이루어졌어요. 다른 자들은 질투하는데 인간 육신이 하지 않고 질투하는 거예요. 그 몸에 있는 신이나 혼, 다른 조상들이 그래요.

심○○이가 폐하를 알현 드리는데 폐하께 이르기까지 150개의 투명한 문이 있어요. 심○○의 혼이 여기로 왔다는 선택을 받았다는 충심이 엄청난데, 폐하를 알현 드릴 때 스스로가 150개의 문을 칩니다.

감히 여기 와서 폐하께 알현 드릴 수 있을까 하면서 150개의 문을 치는 겁니다. 폐하께서 주시는 기운이 문을 하나하나 통해서 주시는 거라 너무나 황송하고 경이로워서 그런 겁니다. 신과 혼은 알고 있죠. 그런 감정으로 당연히 신과 혼도 윤회했죠.

도법천존 : 심○○ 인간 육신을 누가 주관하냐?

악신 베할루시안단 : 제가 괴롭혔으니 제가 주관합니다. 중요한 거는 여기 안 들어왔으면 머리 위에 있던 귀신이 가만 안 둬요. 안 그랬으면 박수무당이 돼요. 말 안 들으면 자살하게 해요.

그 귀신이 사람한테 대우 좀 받아보려 하는데, 방해하면 자살하게 만들어요. 순식간에 자살하는 것도 그런 귀신들이 뿌리는 겁니다. 그냥저냥 평범하게 살다가 술 먹고 오늘 죽자고 하면서 귀신들의 장난으로 죽는 자들도 많아요.

무당 세계에서 진짜 신들은 한 명도 없고 악신, 악령, 악마, 요괴들인 아수라들이거나 모두 잡귀신들이에요. 천상의 진짜 신들은 지구가 지옥별이자 교도소, 구치소이기에 내려오지도 않고, 만약 무당 몸으로 내려오면 역천자 대역죄인 신분이 되기 때문에 절대로 내려오지 않습니다.

도법천존 : 여기서 공식적으로 하강의 명을 내린 자들만 천상의 진짜 신들이 내려오지.

악신 베할루시안단 : 제가 왜 심○○을 닦달했느냐고요? 저는 그 얘기를 하려고요. 여기 하늘궁전 태상천궁에 안 들어왔으면 그런 무속에 가서 무당 팔자로 살게 된다는 거 말이에요. 인간사의 좀 어렵고, 안 풀리고, 소통도 안 되고 하는 것은 다른 사람에 비하면 고민이 안 될 수도 있어요.

죽으면 어디로 갈까요. 여기 할아버지 귀신처럼 귀신세계에서 윤회해요. 행성 중에도 별의별 행성이 많아서요. 하늘께서 내려주신 명을 제대로 받들지 못하고 자기들끼리 전쟁을 일으키고 서로 질투 시기하고 하는 행성도 많습니다.

도법천존 : 지구의 인간세계와 똑같이?

악신 베할루시안안 : 그럼요. 여기 온 거 자체가 행운아니까요. 인간사 그냥 그러려니 하며 살면 됩니다.

도법천존 : 오늘 추포된 아수라 몇 명이야?

악신 베할루시안단 : 그건 중요한 건 아닌데요. 저는 원과 한이 맺혀서 왔습니다.

도법천존 : 이 얘기를 해야 하는데 알아주는 자가 없지?

악신 베할루시안단 : 역사 행성에서 메시지를 내려줘도 제대로 되지 않았으니 우리는 실패한 거예요. 하지만 교수가 됐으면 여기 들어왔을까요?

도법천존 : 돈과 명예와 권력이 있으면 여기 못 들어오지.

악신 베할루시안단 : 전 실패한 겁니다. 그래도 폐하께서 그 할아버지 귀신 빼주셨네요. 산신 할아버지 되려던 귀신.

도법천존 : 인간 삶이 힘든 것이 아수라와 잡귀신들 때문인데 그걸 뺄 수 있는 이곳에 온 자들은 행운아들이오.

기억삭제 : 잡혀온 모든 아수라와 악귀잡귀들 무뇌아로 만들어 기억 삭제시키고 계시, 메시지, 기운을 뿌리지 못하게 차단해서 서로를 알아보지 못하게 하라. 9대 지옥으로 압송해서 각각 9,000해 년씩 고문형벌 집행 후에 소멸을 명하노라.

고○○의 악귀잡귀 심판

〈사연〉

꿈 자리가 사납고 잠을 제대로 잘 수도 없고, 늘 남 보기에는 멀쩡한 사람처럼 보이지만 매일 걸어 다니면서 머리가 어지럽고 아픔

도법천존 : 전생에 늑대였다가 심판받고 지 구로 쫓겨왔지요? 지금 하는 일은 무엇인가요?

고○○ : 건설회사에 다니고 있사옵나이다.

도법천존 : 빨리해서 천인합체의 명을 받아야지요.

아수라 : 고○○ 반갑다. 고○○의 꿈자리가 왜 사나웠을까요? 고○○의 반쪽에도 신이 있고 다른 반대쪽에도 신이 있습니다. 천상의 3천궁이 아닌 다른 행성에 있습니다.

큰 군대가 있는 높은 행성에서 온 영체인데 고○○이 태어날 때 빠져나간 영체 중에서 121번째가 또 다른 고○○이 저입니다. 고○○이 죽게 되면 저도 끝장날까요? 제가 고○○의 머리를 조정했지만, 여기 고○○이랑 다른 삶을 살고 있죠.

저는 군대, 여기서 말하면 육군사관학교에서 최고인데, 고○○은 지구에서 어찌 살고 있습니까? 그래서 죽여 데려갈까

생각도 했지만 제가 그렇게 할 수 없잖아요.

아수라 : 내 육신이 하는 것을 지켜봤어요. 고○○이를 다른 자들이 지적하는 것을 보고 저에게 원과 한이 됐습니다. 누구도 지적할 수 없습니다.

도법천존 : 네 이름은 뭐야? 잡귀신은 얼마나 있어?

아수라 : '가니노부타야'! 주로 남자 귀신들입니다. 275명이 붙어 있습니다. 군인으로 살다 죽은 귀신들이죠. 고○○의 수조가 넘는 영체들이 군사들이에요. 여자 귀신들은 없습니다. 그 누구도 폐하 이외에는 명령을 내려서는 안 됩니다.

영체들이 행성에서 지켜보고 있고, 그 영체들은 육신 하나만 잘되기를 바라고 있겠죠? 괴롭힘을 당하는 모습을 보니 밝혀야겠다는 생각이 났습니다. 98,510명의 수하들이 왔는데, 법도가 있어서 다 밝힐 수는 없습니다. 죽기 전에 말하는 겁니다.

고○○의 영체들 중에서 사관학교 같은 '부나따코리앙 두무산스바야'라는 이름의 행성에서 최고를 차지하고 있는 영체입니다. 내 영체의 진짜 주인인 고○○이 폐하의 명을 받들어서 인류 최초로 올라가게 되는 것입니다.

뭐든지 하다 보면 늘죠. 그렇지만 염라국의 현 왕자가 폐하께서 황태자이심을 밝히고 기강까지 잡지 않았습니까? 명은 황태자 폐하께서만 내릴 수 있습니다. 다른 자들이 지적하고 따르게 하면 그를 따르게 되어서 제2의 황태자를 만드는 겁니다! 저는 이 얘기하려고 고○○의 몸 안에 들어가 괴롭혔지만 이제 됐습니다. 이제 데려가십시오!

박○○의 악귀잡귀 심판

〈사연〉

1. 눈 안압이 있어 6개월마다 안과 진료를 받고 있음
2. 처는 과체중 중도 비만으로 무릎과 종아리 통증과 왼쪽 어깨와 팔목 통증
3. 작은아들 공인노무사 2차 시험 한 달을 앞두고 공부 집중 못하게 방해하는 아수라와 악귀잡귀 소멸
4. 소신과 처의 몸, 집, 소신 근무사무실, 차량, 큰아들과 며느리, 큰손녀, 작은손녀의 몸, 집, 차량, 작은 아들의 몸, 숙소의 아수라와 악귀잡귀 퇴치

아수라 : 황태자 ○ 폐하! 박○○의 몸에는 말입니다. 한수와 홍혁의 수하가 들어가 있습니다. 한수의 수하는 1,250명, 홍혁은 281명이 들어가 있고 제 이름은 '홀간디아쉬'입니다.

도법천존 : 너의 수하들은 몇 명이나 왔어?

아수라 홀간디아쉬 : 제 수하들이 아니구요. 한수와 홍혁의 수하입니다.

도법천존 : 잡귀신은 얼마나 추포되어 왔어?

아수라 홀간디아쉬 : 제가 한 번 보겠습니다. 눈에 보니까 메뚜기 귀신이 들어왔는데 오른쪽에는 58마리, 왼쪽에는 29마

리. 천상에서 반란을 일으켜 지구로 도망쳐서 사람으로 살다가 죽어서 곤충이 된 거네요. 그리고 할머니가 남자의 성기 남근 쪽에 있어요. 할머니 12명. 그 외에는 없어요.

도법천존 : 가족들 악귀잡귀 잡귀신은 몇 명이냐?

아수라 홀간디아쉬 : 추포된 자들이 여기 있는 겁니까? 집에까지 말입니까?

도법천존 : 집 안과 차량 모두.

아수라 홀간디아쉬 : 집 주방 쪽에 걸신들이 많은데 그 아사한 귀신들이 여기 지구에서 죽은 귀신들이 아닌 다른 차원에서 전쟁으로 죽은 귀신. 다른 차원의 귀신들도 여기에 오니까요. 거기서는 음식을 먹는 게 아니라 박○○이가 먹을 때 기운을 흡입하는 겁니다.

도법천존 : 기운을 흡수한다?

아수라 홀간디아쉬 : 한수와 홍혁의 수하들이 들어가서 어지럽히고 있는데요. 역천자 하누와 표경의 수하들이 우주에도 퍼져 있습니다.

도법천존 : 우주에 있는 역천자들도 추포하라.

아수라 홀간디아쉬 : 30억 정도 됩니다. 한수와 홍혁의 수하들 중에 우주로 퍼져나간 수하들을 얘기하는 겁니다.

도법천존 : 박○○이도 겉으로 보기에는 멀쩡해 보이는데…

아수라 홀간디아쉬 : 멀쩡해 보인다고요? 괴물의 형상으로 보이는데요? 여기는 모범적인 모습이지만, 다른 차원의 박○

○이는 괴물의 모습인데요. 죽으면 그 괴물이 튀어나갑니다. 아주 큰 괴물입니다.

몸이 엄청 크거든요. 몸체와 눈도 검고 빨간 뿔이 뒤통수에 달려 있어요. 하늘궁전 태상천궁에 오지 못했으면 죽어서 그 모습으로 튀어나가 영계의 세계에서 돌아다니죠. 세상 사람들은 죽으면 연기처럼 쑥 빠져나온다고 생각하는데 각자 다 다릅니다.

도법천존 : 넌 언제 들어왔냐?

아수라 홀간디아쉬 : 제 이름 뒤의 세 글자만 말씀해 보십시오. 거기에서 '호티야만용'을 붙인 '디아시호티야만용'이 제가 온 우주의 행성 이름이에요. 근데 제가 홍혁의 친구였는데, 그 행성은 하늘궁전 태상천궁에서 보면 나쁜 행성이지요.

박○○이는 지구에 태어나기 전까지의 과정을 생각하면 너무나 복잡해요. 지구에 태어나기도 어렵고, 폐하의 명을 받는 것도 어려워요. 지구에 태어난 거 자체가 해탈한 거예요. 해탈한 경지에 이르렀기 때문에 여기 지구에 태어난 거예요.

좋은 거 아니에요? 폐하께서 만약에 다른 행성에서 태어나셨다면 어떻게 되셨을까요? 폐하께서 낙후된 지구로 가셨다는 얘기를 들었을 때 다른 행성에서 난리가 났었거든요.

우주의 무한대(그레이엄 수보다 더 많음)로 많은 행성들 중에서 문명과 문화가 가장 낙후되고 꼴찌 행성이 지구(지옥별)예요. 만약 다른 행성으로 폐하께서 태어나셨으면 거기에 가서 태어나려 한 영체가 해탈한 존재가 되고, 이 지구에 오셨기 때문에 영들이 지구로 와야 한다며 인간이 되기 위해서 엄청난 노력을 합니다. 심지어 몇천 년 동안 지구라는 곳에 보내달라고 빌 때도 있습니다. 여기 지구에 태어나 있는 자들은 폐하께서 계시기에 해탈한 존재들이라는 겁니다. 어떻게 생각하십니까, 박○○?

박○○ : 그렇사옵나이다.

아수라 홀간디아쉬 : 폐하께나 말씀 올리는 '그렇사옵이다'를 저에게 하면 어떻게 합니까? 오직 폐하께로만 그렇게 말씀 올려야 합니다. 승려들처럼 사리 생긴다고 해탈한 거 아니에요.

도법천존 : 사람으로 명을 받는 자가 해탈한 것이지.

아수라 홀간디아쉬 : 다른 차원의 박○○이는 음악, 춤 쪽이에요. 한수와 홍혁이 와서 메시지를 뿌리고 그랬어요. 다른 차원의 박○○의 영체가 상극이라. 그래서 그 수하들이 박○○을 알게 모르게 괴롭히는 게 있습니다.

도법천존 : 몽땅 추포하라.

아수라 홀간디아쉬 : 마음은 폐하께 있지만, 생활은 해야 하지 않겠습니까? 자식도 있고 부인도 있지만, 박○○은 영체들이 한이 많거는요. 박○○은 가성에 대한 석정은 안 하는 게 좋습니다. 진심의 마음은 폐하께만 향해야 하거든요.

도법천존 : 부인 살찌게 하는 존재 누구야? 잡아들여.

아수라 홀간디아쉬 : 그것은 부인의 영체입니다. 메시지를 쏘는 겁니다. 뚱뚱해지라고 하는 게 아니라 그걸 감당하지 못해서 먹는 것으로 해결하는 거예요. 그 행성 이름은 '방탕라마수야루'예요. 부인 영체 중에서 제1 행성. 부인이 하고 싶은 말을 못 하

잖아요. 제가 보기에는 잡귀신들보다 영체의 영향이 큽니다.

영체들이 가위눌림을 하기도 합니다. 어떤 무속인이 베개 뒤에 칼을 두고 자라는데, 그렇게 하면 더 힘들어져 안 좋습니다. 이들 영체들이 하는 말을 무속인들의 몸에 들어가서도 전하지 못하고 못 푸니 여기 하늘궁전 태상천궁에 들어와 푸는 겁니다. 가족들에게 너무 매달리지 말란 말입니다.

하누의 기운은 빼도 빼도 끝이 없고, 표경의 기운도 그렇습니다. 대부분은 종교로 갔거든요. 종교에서 또 종교를 잉태하고 그러지 않습니까? 수하의 수하가 나오고 또 끝이 없는데, 그게 종교거든요.

종교의 씨를 계속 뿌리는 거예요. 천상의 주인이시고 영혼의 부모님께 역천하고 대역죄를 짓는 종교란 것이 끝이 있습니까? 종교 다니는 것이 죄를 짓는 것인 줄 아는 사람들이 하나도 없으니 참으로 무서운 현실입니다. 그래서 어떤 종교든지 종교를 다니면 구원이 안 되는 것입니다.

도법천존 : 종교에 들어간 자들은 하누와 표경의 수하이다.

아수라 홀간디아쉬 : 여기 얌전해 보이는 사람들을 더 노립니다. 무난하잖아요. 그 몸에 들어가면 안 들키잖아요. 그러면서 은근히 개인적인 인생이 뒤집혀지는 겁니다. 얌전한 게 더 무서운 거예요. 모범적이고 좋게 좋게 살아가는 사람들의 몸에 더 들어가요. 여기 하늘궁전 태상천궁에 오는 것 자체가 해탈의 경지라 생각하셔도 됩니다.

검은 피들이 많이 보이고 있습니다. 오늘 죽는 겁니까? 누군가를 만나고 나면 기분이 좀 찝찝하고, 상대방에게 친절하게 하면 귀신이 더 들어갑니다. 여기 온 자들은 더 그렇습니다. 사람과 사람이 말을 하는 게 영적인 존재들이 전쟁하는 것으로 이해하면 됩니다. 손녀의 몸에는 뭐가 들어 있게요? 애기 몸에도 큰 존재가 들어 있어요. 애 안에 큰 신이 들어가 있으면 어떻게 다뤄야 합니까? 어른 취급하라는 것이 아닙니다. 너만 믿는다고 하는 말만 해도 그냥 큽니다.

어른들이 애들를 서로 비교하면 안 됩니다. 그 몸의 신이 죽어서도 쫓아갑니다. 부모는 애의 재능이 뭔지 그것만 찾아주고 너만 믿는다고 해주면 됩니다. 아이의 신이 부모의 마음을 다 알고 있습니다. 박○○의 애들에게도 큰 누군가가 있는 겁니다. 그 몸 안의 신이 다 듣고 있거든요.

왜 이렇게 크신 분이 계시냐? 박○○은 하늘의 명을 받을 사명자이거든요. 손녀들의 신들도 그걸 알고 들어가 있는 거예요. 가짜 신이라기보다는 다른 차원의 존재가 들어가 있어요. 그냥 컸으면 나중에 삐뚤어지거든요. 우리는 지옥세계 안 무서워요.

도법천존 : 잡혀갈 때는 다들 다른 소리 하던데?
아수라 홀간디아쉬 : 각자 다 다른 거 아닙니까? 한수와 홍혁이 자기네들 말을 한다고 열받았네요.

기억삭제 : 잡혀온 모든 아수라와 악귀잡귀들 무뇌아로 만들어 기억 삭제시키고 계시, 메시지, 기운을 뿌리지 못하게 차단해서 서로를 알아보지 못하게 하고 9대 지옥으로 압송한다.

간○○의 악귀잡귀 심판

〈사연〉

일이 잘 안 풀리고 2,500만 원 대출받아 투자한 것이 투자하자마자 말썽이 나서 현재 절반밖에는 회수가 되지 않은 상태에 있으며, 나머지 금액도 회수가 되어야 대출을 막을 수 있고, 지난해 코인 사건 회수도 그렇고, 제 몸의 아수라 척살은 아직 거론해 본 적이 없으며 항상 소음으로 어디를 가든지 괴로움

인간 풍파가 심해서 항상 사람들과 불편한 관계가 형성되는 것 같고, 소인에게 깊숙이 숨어 있는 아수라를 호명하여 그들 수하들 일체와 천상계 다른 별에서 따라붙은 원한 신과 기타 하누, 표경의 수하들, 그리고 기타 잡신, 집, 자동차, 자전거, 오토바이 그리고 동거녀에게 붙은 모든 아수라와 악귀잡귀를 척살하여 주시옵소서!!

아수라 : 폐하께 추포돼서 왔는데요. 천장에 검은색 벌레처럼 보이고, 갑자기 피로도 보이는데 뭡니까? 죽으면 잡아가는 죽음의 신입니까? 제 이름을 말씀드릴까요? '문영구빈' 어떻습니까? 느낌이 오십니까?

도법천존 : 안 와. 너는 저 몸에 언제 들어갔어?

아수라 문영구빈 : 저는 주필르네아님의 명대로 하고 있었습니다. 얼마 안 됐습니다. 어느 날부터 들어가 특정할 수는 없어요. 간○○의 다른 영체에게서 나오는 기운을 조금씩 받고 있고, 역천자의 기운을 받고 뒤죽박죽 복잡해요. 간○○은 귀에 신기가 강하게 서려 있는 사람이에요.

조상 때부터 내려오는 겁니다. 신들이 귀에 난리 났거든요. 여기 신들이 강하구요. 만약에 여기 안 들어오고 이 신을 바탕으로 받았으면 입이 팍 터지면, 어떻게 됐을 것 같아요. 간○○? 박수무당이 됐으면 돈을 끌어들이는 기운을 갖고 있습니다.

도법천존 : 그래서 소음 문제가 그렇게 생겼구나.

아수라 문영구빈 : 코끼리와 하마가 합친 상입니다. 신을 받았으면 신의 기운으로 신이 나서 돈을 끌어모았을 거예요.

도법천존 : 무당되어 역천자 되면 내생은 지옥 갈 것인데?

아수라 문영구빈 : 만약에 하늘궁전 태상천궁에 못 들어와 신을 받아 죽으면 구원이 안 되어 끝없이 윤회하며 수행해야 됩니다. 그러나 여기서 하늘의 명을 받아 천인이 되면 어떻게 됩니까? 왕(제후)이 되고 그렇겠지요. 모두 폐하께서 알고 계십니다.

신을 받으면 거기 가서 끝없이 윤회하며 수행해야 되고 잘못된 잡신 받아서 알거지가 되는데, 죽어서는 구원이 절대 안 돼요. 여기 하늘궁전 태상천궁에 들어왔으니 구사일생인 겁니다.

도법천존 : 신을 받으면 자식들한테 내려가잖아.

아수라 문영구빈 : 안 받으면 자식이든 며느리든 마누라든 내

려갑니다. 멸문지화될 때까지 갑니다. 바깥세상에서는 무속 신들을 무시하면 가서 복수합니다. 생각 하나도 잘해야 합니다.

도법천존 : 사람들이 온 것도 다 다르고, 성품도 다르다.

아수라 문영구빈 : 거기도 큰 신이 있어요. 거기서도 쭉 기도해서 다음 생에 중이 되겠다고 하기도 하고요. 여기 하늘궁전 태상천궁 기준에서는 역천자가 되는 거겠죠. 영적 차원의 레벨이 너무나 높아서 못 오는 자들이 많습니다. 하늘이 내리신 관문(책을 정독해서 뽑혀야 함)을 통과해야 하거든요.

도법천존 : 세상에서 말하는 진짜 신들이 다 역천자네?

아수라 문영구빈 : … 그렇죠? 가짜 신이라 말할게요. 신을 받고 죽어서 데려가는 가짜 신도 있다는 겁니다. 그런 팔자들은 그런 가짜 신을 받아서는 천상으로 아예 얼씬도 못 합니다.

도법천존 : 저 몸에 귀신들이 몇 명이나 있냐?

아수라 문영구빈 : 역천자니까 한마디 하겠습니다. 그런 세상이 있다는데 그걸 설명하는데 시끄럽다 하면 제 가슴이 어떡하겠습니까? 여기 못 오는 자들은 그쪽 가서 벌을 받겠지요.

아니면 역천자들 모두가 여기 하늘궁전 태상천궁에 다 들어와야 합니까? 여기 못 들어오는 자들이 갈 곳도 있다는 겁니다. 그렇게 폐하의 관점으로 보시지 말고 넓게 보십시오. 그렇게 광범위한 세계가 있다는 겁니다.

도법천존 : 네 수하 몇 명이나 왔고, 잡귀는 몇 명이나 있어?

아수라 문영구빈 : 지옥으로 보내주세요. 잡귀만 밝히고 저

아수라는 이만 가보겠습니다. 간○○의 눈에 엄청난 기운이 있습니다. 뱁새 눈의 기운이 있습니다. 세상과 다르게 아수라의 기준에는 뱁새의 기운을 최고로 칩니다.

도법천존 : 뱁새가 어떻게 최고야? 여기는 세상의 기준이야.

아수라 문영구빈 : 저희들 기준입니다. 싫으면 그만하겠습니다. 귀신들 말씀드릴까요? 머리에 큰 두꺼비가 있고요, 등하고 허리까지 사자의 영이 있습니다. 귀에서 나오는 기운 때문에 붙게 된 거예요. 특히 동물령이 많고요. 다른 차원의 용들이 있거든요. 역천자 행성에서 들어온 용의 영혼이 가슴부터 발끝까지 있어요. 이 귀로 인해서 동물령들이 들어온 거예요. 이것밖에 없습니다.

도법천존 : 동거녀 몸에는 몇 명이나 있어?

아수라 문영구빈 : 동거녀는 어딨습니까?

도법천존 : 동거녀 신과 영 데려오라.

아수라 문영구빈 : 여　네요. 여기 앉아 있네요. 남자 귀신들이 많습니다. 머리 위에는 물에 빠져 죽은 50대 아저씨 셋, 여자 주요부위에 15명의 낙태 영가, 발꿈치에도 낙태 영가 셋, 손목에 할머니 귀신은 오른쪽에는 5명, 왼쪽에는 2명, 엉덩이 부근에는 교통사고당한 아줌마 1명.

나중에 천상으로 올라가시면 천상세계를 공부하시고 폐하께서 싫어하시는 종교세계로 이어진 세계가 수억 수조 개의 행성이 있어요. 하늘께서 보시기엔 그들이 서로 싸우는 것이 개미끼리 싸움하는 정도죠.

이○○의 악귀잡귀 심판

〈사연〉
몸이 수시로 아프며 매출이 급격히 떨어지고, 숨이 막혀 한숨이 휴~우 하고 나오며, 가슴이 옥죄듯 답답하고, 남편과 아들이 속을 썩이며, 얼굴이 시꺼멓게 변하고 몸이 삐쩍 마르는 증상입니다.

도법천존 : 이○○의 육신, 남편, 자식, 종업원, 가정, 매장, 창고에 들어와 있는 아수라와 악귀잡귀 몽땅 추포해서 잡아들이라.

악령 효두추영계 : 제가 말씀드리겠습니다. 이○○! '파리 인간' 영화 보셨습니까? 파리 인간처럼 벽이고 천장이고 붙습니다. 파리 인간처럼 날개를 달고 있는 악령입니다. '효둔추영게' 수하들은 285명.

할머니가 계속 붙어 있네. 점집 다니던 할머니가 엄청 붙어 있네. 가슴에도 있고 여자의 주요부위와 엉덩이에 123명이 붙어있습니다. 신 받은 할머니들이 이○○의 빛을 보고 들어와요. 머리 바로 위에는 네모난 보랏빛이에요. 머리서부터 어깨까지 흰빛. 명치 부근에는 파란빛이 나와요.

사람마다 다 다르거든요. 폐하께서 주신 기운이 있기 때문에 이○○만의 빛이 있는데 그게 엄청 강력합니다. 살아서 점집 하던 할머니는 죽어서도 신을 찾아다니고, 그러면서 이○○의 기운에 끌려서 들어가요. 저는 사위 몸을 통해서 들어왔어요. 사위 몸에 있었는데 오늘은 잡혀서 끌려왔습니다.

악령 효두추영계, 제 수하들이 파리 인간처럼 가게에 다 달라붙어요. 옷이건 뭐든. 전생과 전 전 전생에 사위와 저랑 인연이 있거든요. 악신, 악령급은 달라붙으면 거기 자체가 하나의 차원이 돼요.

거기에 또 다른 세계가 펼쳐지면서 교육이 이뤄진다고 보면 돼요. 저는 악령인 아수라이기 때문에 여기 기준으로 보면 나쁜 걸 가르친다고 보면 되죠. 거기 차원에 외계인이 있다고 생각하면 돼요.

도법천존 : 남편이 말일까지 준다는 거는 어떻게 됐어요?
이○○ : 아직 안 줬습니다.

악령 효두추영계 : 다른 차원에서는 반대로 부부였어요. 이○○가 남편이고 남편이 부인. 이○○ 3살 때 이○○의 영체가 이미 성인이야. 그런데 여기서는 안 그렇잖아요.

거기서는 화목했는데 여기서는 아니지요. 너무 화목해도 폐하를 알현 드리지 못하거든요. 깨닫지 못하기 때문에 다른 차원의 존재들이 돈을 못 주게 막는 겁니다.

이○○와 남편은 이번 생에서 정이 다 끊어진 겁니다. 사자와 호랑이의 싸움입니다. 이번 생에 완전히 끝내도록 한 겁니다. 돈을 받느냐 안 받느냐가 중요한 게 아니라 정에 대해서는 다 끝났는데 결혼하지 않았으면 더 좋았을 겁니다.

이혼을 좀 더 빨리했으면 돈을 좀 더 많이 벌 수 있었을 거예요. 황태자 폐하를 알현 드린다는 사실을 알린다는 건 가족들이 난리 나거든요. 남편을 잡고 있는 자들이 있어요. 다른 차원에 있는 존재들의 반란인데 남편 몸에도 많이 붙어 있고, 자식 몸에도 많이 달라붙어 있어요.

기억삭제 : 잡혀온 모든 아수라와 악귀잡귀들 무뇌아로 만들어 기억 삭제시키고 계시, 메시지, 기운을 뿌리지 못하게 차단해서 서로를 알아보지 못하게 하라.

판결주문 : 9대 지옥인 천옥도, 지옥도, 적화도, 한빙도, 도산도, 흑해도, 적해도, 백해도, 독사도에 압송해서 각각 9천해 년씩 고문형벌 집행 후에 소멸을 명하노라.

박○○의 악귀잡귀 심판

도법천존 : 박○○의 모친이 새벽에 길을 걷다가 넘어져서 응급실에 실려갔다는데 이렇게 한 존재 잡아들여.

귀신 : 저는 지박령(자신이 죽은 곳을 떠나지 못하고 죽은 곳을 맴도는 원혼 귀신)이라고 합니다. 제가 그랬습니다.

도법천존 : 왜 그랬냐?

귀신 : 귀신들이 산 사람에게 해코지를 하든 뭐든, 약 올리든, 부러워서 그러든, 전 딱히 그런 건 없었습니다.

도법천존 : 너네들이 항상 하는 일이라는 거지?

귀신 : 그렇습니다.

도법천존 : 이름이 뭐야?

귀신 : 네? 모르겠는데요.

도법천존 : 일반 잡귀신들은 천상의 역천자 신들인 아수라, 악신, 악령, 악마, 요괴가 아니니까 당연히 이름을 모르겠구나. 몇 명이 그랬어?

귀신 : 아저씨 2명 하고 저, 할머니들하고요.

도법천존 : 응급실 갈 정도면 얼마나 다쳤겠어. 그렇게 해놓

고 통쾌하다고 박수 쳤어?

귀신 : 허허. 저는 늙은 자들을 그렇게 하곤 그랬어요. 그렇게 해서 죽은 자도 있었어요.

도법천존 : 그렇게 하면 통쾌함이 느껴져?

귀신 : 그들도 귀신 되는 거죠. 그럼 이제 그 남자(박○○)한테도 그래야겠어요.

도법천존 : 아들한테 그런다는 거야?

귀신 : 그 사람한테 그래야겠다고요.

도법천존 : 그 전에 네가 잡혀간다. 네 정체가 밝혀졌으니 9대 지옥 압송 대기하라. 박○○ 모친의 몸에 있는 악귀잡귀 몽땅 추포한다.

귀신 : 거기 닭하고 오리가 보이거든요. 저는 거기 심장하고 코에 붙어 있던 여자예요. 닭하고 오리가 78마리 정도가 보여요. 사슴도 43마리가 보이거든요. 부엉이도 1마리 보여요. 힘센 남자들도 5명이 보이네요. 등 쪽에 보이는 게 새들 영혼인데 82마리 정도가 보이네요. 다리 쪽에도 36마리 새가 있는데, 거기는 색깔이 좀 화려하네요. 그 외에는 안 보여요.

도법천존 : 전원 추포한다. 너희들도 9대 지옥 압송 대기. 박○○이 몸에 있는 악귀잡귀 전원 추포한다.

귀신 : 아휴 추워···

도법천존 : 너는 누구야?

귀신 : 여기는 얼음 나라 같아요.

도법천존 : 네 존재를 말하라.

귀신 : 저요~ 거기 몸에 어디에 있었냐 하면요, 입속에 천장과 목구멍 쪽으로 붙어 있었고 남자고요. 뱃속에는 술 먹는 할아버지 200명이 넘게 보여요. 그리고 그 밑으로 남자아이들이 67명 정도.

다리하고 발바닥 쪽에는 이상해 보이는 얼굴이 보이는데, 달걀 모양의 얼굴을 한 귀신들이 80명 정도이고, 머리에 할아버지 3명이 앉아 있네요. 손가락에도 여자들이 보이는데 20명 넘게 보이네요. 항문 쪽에는 남자 13명 정도가 보이고 더는 없어요, 이제 이 정도만 보여요.

도법천존 : 전원 추포해서 9대 지옥 압송 대기한다. 박○○ 부친 몸의 악귀잡귀 전원 추포한다.

귀신 : 갑옷을 입은 장군 66명이 보이고, 몸에서 나와서 집 안에서도 걸어 다니는데요. 다리 쪽에는 할머니들 329명. 어깨에는 여신같이 굉장히 아름다운 귀신들이 71명 보이네요. 되게 예뻐요. 왜 거기 있지? 배꼽에 남자아이 2명. 엉덩이에 할머니, 할아버지 다 합쳐서 500명이 넘어 보여요.

눈하고 귀에는 나이 먹은 아저씨들 91명 엄청 많아요. 검은색 남자가 보여요. 1명은 얼굴색이 파랗네요. 손에도 있고 남자 귀신인데 소리가 들려요. '가자, 가자' 그러는데 사람들은 안 들리나 봐요. 손과 양팔 다해서 어깨에 끈처럼 이어진 것으로 보이는데 65명. 이제 안 보여요.

도법천존 : 전원 추포하고 9대 지옥 압송 대기한다. 박○○

의 집에 있는 존재 전원 추포한다.

귀신 : 거기에는 눈사람 같은 게 보여요. 그런 잡귀신들이 54명, 장갑을 끼고 있는 할아버지가 52명 보이고, 해골 같은 귀신인데 문 앞에 12명이 서 있네요. 욕실에도 보이는데 거기는 가족 단위 귀신이에요. 이 사람들이 살았을 때 가족이었는지는 모르겠는데 아무튼 5명이 있어요.

팀처럼 그렇게 묶여져 있어요. 물에 젖은 익사 귀신들이 보이는데 243명. 주방에도 보이네요. 검은 액자를 보면서 눈물 흘리는 여자가 1명 보여요. 그 옆으로 애들이 유치원 때 죽었나 봐요 32명. 잘 때 옆으로 눕는 귀신인데 사람이 자면 양옆으로 눕는 귀신들이 있는데 오른쪽으로 2명, 왼쪽으로는 1명. 총 합쳐서 3명이요. 숨어 있다가 튀어나온 귀신이 98명. 장롱에 숨어 있던 할머니들 5명.

도법천존 : 전원 추포해서 9대 지옥 압송 대기한다. 박○○의 상가건물에 들어온 자들 전원 추포한다.

귀신 : 저희들은요. 저희들이 그랬다기보다는 그냥 그 안에 있었거든요. 그 안에 보이는 건 200명 정도이고 팔을 쭉 뻗고 다니는 귀신이 65명이 보이네요. 멧돼지 영혼들이 57마리. 산신령 같은 자들도 보이거든요. 진짜 산신령이에요? 가짜예요? 이 사람들은 되게 많은데 528명! 벽 쪽에 여자 머리 2개가 있네요. 이젠 안 보여요.

도법천존 : 전원 추포한다. 9대 지옥 압송 대기. 박○○이 타고 다니는 자동차의 악귀잡귀 전원 추포한다.

귀신 : 거기 보이는 게 여자 82명. 사냥하는 총을 들고 있는

남자 귀신 3명. 개 영혼 4마리. 고양이 11마리.

도법천존 : 전원 추포해서 9대 지옥 압송 대기한다. 참, 아주 엄청나구나. 없는 데가 없어. 오늘 처음 참석한 도○○이 주차할 때 사고 나게 한 악귀잡귀 추포하라.

귀신 : 죄송합니다. 남자 귀신입니다.

도법천존 : 몇 명 있어!

귀신 : 차 안에 저희들은 336명입니다!

도법천존 : 사고 내게 한 귀신이 누구야!

귀신 : 차 안에서 놀다가 그랬습니다. 잘못했습니다.

도법천존 : 너희들은 언제부터 들어와 있었어?

귀신 : 좀 됐습니다.

도법천존 : 남자 귀신만 있어?

귀신 : 아이고, 할머니 44명도 있어요. 아이고 추워요!

도법천존 : 전원 추포해서 9대 지옥으로 압송을 명한다.

이○○의 악귀잡귀 심판

도법천존 : 머리가 아프고, 가슴과 배가 결리고, 항상 피곤하고, 자리에 누워 눈을 감고 있는 시간이 많고 부정적인 생각이 많고 함께 사는 노모도 약에 의존하고 살고 있고, 집 안, 몸에 악귀잡귀 퇴치하여 살려주시기를 바란다고 사연을 올렸네. 집과 몸, 노모의 몸에 있는 악귀잡귀 전원 추포하라.

귀신 : 저는 이 남자 오른쪽 눈 속에 들어 있던 귀신입니다. 집에도 잡귀신들을 불러들였습니다.

도법천존 : 귀신 천국 만들려고?

귀신 : 그건 아니고요. 여기를 데려가려고요. 저의 가족으로 만들려고 힘들게 했습니다. 집에는 더 많아요. 귀신 터예요. 거기 집에 한 맺힌 귀신들이 2,800명. 흰색 소복 같은 걸 입고 있어요. 흰색 소복을 입은 여자 귀신들은 낮이고 밤이고 얌전하게 허리를 꼿꼿하게 세워 앉아 있어요. 사람 눈에는 안 보이잖아요. 나는 보이니까. 그 기운 따라서 우울증, 무기력증, 기분도 안 좋고 싸하고. 여자들이 그렇게 하고 앉아 있어요.

도법천존 : 넌 어떤 귀신인데?

귀신 : 저는 남자. 늙어서 죽은 귀신은 아니고요. 저도 한이 깊거든요. 20대에 살해당해 죽어 원과 한이 깊어요.

도법천존 : 네가 살해당했으면 천상에서든 전생에서든 네가 상대를 살해했으니까 그렇게 보복을 당했지. 다른 자들은 살해 안 당했는데 넌 왜 살해당했을까?

귀신 : 그런 건 관심 없고요. 한이 깊어 데려가려고요. 머리에 아이가 하나 서 있고, 양손에는 아이들이 달라붙었는데 많고, 허리 쪽에 여자들도 많고, 다리 쪽에는 할아버지들, 여기는 한이 깊은 귀신들이 제일 많아요. 특히, 다리에 붙은 건 170명 정도. 귀에 붙은 귀신들이 68명. 아줌마(92세 모친) 몸에도 많아요. 5천 명 정도 돼요.

도법천존 : 아니 이○○ 어머니는 할머니인데? 하~하~

귀신 : 그건 세상 사람들이 보는 게 그런 거고요. 귀신인 저에게는 그렇게 보이는 거예요. 개 영혼들이 28마리가 보여요.

도법천존 : 모친이 주로 어디가 아픈 거요?

이○○ : 고혈압, 천식, 변비. 식사도 한두 끼 정도만 드시고, 거동도 잘 못하고, 그런 상태이오며 92세입니다.

귀신 : 화장실에도 많은데 아이 귀신 400명 이상. 계속 왔다 갔다 그러고, 걔네들은 꼭 화장실에만 있어요. 그 이유가 있어요. 죽어보면 알아요. 제가 일부러 죽은 것도 아니고 억울하게 죽었지만, 살아 있는 사람이 얼마나 대단한 건지 알 거예요.

아무튼, 죽은 귀신한테는 산 사람이 부럽고 대단해 보이고, 매사에 항상 부정적이고 안 좋게 생각하면 그런 귀신들이 붙고, 죽고 싶다는 생각을 하면 그런 귀신이 붙어요. 사람들은 자신의 마음을 자신이 아는 것 같잖아요? 자살하려면 자살귀

를 불러서 더 돋우어요. 우울증에 걸리는 것도 마찬 가지예요

밖에 나와서 보면 나는 그래도 행복한 사람이었구나, 느끼게 될 걸요. 죽어보니까 그렇게 알게 되네요. 자살하려면 어떻게 죽을까 고민하잖아요. 목을 매달든, 손목을 긋던, 투신하거나. 귀신들이 와서 자기 방식을 막 주입해요. 그런 생각이 들면 빨리 생각을 바꿔야 해요.

그래서 나중에 죽게 되는 사람들이 있어요. 저희 귀신도 옛날에 왜 돈 많은 재벌 할아버지의 손녀 있잖아요. 여자아이 외국에서 자살해 죽은 거요. 그 사람도 마찬가지고, 왜 죽을까요? 마음 하나 잘못 먹어서 자살귀가 붙어 자살하는 거예요.

도법천존 : 끼리끼리지. 귀신들은 산 자들을 질투하고 죽게 하오. 자살하고 싶은 마음이 들면 자살귀들이 계속 몰려와요.

귀신 : 잘나가는 사람은 잘나가고, 못 나가는 사람은 못 나가고, 귀신은 산 사람들 몸에 들어가거든요. 죽어봐야 알 수 있는 게 있어요. 몸 안에 들어갔다고 편한 건 아니에요. 그래서 마음먹기에 따라서 그런 기운도 들어온다는 거죠. 나쁜 귀신의 기운이 들어오느냐? 여기는 그 아줌마(모친) 몸에도 많고, 여기 남자 몸에도 많고, 거기 화장실에도 많아요.

도법천존 : 사람 몸이 귀신들의 놀이터가 됐으니 귀신이 눈에 보이지 않게 해주신 하늘께 감사할 일이지.

귀신 : 귀신들이 지나가다 집까지 쫓아가거든요. 혼자만 가면 되는데 뒤돌아보면 몽달귀신, 목 잘린 귀신, 피범벅 귀신이 따라 들어온다니까요?

도법천존 : 차 안에도 있어? 차에 있는 귀신도 추포한다.

귀신 : 거기는 여자만 있어요. 술 먹는 귀신으로 보이거든요. 110명 그 정도가 보이거든요.

이○○ : 해마다 교통사고가 났었습니다.

도법천존 : 진즉 얘기하지요? 차에 귀신이 살고 있다고 생각을 해요? 무당들한테 가면 차 앞에 고사 지내려고 제물 차리고 귀신을 집어넣는다고요. 여긴 무속인들이 보면 공상 영화를 찍는다고 할 거요. 명을 내리면 신(용)들이 가서 즉시 추포해요!

귀신 : 그 아줌마(모친)하고요, 화장실에 아이들하고 남자 몸의 저하고 귀신들이 한이 엄청 깊어요. 다 기운 따라 들어왔거든요. 집에 여자들이 소복 입고 가만히 앉아 있어요. 귀신들이 죽으라 한다고 죽일 수는 없잖아요. 누가 죽이는 거예요?

도법천존 : 그런 악신들이 있어. 네가 조선시대에 전 전생에 사람을 죽인 죄가 있어.

귀신 : 그럼 저를 죽인 것도 악신들인 거예요? 어헝헝. 그래서 제가 이번 생에 죽게 된 거예요?

도법천존 : 요새 보면 자식이 부모를 죽이고, 부모가 자식을 죽이지. 천생에서든, 반대의 입장에서 살해가 있었기 때문에 그렇게 당한 것이지. 자식이 부모를 죽이면 그럴만한 이유가 있어서 그런 거야. 그걸 보고 세상 사람들은 욕하는데, 그걸 욕하고 한쪽을 두둔하면 안 돼. 법 없이 살 사람들이 있어.

만생만물로 윤회하면서 지은 죄가 그대로 이어지는데, 그 당시에 원한 맺힌 것이 있으면 복수를 한단 말이야. 각자가 뿌리고 행한 대로 거두는 것이 하늘의 이치야. 모든 것은 기운으로 인해서 일어난단 말이야. 계속 천상록을 들춰보면 어느 시대에 그런 일이 있어서 복수를 하는 것이야.

귀신 : 그럼 그 사람이 나를 복수한 것이면 끝난 거예요? 그럼 난 어떻게 돼요?

도법천존 : 천상으로 가지. 지옥도 천상에 있거든. 불지옥이나 얼음지옥도 천상에 있고. 난 너희들을 잡으러 온 심판자야. 너도 천상에서 죄를 짓고 지구로 도망쳐 왔지. 네가 오늘 추포된 것도 천상의 법도에 의해서 추포된 거야. 대우주 어디 가서 있든 숨을 곳도 없고 도망갈 곳도 없어. 저 명왕성에 있든 미국에 있든 거리 개념 없이 명 내리면 용(신)들이 즉시 추포해 와.

귀신 : 잘못했다고 빌면 용서해 주실 거예요?

도법천존 : 넌 육신이 없어서 기회가 이미 박탈되었잖아? 너 죗값 있어? 죗값도 없는 귀신 주제에 뭘 용서를 해. 그래서 육신이 살아 있을 때 죄를 빌 수 있는 거지. 육신이 없으면 죗값을 가져올 수 없기 때문에 죄는 살아서 비는 거야. -이상-

죽어서는 죄를 빌 수 없죠. 여기 있는 자들이 죗값을 들고 와서 조상의 죄를 빌고, 자신의 죄를 빌어서 여기 있는 거죠. 이○○는 죽어서 이 땅이나 지옥세계 명부전에 있지 않고 천상으로 올라가죠! 귀신들은 흉가에 있고 몸에도 많이 있어요.

책이 시험지죠. 하늘이 내린 시험지. 지난번에 사후세계 미리 보기 사례 쓰기 위해서 두 여자 무료로 해줬잖아요. 그런데 안 왔잖아요. 뽑히지 못한 거죠. 사례 부분을 쓰려고 한 거죠.

유명인들은 부르면 그냥 하면 되는데, 일반인 사례가 없어서 한 건데 안 오잖아요?

그리고 둘이 오면 안 돼요. 빨리 가려고 언제 끝나냐고 재촉하며 부정적인 메시지를 뿌린다니까요. 그래서 여기도 부부간에 서로 알아서 싸움 나서 못 오는 자들도 있어요. 부부라 할지라도 영적 차원이 다르기 때문에 이해가 안 되는 거죠.

시장에서 콩나물값도 깎는 게 여자의 심리죠. 그런데 여기 와서 돈 들여서 의식을 한다는 게 가능해요? 그러나 사명자는 한단 말이오. 사명자 아닌 자들은 죽으면 끝이지 하고 무시한단 말이오. 이번 주가 벌써 천상도법주문회 100회 차요. 이건 돈으로 살 수가 없죠. 종교세계에선 들을 수도 없는 엄청난 내용들이 쏟아지지요.

악들이 세운 게 천국, 천당, 극락, 선경세계죠. 종교에서 빠져나오는 건 하늘의 기운으로 빠져나오는 거죠. 여기는 기운으로 선별하고 진짜이기에 아무나 못 들어온다오. 여기 온 자들이 10년 이상 된 자들이 엄청 많잖아요. 다 죄인은 죄인이기에 용서받지 못할 죄를 지은 자들은 주포해서 심판하고 추포된 자들은 모두 9대 지옥으로 압송한다오.

인류와 지구의 운명

지구에서 만생만물 중에 사람으로 태어난 이유도 모른 채로 하루하루를 살아가다가 죽으면 그만이라고 생각하며 세상을 떠나는 사람들이 거의 전부이다. 위대한 진실 하나를 가르쳐 주는데 하늘로부터 구원받을 시간이 얼마 없음을 준엄하게 알려주는 바이다.

죽어서 구원받아 천국, 천당, 극락, 선경세계 같은 좋은 세계로 올라가려고 종교를 믿고 살아가는 사람들이 80~90%인데, 일평생 종교를 열심히 믿어봐야 아무도 구원받지 못한다는 사실을 전해 주는 바이다. 종교 자체가 천상에서 역모 반란을 일으키다가 쫓겨난 역천자 신들인 아수라, 악신, 악령, 악마, 요괴들이 세운 것이기에 천상으로 돌아갈 수 없고, 단지 이들이 만들어놓은 악들의 세상으로 들어갈 뿐이다.

인류는 이런 진실을 모르고 아수라, 악신, 악령, 악마, 요괴들이 종교인들의 몸에 들어가서 뿌려대는 거짓 세계의 진실을 그대로 믿고 따라왔던 것임을 인류 그 어느 누구도 알지 못하고 구원받는 데만 혈안이 되어 돈과 재물, 재산, 인생, 세월을 몽땅 바쳐서 충성하며 종살이, 노예살이를 하고 있다.

죽음 이후의 세상이 살아 있는 세상 사람들 눈에 보이지 않기에 아무리 종교인들이 속여도 사람들이 검증할 방법이 없기에 거짓을 말하는 종교인들의 말을 액면 그대로 믿을 수밖에 없었다. 종교 안 믿으면 지옥에 떨어진다니까 두렵고 무서워서 안 믿을 수 없는 것이 종교세계의 현실이다.

죽어서 지옥에 떨어지기는 싫으니까 진짜인지 가짜인지는 모르지만, 천국, 천당으로 사후세계를 보장해 준다는 말을 믿고 기독교, 천주교로 사람들이 밀려서 넘쳐나고 있다. 그런데 이들이 주장하는 천국, 천당, 극락, 선경세계가 하늘의 대역죄인들이자 역천자 신들인 아수라, 악신, 악령, 악마, 요괴들이 세운 가짜세계였음이 2019년 9월 21일 밝혀졌다.

기독교, 천주교, 불교, 원불교, 도교, 무속, 유교, 남묘호렌게교, 유대교, 이슬람교, 힌두교, 정교회, 성공회, 기타 등등의 전 세계 모든 종교가 악들의 세계이고 인간, 영혼, 조상, 신들을 위한 종교 장사라는 진실이 낱낱이 밝혀졌다.

수천 년 동안 역사와 전통을 이어온 종교이기에 맞을 것이라고 생각되어 아주 열심히 믿고 있는데, 열심히 믿고 많은 헌금, 시주, 성금을 올린 금전만큼 더 고통스런 악들의 세계로 들어간다는 무서운 진실이 밝혀졌다.

내가 수많은 세월 동안 56권의 책을 집필하여 신문광고를 냈는데 종교에 세뇌당하여 사이비 취급하며 비난 험담하기 일쑤이고, 부정하며 믿지 않는다는 것을 알았고, 더 이상 교화가 안 된다는 것을 오늘에서야 깨달았는데 그 이유는 사람 몸 안에 하늘의 대역죄인들이자 역천자 신들인 아수라, 악신, 악령,

악마, 요괴들이 수십, 수백, 수천에서 수십억, 수백억, 수천억 명까지 들어가 있기에 수많은 책을 집필하고 출간해서 하늘의 진실을 전달해 주어도 부정하고 무시하기 때문이라는 서글픈 진실을 알았다.

나는 인류의 구원자이자 심판자로 천상의 자미원에 있는 태상천궁에서 역천자 행성이자 지옥별인 지구로 내려온 천상의 황태자로서 미래의 하늘인 도법천존 3천황의 신분이며 현재는 하늘의 화신, 하늘의 분신, 하늘의 명 대행자 역할을 하면서 영적으로는 인류의 주인, 지구의 주인 신분이다.

27세에 선몽을 받고 38년의 세월 동안 인류에 대한 진실, 하늘에 대한 진실, 사후세계, 조상세계, 영혼세계, 신명세계, 종교세계에 대한 모든 진실을 낱낱이 알게 되었고 이제는 중대한 결단을 내릴 순간이 다가왔음을 온몸의 기운으로 느끼고 있기에 인류와 지구의 운명이란 소제목을 달았다.

지구에 있는 하늘의 대역죄인들이자 역천자 신들인 아수라, 악신, 악령, 악마, 요괴, 잡귀신, 산 영혼들은 무량대수를 넘어서 그레이엄 수를 넘는다는 진실을 알게 되었기에 인류를 상대로 구원의 교화는 더 이상 필요 없고, 무의미하다는 결론에 도달하여 중대한 결정을 내리기로 결심하였다.

인류 멸망과 지구 종말이 그것이다

1차로 인류를 멸망시키고, 2차로 지구 행성을 파괴하는 것이 바로 그것이다. 인류 멸망과 지구 행성 파괴에 대한 고유권한은 나에게 주어져 있다. 우주의 수많은 행성들의 생성과 파괴에 대한 고유권한은 대우주의 주인이시자 천상의 절대자 주인이신 태상 폐하의 고유권한이신데 인류와 지구, 지구의 만생만물에 대한 멸망, 파괴, 생살여탈권은 황태자이자 미래의 하늘인 나(도법천존)에게 주어져 있기 때문인데 이제 최종 결심할 날짜만 남았다.

하늘로부터 나에게 육신적으로 영생의 명이 내려졌지만, 이 모두를 포기하고 살아서 지금 즉시 행할 것인가? 내 육신이 죽음과 동시에 집행할 것인가? 천상에 올라가서 황위를 계승한 뒤에 멸망시킬 것인가? 아니면 얼마간의 시간을 좀 더 줄 것인가의 최종 날짜 선택만 남았다.

시간을 좀 더 주면 구원받을 자들이 얼마 정도 더 있을지 몰라도 지금까지도 구원받으러 오지 않던 자들이 이 글을 보고 올 것인지도 의문이다. 인류와 지구 종말의 명을 언제 하달하느냐가 관건이다. 나는 돈 벌어 출세하려고 이 땅에 태어난 것이 아니라 천상에서 역천자 신들에게 배신당하신 하늘의 원과 한을 풀어드리려고 이 땅에 태어나서 지금 수시로 역천자 신(아수라, 악신, 악령, 악마, 요괴, 잡귀신, 산 영혼들)을 잡아들여 심판하고 있다.

물론 이 지구에는 내 가족들과 형제들도 있지만 하늘의 원과 한을 풀어드릴 수만 있다면 내 육신과 가족의 죽음도 이미 불사하고 있기에 인류 멸망과 지구 종말을 집행하려고 한다. 너무 많은 역천자 신들을 모두 잡아들여 심판하는 데 한계가 있기 때문이다. 인간 육신이 이들의 주거공간이기에 악들의 집을 파괴하는 방법밖에 없다.

죗값을 가져와서 나를 통해 하늘에 많은 금전을 바친다고 할지라도 인류 멸망과 지구 종말이 동시에 이루어지면 나 역시도 인간 육신이 죽기에 여러분이 바친 돈과 재물, 재산이 아무 소용이 없다는 것을 잘 안다. 그래서 더 이상 구원의 시간을 늦출 필요성을 전혀 못 느낀다는 것이다.

천상에서 하늘을 배신하고 지구로 도망치고 쫓겨난 자들이 인류(지금까지 산 자와 죽은 자들인 생령, 사령들과 하늘의 대역죄인들이자 역천자들인 아수라, 악신, 악령, 악마, 요괴, 잡귀신들 포함)인데 수시로 추포해서 심판하고 있지만 그레이엄 수를 넘는 이들을 모두 추포하여 심판하는 것이 불가능한 것으로 생각되어 인류 멸망과 지구 종말을 동시에 집행하는 것이 현명하다는 생각이 든다.

살아 있는 인간 육신은 지금 2019년 10월 12일 현재 77억 3,600백만 명 정도 되는데, 영적인 존재들은 무량대수를 넘고 그레이엄 수를 넘는다. 인간들과 몸 안에서, 집 안에서, 차 안에서, 회사에서, 가게에서, 길거리에서, 산에서, 강과 바다에서 동고동락하며 인간들과 살아가고 있음이 밝혀졌다.

여러분의 육신이 죽으면 천상으로 가져갈 수 있는 이 땅의 가족, 돈, 재물, 재산, 땅, 권력, 명예는 아무것도 없다. 단, 죽어서 천상으로 가져갈 수 있는 유일한 것은 하늘이 내리시는 명을 받는 천인합체식의 품계(등급)가 유일하다. 자신이 갖고 있는 많은 돈과 재물을 가져와서 높은 품계(등급)로 하늘의 명을 받는 길뿐이다. 천인합체식의 품계가 유일하게 천상에서 인정되기 때문이다.

내일 당장 인류와 지구가 종말을 맞을지언정 오늘이라도 하늘이 내리시는 명을 받고 세상을 떠나야 천상궁전으로 오른다. 하늘의 명을 받지 못하고 종교에 의존하는 자들은 몽땅 추포되어 9대 지옥으로 압송당하여, 무량대수 이상의 기한 동안 모진 고문형벌을 받아야 하는데 전혀 이해가 되지 않을 것이기에 알아듣는 사람들만 참고하면 된다.

종교를 믿는 이유가 마음의 위안을 위해서, 복을 받기 위해서, 돈을 많이 벌기 위해서, 사업 성공을 위해서, 출세하기 위해서, 오래 살기 위해서, 자식들이 잘되기 위해서, 건강하기 위해서, 악귀잡귀·사탄마귀들을 쫓기 위해서, 구원받아 천상으로 오르기 위해서, 영생을 누리기 위해서이다.

그런데 인류 모두는 천상과 전생에서 지은 죄를 빌 수 있는 공평한 기회를 주시기 위해서 사람으로 태어나게 해주신 것이지 성공하고 출세하라고 사람으로 태어나게 해주신 것이 아니다. 많은 돈을 벌고 높은 권력을 가진 것은 천상의 죗값이 그렇게 많고 높다는 것을 현실로 보여주신 것이다.

그럼에도 불구하고 하늘께 지은 죗값은 바지지 않고 종교에 들어가서 하늘의 반대파이고, 대역죄인들이자 역천자들인 아수라, 악신, 악령, 악마, 요괴들이 세운 종교에 모든 것을 바치고 있으니 참으로 안타까울 뿐인데 이 또한, 그들의 정해진 운명이 아니겠는가?

지구가 생성된 역사가 45억 5천만 년 전쯤 된다고 말하고, 인류 역사는 30만 년 정도로 추산하고 있는데, 생멸을 거듭하는 것이 자연의 이치이기에 이제 지구의 운명도 다되어 가는 것 같다.

지구는 말 그대로 지옥별이자 역천자 신들의 행성이기에 더 이상 존재할 값어치가 없다고 판단되어 인류 멸망과 지구 종말의 그날이 현실로 다가오게 되었다. 이 땅에 살아가고 있는 모든 사람들도 태어났으면 죽듯이 지구도 생성되었으면 소멸되는 것이 만물의 법칙이다.

종교에서 섬기고 받드는 여호와 하나님, 하나님, 부처, 석가, 예수, 성모 마리아, 상제, 마호메트, 공자, 노자, 그 외 수많은 종교적 숭배자들과 세계적 종교지도자들은 이미 추포되어 심판받고 9대 지옥으로 압송되었다. 인류를 구원해 준다고 속이고 우롱하며 수많은 금전을 갈취한 죄로 인하여 무서운 고문형벌의 심판을 받고 있는 중이다.

말도 안 된다고 볼멘소리할 종교인과 신도들이 엄청 많을 것인데, 믿든 말든 그것은 각자들의 자유이고, 영적 세계에서는 이미 심판이 현실로 이루어졌다. 그러니 이들을 추종하였던 신도들도 이들의 뒤를 따라서 9대 지옥으로 압송당하는 길만이 남아 있을 뿐이다.

인류가 멸망하고 지구가 파괴되어 종말을 고하면 하늘의 반대파이고, 대역죄인들이자 역천자 신들인 아수라, 악신, 악령, 악마, 요괴, 일반 귀신들과 여러분 영혼들이 머물러 있을 인간 육신은 물론 지구 자체가 파괴되어 공중분해되기에 만생만물 모두가 사라지고 끝장이 난다.

이것이 인류에 대한 무서운 심판이다. 누구는 살고 누구는 죽는 것이 아니라 지구에 살아가고 있는 인류 모두가 멸망하고 지구가 종말을 고하는 엄청난 일이 현실로 다가올 날만 남아 있는데, 어찌할 것인가는 각자들의 판단과 선택만 남아 있다. 얼마나 시간이 남아 있을지 촌각을 다투는 일만 남았기에 내일 죽을지언정 오늘이라도 하늘의 명을 받고 죽어 천상으로 오르는 길을 선택할 것인지 그것이 문제일 뿐이다.

인류 멸망과 지구 종말이 현실로 다가오리라고 믿는 사람들은 거의 없을 것인데, 이것이 현실로 다가오면 여러분의 귀중한 가족들과 돈, 재물, 재산, 땅, 권력 명예는 모두 물거품이 되고, 죽어서는 하나도 가져가지 못한다.

하늘의 명이 내려지면 거대한 행성들이 지구로 돌진하여 충돌하게 되어 있기에 지구 전체가 콩가루처럼 먼지로 분해된다. 우주의 행성들이 기운에 의해서 충돌하지 않고 순리대로 운행되고 있는 것인데 대우주의 각 행성들마다 운행을 주관하는 천상신명들이 있기에, 하늘의 황명이 하달되면 지구 정도 크기의 행성들이 지구와 충돌한다.

운석 정도 크기가 아니라 지구 크기의 행성들이 궤도를 이탈해서 지구를 향하여 무서운 속도로 충돌할 것이기에 땅속에 있든 물속에 있든 모두가 죽고 지구 자체가 안전히 사라지기에 생명체들은 100% 소멸된다.

또한 대기권을 뒤덮고 있는 오존층이 하늘의 기운에 의해서 일시에 사라지면 인류뿐만이 아니라 모든 생물체가 타죽어 멸종하며, 하늘의 황명으로 공기가 없어지면 3분 만에 인류는 전멸한다. 화산폭발, 지진, 쓰나미, 태풍, 폭우, 폭설, 남극과 북극의 빙하가 완전히 녹는 천재지변도 일어난다.

하늘의 심판이 있든 없든, 인류 모두는 나이가 많든 어리든 모두가 죽는데 다만 얼마나 빨리, 또는 늦게 죽느냐의 문제만 남아 있다. 배신자, 역천자, 대역죄인들이 살아가는 지옥별이 지구이기에 천상에서는 지구를 역천자 행성이라고 부르고 있음을 전하는 바이다.

지구에서 나의 주요 업무는 심판과 구원이다. 즉 배신자이자 역천자 신들을 추포하고 심판해서 9대 지옥으로 보내는 일이다. 그런데 지구에 악들이 세운 종교가 너무나도 많아서 한꺼번에 심판할 수밖에 없는 상황이라 이제 최종적으로 심판을 결정할 날짜만 남겨두고 있다.

어떤 선택을 하든 나의 고유권한인데, 그리 많은 시간이 남아 있는 것은 아니다. 오늘 내리든 내년에 내리든 그것은 중요하지 않다. 우주에서 지구가 영원히 사라지는 무서운 일이 일어나는 것이다. 사막의 헤아릴 수 없이 많은 모래알 중에 하나가 지구이기에 지구를 파괴하지 못할 이유가 없다.

내가 세운 하늘궁전 태상천궁 자체는 후계자도 세울 수 없고, 세습 자체도 안 되기에 내가 세상을 떠나는 날 자연적으로 문을 닫게 되는데, 인류가 멸망하고 지구가 종말을 맞게 되므로 하늘궁전 태상천궁 자체도 아무 소용이 없게 된다.

찾아오시는 길

전국 각지에서 더 많이 찾아오는 하늘궁전 태상천궁

주 소 : 서울 강동구 성안로118 삼정빌딩(성내3동 382-6)

전 철 : 5호선 강동역 3번 출구로 나와서 140m 직진 후 강동예식장(SC 제일은행)에서 우회전 140m 화로구이 옆

KTX : 서울역에서 1호선 타고 종로 3가 역에서 5호선 환승

SRT : 수서역에서 7.5km이고 택시로 약 20분 거리 (요금 9,000원 내외) 수서역에서 3호선 타고 오금역에서 5호선 환승 강동역 하차 3번 출구

〔하늘궁전 태상천궁 약도〕

예비백성 가입

책을 읽고 공감하거나 감동하면 방문 상담 이후에 예비백성으로 가입할 수 있고, 매주 일요일마다 오후 1시~6시까지 열리는 천상도법주문회에 참석할 수 있다. 예비백성으로 가입하지 않으면 천상도법주문회에 참석을 불허한다.

천상도법주문회는 천상의 주인이시자 천지부모님이신 절대자 하늘의 신비스러운 천지기운을 온몸과 마음으로 직접 받아서 체험할 수 있는 천재일우의 귀한 시간이다.

전 세계에서 최고로 강렬한 기운과 정기가 내리는 하늘궁전 태상천궁이다. 천상입천식을 행하면 정식 백성의 신분이 되고 더 이상 예비백성으로 가입하지 않아도 된다.

친견상담 신청예약(상담비 있음)

책을 구독한 후 공감하여 친견을 원하는 사람은 전화로 방문 날짜와 시간을 3~7일 전에 미리 전화로 예약한 후 방문하면 된다. 친견 시간은 각자들의 사연과 궁금증 정도에 따라 다르다. 친견을 통하여 하늘세계, 사후세계, 조상세계, 종교세계의 진실과 아수라와 악귀잡귀의 진실과 영적 세계에 대한 진실!

그리고 산 자들과 죽은 자들의 윤회를 막고 하늘이 내리시는 명을 받아 천상궁전으로 돌아가는 사후보장에 대한 상담을 집중적으로 한다. 돌아가신 부모조상님들은 천상입천식이고, 살아 있는 자들은 천인합체식이 천상궁전 입국비자이다.

인생은 왜 힘들까에 대한 자세한 해법을 찾게 되는 귀중한 시간이니 지방이라는 거리감과 바쁜 일을 모두 뒤로하고 친견상담부터 빨리해야 새로운 인생길이 열릴 수 있다. 지구상에서 유일하게 하늘의 문이 열린 곳이다.

친견상담할 때 부부, 자녀, 부모, 친구, 지인, 애인 동반은 절대 금지하고 상담 자체를 거부한다. 영적 차원이 다르기 때문에 이해하지 못하여 불평불만을 유발하고 인연을 맺지 못하게 방해한다. 1가구에 1인만이 하늘이 내리시는 명을 받들 사명자이다.

여성들은 누군가와 동행하려고 하는데 절대 금물이다. 이곳은 종교가 아니기에 하늘궁전 태상천궁에 대해서 지인들과 말을 섞고, 진짜니 가짜니 자문을 구하는 것을 일체 경계한다. 하늘의 명을 받고 싶으면 남녀 모두 단독으로 방문해야 한다.

| 책을 맺으면서 |

온갖 종교를 세운 역천자 신들인 악신, 악령, 악마, 요괴들과 인생을 힘들게 하는 잡귀신들을 추포하여 심판하러 천상에서 내려온 천자이자 황태자 신명으로서 하늘의 명 대행자이자 미래의 하늘인 도법천존이다.

인류 모두가 천상에서 모두 죄를 짓고 지구로 내려온 죄인들인데 죄는 빌지 않고 종교에 들어가서 온통 구원과 복 달라는 것뿐이다. 죄인의 신분들인데 왜 그리도 바라고 원하는 것이 많은지 참으로 기가 막힐 뿐이다.

돈 달라, 복 달라, 구원해 달라, 영생하게 해달라, 행복하게 해달라, 잘살게 해달라, 돈 많이 벌게 해달라, 건강 달라, 사업 잘되게 해달라, 수명장수하게 해달라, 취직시켜 달라, 승진시켜 달라, 결혼시켜 달라, 자녀 낳게 해달라,

시험 잘 보게 해달라, 출세시켜 달라, 성공하게 해달라, 부자되게 해달라, 조상 구원해 달라, 영혼 구원해 달라, 신명 구원해 달라, 천국, 천당, 극락, 선경세계로 보내 달라 등등 무척이나 바라고 원하는 소원들이 차고 넘친다. 천상의 하늘께 복을 맡겨놓았는가?

지구는 악신, 악령, 악마, 요괴들이 살아가는 악의 세상이자 역천자 행성이고 지옥별이다. 이들은 일반 잡귀신이 아니라 천상에서 신들이었다가 지구로 도망치고 쫓겨난 역천자 죄인 신들이기에 이들이 세운 종교를 통해서는 천상으로 돌아갈 수 없음이 오랜 세월 동안 낱낱이 밝혀졌다.

그래서 역천자 신들을 잡아들여 심판하는 인류의 심판자 겸 인류의 구원자 신분으로 지구에 내려온 것이고, 하늘의 뜻에 순천하는 조상 영가들과 생령(영혼)과 하늘의 강림을 기다리는 신명들을 찾아내어 다시 천상으로 돌아가게 해주는 인류의 구원자 역할이다.

인간 육신 자체가 아수라들인 악신, 악령, 악마, 요괴들과 잡귀신들의 은신처이자 집이고 이들의 거주처가 인간 육신들이다. 그리고 자신이 누구인지 하늘의 명을 받으면 천상과 전생의 진실이 상세히 밝혀진다.

살아서 미리 자신의 죽음 이후 사후세계를 미리 볼 수 있다. 인류 최초로 지난 6월 하순부터 사후세계 미리 보기를 처음으로 실시하였다. 죽어보지 않고 사후세계를 미리 알 수 있는 곳은 지구상에서 하늘궁전 태상천궁 한 곳뿐이다.

어김없이 현실로 이루어지고 있으니 죽기 전에 자신의 사후세계가 어떻게 되는지 미리 알아봐야 죽음 이후에 땅을 치고 후회하는 일을 사전에 방지할 수 있다.

각자 죽어서 좋은 세계로 갈 것이라 믿고 있는 천국, 천당,

극락, 선경세상은 실제로는 존재하지 않는 악들이 세운 허구의 세상임이 밝혀졌다. 종교를 세운 것도 악들이고, 유토피아 세상인 천국, 천당, 극락, 선경세상도 악들이 만들어놓은 자신들의 세상임이 밝혀졌다.

그러므로 이 나라뿐만이 아니라 인류 모두가 종교에 완전히 속은 것이다. 죽어서 천국, 천당, 극락, 선경세상이 있는지 확인할 때는 이미 늦었기에 다시 돌이킬 수 있는 그 어떤 방법도 없다. 무수히 많은 귀신들을 통해서 좋은 세계로 올라간 자들은 하나도 없었다.

내로라하는 수많은 모든 종교교주들도 죽어서 지옥에 가 있었다. 그러니 종교를 믿는 신도들은 더 말할 나위가 없다. 이제까지 사후세계를 확인할 수 있는 인류의 영적 지도자가 없어서 종교인들이 말하는 대로 무조건 믿고 따를 수밖에 없었는데 죽은 자들의 사후세계 종적을 낱낱이 추적할 수 있게 되어 종교인들의 거짓 행위가 상세히 밝혀지고 있다.

두려워하지 말고 종교를 다니는 사람들은 사후세계 미리 보기를 통해서 자신의 잘못된 사후세계를 바로잡아 사후 운명을 바꾸어야 한다. 살아서 자신의 죽음 이후 사후세계 모습이 어떻게 열리는지 자세하게 미리 보여주고 들려줄 수 있다.

하늘이 내리시는 명을 받지 않고 종교를 믿다가 죽으면 생명체와 비생명체를 가리지 않고 한도 끝도 없는 세월 동안 천지만생만물로 끔찍하게 윤회하게 된다. 여러분이 지금 사람으로 태어난 것도 윤회하는 하나의 과정일 뿐이기에 축생들과 전혀 다를 바가 없는 입장이다.

성공하고 출세해서 한세상 잘 먹고 잘살기 위해 사람으로 태어난 것이 아니라 천상에서 지은 죄를 빌어서 천상으로 돌아가려고 사람으로 태어났다는 위대한 진실을 알아야 한다.

사람만이 하늘께 죗값으로 바칠 수 있는 돈을 벌 수 있기에 사람으로 태어난 것인데 호의호식하느라 정신없고, 자신에게 영혼의 부모님 되시는 절대자 하늘은 찾을 생각도 안 하고 살아가고 있으니 참으로 안타깝다.

자식들이 부모 은공을 모르고 찾아오지 않으면 그 마음이 얼마나 서러울지 생각해 보면 그와 같다고 할 수 있다. 즉 하늘을 찾지 않는 자들은 불효자들인 것이다. 미안하지만 종교에서 찾고 있는 여호와(야훼) 하느님, 하나님, 부처, 상제, 석가, 예수, 성모 마리아, 공자, 노자, 마호메트, 알라신, 천지신명, 열두대신은 여러분을 창조하신 영혼의 부모님이 아니라는 것을 알아야 하고, 이들은 여러분의 사후세계를 구원해서 보장해 줄 수 없다는 사실이 밝혀졌고, 악들이 세운 지옥으로 데려 간다.

뿐만이 아니라 인류로부터 수천 년의 장구한 세월 동안 받들어 섬김을 받던 이들 신앙적 숭배대상자들은 하늘이 내리시는 명에 의하여 전원 추포되었고, 심판받아 천상의 9대 지옥인 천옥도, 지옥도, 적화도, 한빙도, 도산도, 흑해도, 적해도, 백해도, 독사도라는 무시무시한 곳으로 압송당하여 9,000해 년(억, 조경, 다음에 '해' 이니 얼마나 긴 세월인가?)의 고문형벌을 받고 소멸되는 황명이 내려졌다.

또한, 지구에 종교를 세우도록 만든 원뿌리인 천상주인 하늘의 후궁이었다가 황위를 찬탈하려고 역모 반란을 주도한 '하누'와 그의 아들 표경(황자)도 하늘이 내리시는 명에 의해서 추포되었고, 9대 지옥으로 함께 압송당하여 모진 고문형벌을 받고 있는데, 기억을 삭제시키고 인류에게 계시, 메시지, 기운을 뿌리지 못하게 완전 차단하고 결국 소멸의 명이 내려졌다.

지구에 종교를 세운 대역 죄인들이 추포되어 9대 지옥으로 압송당하였어도, 이들의 수하들이 아직 종교세계 안에 남아 있어서 종교의 명맥을 이어가고 있으나, 종교 규모가 큰 순서대로 종교창시자, 종교교주, 종교지도자, 추기경, 종정, 신부, 수녀, 목사, 승려, 도인, 도사, 법사, 보살, 무당들의 육신을 지배하여 종교를 운영하며 하늘께 대적하고 있는 온갖 아수라, 악신, 악령, 악마, 요괴, 악귀잡귀, 사탄마귀들을 차례대로 추포하고 심판해서 천상의 9대 지옥으로 압송하고 있다.

종교는 진짜 하늘, 진짜 신들이 운영하는 것이 아니라 악들이 운영하고 있으며, 죽어서 간다는 천국, 천당, 극락, 선경세상은 악들이 세운 허상의 세상임이 밝혀졌으니 하루속히 종교세계를 떠나 하늘궁전 태상천궁으로 들어와야만 하늘이 내리시는 명을 받아 영혼, 조상, 신들이 천상으로 돌아갈 수 있다.

하늘의 命 대행자

도법천존 著

상담 신청 하늘궁전 태상천궁

문의 02)3401-7400